LE GRAND LIVRE DU
RUGBY

LE GRAND LIVRE DU RUGBY

JÉRÔME BUREAU & PATRICK LEMOINE

Préface de
SERGE BLANCO

hachette
SPORT

SOMMAIRE

C'est toute ma vie...

Le rugby a d'abord été pour moi une école. Qui m'a permis de m'affirmer, de trouver un travail, de construire quelque chose de solide avec ma famille et de faire des rencontres exceptionnelles, de tous bords, qui, petit à petit, ont transformé ma vie. L'une des grandes forces de ce sport, chez nous, c'est en effet de mélanger les classes sociales. Et cela très tôt. Quand ils sont à l'école de rugby, les gamins ne font aucune différence entre eux, qu'ils soient fils d'ouvriers, d'agriculteurs, de commerçants, d'employés, de médecins, de notaires ou du directeur de la principale banque de la ville. Lorsqu'ils grandissent puis deviennent adultes, il en reste forcément quelque chose. Et quand on se retrouve le dimanche, sur le terrain et autour, nous avons tous la même obsession : partager un moment de convivialité. Qui est si intense qu'il ne cesse pas une fois le match terminé ou après le coup que l'on va boire ensuite avec les copains à la buvette du stade, mais qu'il dure en fait toute la semaine. Dans la rue, au bureau, à l'usine, chez les commerçants.

C'est une chose que j'ai parfaitement touchée du doigt lorsque, au milieu des années 1970, je suis entré chez Dassault comme ouvrier. L'usine était encore, je dirais, « à visage humain », et tout le monde – ouvriers, contremaîtres, ingénieurs, membres de la direction – s'y croisait sans faire de manières. J'ai alors découvert que, le lundi matin, il n'y avait qu'un sujet de conversation : les matchs de la veille. On en parlait jusqu'au jeudi puis on commençait à discuter des rencontres du week-end qui venait.

Le rugby était un tel lien social dans cette entreprise qu'une sorte de championnat mettant aux prises les différents services était organisé aux beaux jours. Les matchs se déroulaient une fois la journée terminée et, à ce moment-là, quand il fallait mouiller le maillot, tout était remis à plat; la hiérarchie de l'atelier n'existait plus. C'est là qu'intervenaient véritablement cette solidarité et ce sens du partage, qui étaient des valeurs essentielles dans le milieu ouvrier. Que j'ai d'ailleurs retrouvées aussi lorsque j'ai travaillé plus tard chez Pernod, alors que c'était un monde très différent.

Car ce sport fait vite comprendre à quelqu'un qu'il ne changera pas à lui seul la face du monde. Que, sans complémentarité, on ne peut pas réussir. Si on veut avancer et finalement gagner, chacun doit être dévoué au groupe. Et beaucoup lui donner sans attendre quoi que ce soit en retour. C'est quelque chose que l'on inculque le mercredi après-midi aux gosses et que j'ai perçu dès mon plus jeune âge. Je n'ai pas eu besoin d'être international pour cela.

Cela m'a aidé et servi lorsque je suis devenu chef d'entreprise. En comprenant que je devais m'appuyer sur d'autres personnes. Après avoir fait des choix. J'ai par exemple essayé de trouver un directeur, un directeur financier, un médecin, des chefs de service et tout un staff qui me semblaient être compatibles à la fois avec mon caractère et mes aspirations. Comme si j'avais dû monter une équipe en l'articulant autour de la fameuse colonne vertébrale : talonneur, numéro 8, demi d'ouverture, arrière. Et puis, au fil du temps, nous nous sommes adaptés les uns aux autres.

Le rugby m'a aussi fait découvrir l'étranger. Au sens de cultures et de façons de vivre différentes, bien sûr, mais surtout « l'étranger » en tant qu'homme. Et cela aussi m'a vraiment enrichi. Cette manière qu'ont les Anglais de penser d'abord à faire passer les intérêts de l'équipe m'a parfois influencé; lorsque vous êtes chef d'entreprise, vous devez souvent agir ainsi, puisque ce sont les intérêts des gens qui travaillent avec vous que vous protégez.

La combativité et la volonté des Irlandais m'ont aussi beaucoup fait réfléchir. Ces joueurs pour lesquels rien n'est jamais perdu et qui, pour renverser une situation, se démultiplient tellement que vous avez l'impression de faire face à vingt ou trente guerriers verts...

Mais ceux qui m'ont probablement le plus apporté d'un point de vue humain, ce sont mes amis gallois. Car il y a chez eux beaucoup de similitudes avec bien des traits de caractère et des manières de faire qui sont les nôtres, à nous les gens du Pays basque. Cette fraternité et cette force tranquille d'abord, que leurs ancêtres ont acquises au fond des mines et que les nôtres ont développées à coups de haches au cœur de nos forêts. Ce partage de l'amitié aussi, à travers ces fervents chants en gaélique ou en basque repris en chœur autour d'une bonne bière par des gens ne parlant pas la même langue mais se comprenant parfaitement dès lors qu'il est question des valeurs humaines essentielles.

Oui, le rugby m'a beaucoup fait grandir, et je n'en serais peut-être pas là où j'en suis si je n'avais pas eu la chance et le bonheur de croiser son chemin il y a près de cinquante ans. Voilà pourquoi je suis fier de l'affirmer : le rugby, c'est toute ma vie.

Serge Blanco

LA GRANDE HISTOIRE

Ce sont deux siècles d'histoire que nous allons ici vous raconter, une histoire mouvementée, très centrée (forcément…) sur le monde anglo-saxon, et spécialement sur l'Empire britannique, mais où la France joue un rôle majeur depuis que le rugby a investi l'Hexagone, à la fin du XIXe siècle. Deux siècles d'un héritier (comme le football, son frère aîné) des jeux de balle du Moyen Âge, un héritier qui, de sa naissance supposée (en 1823) à nos jours, a connu une transformation incroyable qui en a fait l'un des plus grands sports professionnels de la planète.

La folle idée du jeune Ellis

Personne ne saura donc jamais ce qui, un jour de novembre 1823, passa par la tête de William Webb Ellis, bientôt 17 ans, pour saisir avec les mains le ballon d'un match de football disputé entre élèves du très distingué collège de Rugby et pour lancer, sans le savoir, un nouveau sport. Légende ou réalité ? Peu importe. D'autant que (presque) tout restait encore à inventer.

À l'origine était la soule. Un jeu de balle moyenâgeux apparu après l'an 1000, qui oppose deux groupes d'hommes, parfois jusqu'à plusieurs centaines : des habitants de deux villages proches mais rivaux ; des citadins contre des campagnards ; des hommes mariés contre de jeunes célibataires du même lieu ; des membres de deux corporations professionnelles distinctes... Deux « équipes » – il valait souvent mieux parler de deux « hordes » – qui doivent s'emparer d'une outre (en général de cuir, mais parfois en bois) ou d'une vessie de porc, un objet de préférence gonflé, plein de son ou de paille (ou même seulement d'air), qu'il s'agit d'aller déposer à un endroit précis de son camp ou du camp adverse.

Tous les coups ne sont pas permis, mais ce jeu a une si fâcheuse tendance à dégénérer en bagarre générale que, en 1319, Philippe V, roi de France, en décrète purement et simplement l'interdiction pour tous les sujets de son royaume, tant il génère d'incidents et souvent de victimes. Interdictions qui se répéteront plusieurs fois encore jusqu'à la Révolution, en France comme outre-Manche.

Probablement née en Normandie, la soule – ou « choule » dans certains patois – est introduite en Angleterre par Guillaume le Conquérant au fil de sa conquête de l'île à la fin du XIe siècle. Mais, selon les régions, ce jeu n'a pas toujours la même signification symbolique, parfois très forte, parfois anecdotique.

Au lointain temps de la soule, deux groupes d'hommes se disputent, parfois jusqu'au sang, une balle, ou l'équivalent.

À vrai dire, la soule perpétue une déjà très longue tradition de jeux de balle, plus que millénaire en fait. Ainsi est-il question dès le XIe siècle avant notre ère d'un jeu pratiqué au Japon nommé le « kémari ». Puis on trouve dans l'Antiquité grecque, notamment à Sparte, des témoignages de pratiques analogues, telles que l'aporrhaxis, qui se joue en

Mêlée générale entre deux groupes d'élèves au collège de Rugby. Presque tous les coups sont encore permis.

équipe avec une balle faite de bandes de cuir enroulées et qui semble consister à essayer de dribbler le plus longtemps possible ses adversaires, ou encore l'episkyros, dont la description dans certains textes, notamment ceux de Julius Pollux au IIe siècle de notre ère, permet de faire la toute première préfiguration – lointaine, certes – du rugby. C'est encore plus net avec l'harpastum des Étrusques, que s'approprie Rome et dont le but est d'envoyer la « balle » au-delà de la ligne adverse. Même si les jeux Olympiques de l'Antiquité n'ont jamais laissé de place à ce type de pratiques ni au moindre exercice collectif, toutes les époques et tous les peuples ont eu leurs jeux de balle, car il s'agissait bien de jeux plutôt que de « sports », en tout cas jusqu'au XIXe siècle.

C'est indéniablement la soule qui incarne le mieux ce développement. La soule et ses « cousins » qui apparaissent bientôt ailleurs en Europe, notamment le calcio florentin, en vogue à la Renaissance, ou le hurling cher aux Irlandais, sorte de soule à crosse encore largement répandue dans ce pays.

Autant de pratiques de plus en plus sportives qui peuvent revendiquer la paternité d'abord, évidemment, du football – et par là même du rugby. Ainsi, au XVIe siècle, quand Lawrence Sheriff développe un jeu de balle à la cour d'Angleterre, c'est au pied qu'il s'agit de taper dans la sphère.

Une transgression assumée

Mais ce sont bientôt surtout les collèges, apparus au cours des XVIe et XVIIe siècles, qui vont devenir le lieu privilégié du développement de ces premières pratiques sportives. Or, en 1797, les principaux collèges anglais, notamment à Charterhouse, Shrewsbury ou Rugby, sont secoués par de terribles « révoltes », les étudiants remettant en cause la

C'est vers la fin du XIXe siècle qu'un groupe d'élèves du collège de Rugby, cherchant à donner une histoire et une identité au sport qui a fini par porter le nom de leur école, accréditent le récit du geste d'un garçon nommé Ellis qui prit la balle dans ses bras et fonça vers les buts opposés.

discipline de fer, faite de châtiments corporels et de séances d'humiliation, et l'injustice permanente qui y ont cours. Le développement des activités de plein air est alors l'une des réponses faites par les dirigeants de ces écoles face à l'aspiration des étudiants à plus de liberté – en même temps qu'une habile tentative de les envoyer sur le pré décharger leur agressivité et une bonne partie de leur énergie… Chaque école mise dès lors sur son sport fétiche. À Eton, c'est *the wall*, « le mur », dont le but est de faire progresser une grosse et lourde balle le long d'un mur d'enceinte, sous la pression de deux groupes opposés. À Winchester, c'est *the hot*, « le chaud », où deux équipes de dix joueurs se font face têtes baissées dans une sorte d'ancêtre de la mêlée, où l'on jette un ballon qu'il s'agit d'essayer de propulser au pied vers le camp adverse. Mais, à Rugby comme ailleurs, le *must*, c'est évidemment le *folk football*, le football du peuple, qui se développe si fortement qu'une loi finira en 1835 par en interdire la pratique sur les chemins et les routes, obligeant les joueurs à se retrouver sur des terrains et des aires de jeu appropriés. Mais si le football moderne n'a pas d'« inventeur » connu (pas plus que le golf ou le cricket, autres « inventions » anglaises), tant il découle naturellement de ce *folk football*, le rugby, lui, en a un ! Ou, en tout cas, il s'en est trouvé un…

C'est vers la fin du XIXe siècle qu'un groupe d'élèves du collège de Rugby, cherchant à donner une histoire et une forme d'identité au sport qui a fini par porter le nom de leur école, accréditent le récit fait en 1876 puis surtout en 1880 dans *The Meteor*, le journal de leur établissement, par un certain Matthew Bloxam. Ce dernier, lui-même ancien élève de Rugby, écrivit que, en 1823, « un garçon du nom d'Ellis […] prit alors la balle dans ses bras. Ellis transgressa les règles et, au lieu de reculer, fonça devant lui vers les buts opposés. Je ne sais pas quel résultat cela eut sur le jeu. Je ne sais pas davantage comment on donna suite à cette infraction à une règle bien connue… »

C'est donc durant un après-midi de novembre 1823, lors d'une partie de *field game*, ce football des premiers temps que l'on pratiquait sur le pré qui y était consacré, que William Webb Ellis – membre des Pirates, la confrérie des élèves les plus âgés –, prenant la balle dans ses bras au lieu de taper dedans au pied et se mettant à courir vers ses adversaires comme pour les défier, aurait tout simplement « inventé » le rugby !

LA VILLE DE RUGBY

Rugby est une ville moyenne (environ 70 000 habitants de nos jours) du centre de l'Angleterre, dans le comté de Warwickshire, à une vingtaine de kilomètres à l'est de Coventry. Établie dès le XIe siècle sur les bords de la rivière Avon, elle est entrée dans l'histoire grâce à sa fameuse école, la Rugby School, fondée en 1567 grâce au legs d'un enfant du pays qui avait fait fortune à Londres. L'établissement est très vite devenu – il l'est toujours – l'un des plus prestigieux de Grande-Bretagne.

WILLIAM WEBB ELLIS

Né le 24 novembre 1806 à Salford, au nord de Manchester, fils d'un officier d'origine galloise des Royal Dragoon Guards mort au combat en mai 1811, lors de la sanglante bataille d'Albuera, en Espagne, qui opposa les troupes anglo-espagnoles aux troupes napoléoniennes – déjà contre les Français, donc… –, William bénéficie d'une bourse pour intégrer en 1816 le prestigieux collège de Rugby, ville où sa mère est venue s'installer, puis l'université d'Oxford en 1825. Devenu pasteur, après plusieurs ministères à travers le pays, il s'installe à la fin de sa vie dans le sud de la France, au soleil de Menton, où il meurt le 24 février 1872 sans savoir qu'il avait inventé le rugby, lui qui avait de tout temps préféré le… cricket, son sport de prédilection.

LA TOMBE DE WILLIAM WEBB ELLIS

On ne sait pas vraiment ce qui a poussé William Webb Ellis à venir s'installer sur la Riviera française, sans doute vers la fin des années 1860. Des raisons de santé, le plaisir de rejoindre une déjà importante communauté britannique qui profitait du climat de Menton, l'existence d'une église anglicane très active dans cette ville ?
À sa mort, il est enterré au cimetière du Vieux-Château, un site magnifique installé sur les hauteurs, dont le terrain semble plonger vers la mer. L'acte de concession de sa tombe, qu'il paraît avoir lui-même négocié, indique qu'il vivait alors à l'hôtel d'Italie. Ce n'est qu'à la fin du XXe siècle que cette tombe a été « redécouverte » par un journaliste de *Nice-Matin*, Roger Driès, comme il le raconte à Jean-Christophe Collin, fameux grand reporter de *L'Équipe*, dans le livre *Après la mêlée* : « Il y avait eu une terrible tempête en ce mois de décembre 1957. Mon rédacteur en chef m'a envoyé [à Menton] faire un reportage. En fin de journée, je suis monté sur les hauteurs faire une photo et je me suis rendu au cimetière du Château, alors abandonné. La tempête avait fait tomber des arbres sur les tombes déjà en mauvais état. Quand je vis sur l'une d'elles quelques lettres qui attirèrent mon attention : "EBB ELLIS". Le reste était caché par la mousse [...] J'avais lu des écrits sur l'histoire du rugby, notamment ceux d'Henri Garcia, et je connaissais cette histoire d'Ellis. J'ai alors contacté Garcia à *L'Équipe* puis rédigé un grand article dans *Nice-Matin*. À la suite de cela, des journalistes anglais m'ont contacté et sont venus à Menton... »
À partir de 1960, une série de plaques commémoratives sont ajoutées sur la tombe, dont une réplique de celle installée sur le mur du terrain de Rugby, qui en reprend les termes en anglais : « William Webb Ellis, avec un parfait mépris pour les règles du football tel que joué à son époque, a le premier pris le ballon dans les bras et couru avec, créant ainsi le caractère distinctif du rugby. » Mais ce n'est qu'à partir de 1985, à l'approche de la première Coupe du monde qui allait porter son nom, que la sépulture de Webb Ellis est vraiment devenue un lieu de culte que des touristes du monde entier viennent honorer. Depuis, cet endroit n'a cessé de s'enrichir de statues, ballons et autres hommages, comme cette fameuse plaque de marbre signée en octobre 2007 par les capitaines des vingt équipes participant à la Coupe du monde organisée en France.

Cette histoire est-elle vraie ou fausse ? Impossible de le savoir. Mais peu importe, désormais. La légende est devenue plus forte que la réalité, le reste n'a plus guère d'importance. Avec ou sans ballon dans les bras du gars William, l'histoire du rugby se met en marche en 1823. L'histoire d'un sport né d'une transgression assumée – ou en tout cas revendiquée –, qui lui assure à jamais une formidable identité propre vis-à-vis de son aïeul footballistique.

Le divorce avec le football

Si William Webb Ellis est donc désormais considéré comme l'inventeur de ce sport, c'est sans conteste au directeur du collège de Rugby de l'époque, Thomas Arnold, que l'on doit le développement de cette nouvelle version de football dans son école. Nouveau jeu qui se répand vite dans d'autres établissements scolaires ou universitaires et dans les premiers clubs civils, rapidement créés.

Arnold donne également une dimension morale et quasi éthique à ce jeu, dont il cherche à faire un idéal compromis entre la soule (sans règles fixes, donc forcément trop violente) et le football (sans contact, donc sans véritable esprit de combat).

On trouve dans les années 1830 des descriptions de parties disputées à Rugby par deux équipes, de cinquante à soixante joueurs pour l'une et de cent vingt pour l'autre, constituée de membres plus jeunes et donc moins expérimentés. L'objectif est alors de franchir la ligne adverse ballon en main pour effectuer un « touché » dans l'en-but opposé et le transformer (car seul le point de la transformation, si elle est réussie, est alors compté). Mais ce n'est qu'en 1845-1846 que les règles du « football tel qu'on le joue à Rugby » sont véritablement édictées par un comité d'élèves du collège, dont William Arnold, le fils de Thomas.

Le 7 septembre 1846 est publié *The Rule Book*, le tout premier manuel comportant les trente-sept règles de base du jeu pratiqué à Rugby. Les équipes sont alors constituées de trois sortes de joueurs : les avants (aussi surnommés « les chiens »), les demis (ou « les renards ») et les arrières (ou « les chevaux »). Préfiguration assez fidèle, finalement, de l'organisation des équipes modernes.

Page de droite, en haut
Décembre 1875. Portrait de groupe des joueurs anglais avant le premier Irlande-Angleterre de l'histoire, à Rathmines, près de Dublin.

Page de droite, en bas
Il faisait donc beau temps à Leeds, le 4 mars 1893, pour le rendez-vous annuel déjà devenu rituel entre l'Angleterre et l'Écosse.

Le 26 janvier 1871, à l'appel des présidents des clubs de Richmond et de Blackheath, vingt et un clubs, majoritairement londoniens, se réunissent au Pall Mall Restaurant, au cœur de la City, et créent la Rugby Football Union (RFU).

En 1863, nouvelle évolution majeure, avec la volonté de certains de bannir le *hacking*, forme ancestrale du plaquage où tout était permis, y compris les violents coups de pied pour faire tomber l'adversaire. Le débat fait rage. Et un schisme menace.
Le 26 octobre 1863, lors d'une réunion tenue à la taverne des francs-maçons dans Great Queen Street, dans le très chic quartier londonien de Covent Garden, les partisans du jeu de Rugby sont mis en minorité par ceux qui défendent le *soccer*, jeu de dribble où seul le gardien de but a le droit d'utiliser ses mains. Une tentative de conciliation a bien lieu mais elle échoue et, le 8 décembre, le divorce est consommé. Les tenants du rugby claquent la porte de la Football Association au motif, comme le clame Albert Pell – un parlementaire « vacciné » au rugby lors de ses études à Cambridge –, que « la lutte est la vérité de ce jeu. Vouloir la supprimer, c'est arracher au jeu son caractère de courage et de virilité et le condamner à la déchéance. »

Le premier match international

Le 26 janvier 1871, à l'appel des présidents des clubs de Richmond et de Blackheath, vingt et un clubs, majoritairement londoniens, se réunissent au Pall Mall Restaurant, au cœur de la City, et créent la Rugby Football Union (RFU), nom suggéré semble-t-il par un Français expatrié, un certain Arthur Guillemard !
Deux mois plus tard seulement a lieu la toute première rencontre internationale de l'histoire, à Édimbourg. Il est à peine 15 heures quand, ce lundi 27 mars, sur la pelouse de Raeburn Place – alors qu'en France, envahie par les Prussiens, la guerre fait rage –, vingt jeunes « Anglais » (dont notre ami Guillemard) se lancent à l'assaut de vingt Écossais pour deux mi-temps de cinquante minutes, devant une maigre assistance (on évoque 260 entrées payantes, pour une recette de 13 livres, mais d'autres témoignages dénombrent 3 000 spectateurs). Les Anglais sont en blanc, une rose sur le cœur, et les Écossais en bleu marine, un chardon brodé sur le maillot, déjà… Un essai de Buchanan transformé par Cross (la transformation est encore le seul point qui compte alors) permet aux Écossais de s'imposer et de devenir les premiers « champions du monde » de l'histoire, en quelque sorte.

Illustration de 1897 d'un match du Blackheath Rugby Club, dans le sud-est de Londres, l'un des clubs pionniers de ce sport.

Dans les années 1880, alors que le rugby commence à se répandre dans les colonies britanniques, mais aussi en France et même en Amérique du Sud, l'habitude s'installe entre les quatre équipes britanniques de disputer une sorte de tournoi quasi annuel.

En juillet 1871, enfin, la RFU avalise les règles réécrites par le joueur Leonard Maton, avocat dans le civil. Le *hacking* est remplacé par le plaquage, le hors-jeu est désormais pénalisé, l'en-avant est sanctionné par une mêlée, la touche est jouée à l'endroit où le ballon est sorti du terrain, et la transformation est tentée à l'aplomb de l'essai marqué. Dans les années qui suivent, l'essentiel pour ce sport est de réussir le travail d'unification de ses règles, chaque club appliquant plus ou moins les siennes propres. Progressivement, la RFU décide la suppression de certains coups dangereux, l'autorisation de la passe à la main (1875), le passage définitif de vingt à quinze joueurs (1877), la forme ovale du ballon (1877) ou la taille du terrain (110 sur 75 yards).

Le schisme de l'argent

Dans les années 1880, alors que le rugby commence à se répandre dans les colonies britanniques, mais aussi en France et même en Amérique du Sud, l'habitude s'installe entre les quatre équipes britanniques de disputer une sorte de tournoi quasi annuel. Dès 1879 est née la Calcutta Cup, qui récompense le vainqueur du match entre l'Angleterre et l'Écosse, puis apparaît en 1883 l'expression *Triple Crown*, « triple couronne », qui désigne l'éventuel vainqueur de ses trois matchs au terme des confrontations entre Anglais, Écossais, Gallois et Irlandais. Le Tournoi est dans l'air, et le tout premier se déroule officiellement en 1884, mais tout est remis en cause à la suite d'une erreur manifeste d'arbitrage en faveur des Anglais, qui précipite la rupture entre les quatre « nations » britanniques. Après deux ans de brouille est créé en 1886 l'International Rugby Football Board (IRFB), chargé de veiller au respect des règles et à la protection des joueurs. Mais l'Angleterre ne veut pas partager un pouvoir qu'elle détient encore largement seule, et les rencontres entre les quatre nations s'interrompent de nouveau. La « paix » n'interviendra vraiment qu'en 1890.

Mais, déjà, un autre schisme menace le rugby. Qui se divise autour de la question de la professionnalisation, adoptée en 1885 par le football. Car si, pour les étudiants des grands collèges, le rugby peut rester un passe-temps sans grande contrainte, il n'en est pas de même pour les ouvriers du nord de l'Angleterre, obligés d'empiéter sur leur

28 octobre 1900 : les Français (dont Frantz Reichel, à l'extrême droite au rang du milieu) posent à la Cipale de Vincennes avant leur titre olympique.

temps de travail pour pratiquer ce sport. D'autant que, pour des questions religieuses, il n'est alors pas question de jouer le dimanche. Ainsi, dès 1891, de grands clubs du Nord demandent à la RFU de rembourser aux ouvriers les salaires « perdus » à cause des matchs qu'ils disputent le samedi au lieu d'aller travailler. Mais la Fédération refuse. Et décide que seuls les joueurs amateurs peuvent désormais participer à ses compétitions. Les clubs du Yorkshire, du Lancashire et du Cheshire font alors scission en 1895 et créent la Northern Rugby Football Union. Ils pratiquent initialement le rugby à XV, qu'ils feront très vite évoluer pour donner naissance au rugby à XIII.

Après une toute première visite de l'équipe des Lions britanniques en Afrique du Sud en 1896, et en attendant la première tournée officielle des Néo-Zélandais en Europe, le XIXe siècle s'achève avec le tournoi olympique de rugby, qui voit les Français s'imposer 27-8, avec sept essais marqués à de pâles Anglais. Le siècle commence à peine, mais le rugby a déjà trouvé ses marques.

LA DIFFUSION MONDIALE

Au cœur du XIXe siècle, le football-rugby se répand à travers les îles britanniques, à partir de l'Angleterre. Au pays de Galles d'abord, où, de retour de Cambridge, le jeune Rowland Williams l'introduit en 1850. Puis en Écosse, avec la fondation d'un club scolaire à Édimbourg en 1855, premier d'une trentaine de clubs créés en moins de trois ans. Et en Irlande, enfin, où l'installation à partir de 1858 d'une pratique chère aux Anglais est forcément difficile, ce sport ne parvenant à se faire une petite place que dans quelques rares universités, à côté des disciplines gaéliques, beaucoup plus populaires. Puis, pendant la seconde moitié de ce siècle, le rugby prend peu à peu pied dans les plus grandes colonies britanniques et dans quelques rares autres pays, quasiment toujours diffusé par des Britanniques expatriés.

1858

AFRIQUE DU SUD

C'est un révérend, Canon Ogilvie, ex-étudiant d'Oxford, venu au Cap en 1858 pour y diriger le collège de Rondebosch, qui y introduit le football tel qu'il le pratiquait au collège de Winchester, c'est-à-dire le rugby. Le premier match officiel a lieu en 1862 entre des militaires et des civils, tous britanniques.

1860

CANADA PUIS ÉTATS-UNIS

Le rugby y apparaît sous l'impulsion d'immigrants venus d'Angleterre, et notamment d'hommes de la Royal Navy basés à l'Est, en Nouvelle-Écosse, comme à l'Ouest, en Colombie-Britannique. Puis la « diaspora » britannique diffuse le rugby dans quelques grandes villes du nord-est des États-Unis.

1861

AMÉRIQUE DU SUD

Aussi étonnant que cela puisse paraître, c'est en Uruguay, à Montevideo, qu'est créé dès 1861 le premier club non européen de rugby. Dix ans avant que d'autres expatriés britanniques introduisent ce sport à Buenos Aires, la capitale argentine. Où il ne tarde pas à se faire une place : le premier match officiel y date de 1873.

1864

AUSTRALIE

Le premier club est fondé en 1864 à l'université de Sydney. Mais, sous l'impulsion d'un ancien élève de Rugby, Tom Wills, se développe dès 1859 une activité rivale, l'*Australian rules*, appelée à devenir très rapidement une sorte de sport national australien. Une concurrence dont le rugby n'a jamais cessé de souffrir.

1868

NOUVELLE-ZÉLANDE

Charles John Monro, qui a découvert ce sport lors de ses études au Christ's College de Finchley, en Angleterre, le rapporte dans ses bagages. Le 12 septembre 1870 a lieu le tout premier match en Nouvelle-Zélande, entre les équipes de Nelson et de Wellington.

1872

FRANCE

En janvier 1872, au Havre, des marins et étudiants britanniques initient de jeunes Français à une partie de football-rugby. Et décident très vite d'y créer le premier club de l'Hexagone, Le Havre Football Club, devenu en 1884 Le Havre Athletic Club.

1884

FIDJI

Joué par des soldats européens – mais aussi quelques locaux – sur l'île Viti Levu en 1884, le rugby s'installe vraiment dans ce pays à la toute fin du XIXe siècle. Une compétition nationale s'y développe à partir de 1904, grâce à des expatriés néo-zélandais.

1895

ITALIE

C'est à Gênes, sous l'impulsion de Britanniques installés dans le grand port ligurien, que le rugby fait ses premières apparitions en Italie vers 1895, mais ce sont surtout de jeunes Français venus étudier à Milan qui y développent sa pratique, avec la création de clubs à partir de 1911.

1899

JAPON

D'abord pratiqué dans les villes portuaires de Yokohama et Kobe par quelques marins britanniques, le rugby se fait une vraie place à l'université de Keiō, à Tokyo, grâce à des professeurs revenus de Cambridge en 1899.

LE RUGBY À XIII

Né en 1895 de la scission de clubs du nord de l'Angleterre qui souhaitaient le passage au professionnalisme, le XIII, ou *rugby league*, se différencie aussi par quelques règles qui visent à simplifier les phases de combat. Ainsi le tenu remplace le maul, la mêlée ne se dispute pas vraiment, et la touche est une simple remise en jeu. Officiellement pratiqué dans trente-huit pays (contre cent vingt pour le XV), le XIII n'est un sport important que dans quatre d'entre eux : l'Australie (où il est quasiment le sport numéro un), l'Angleterre (surtout dans le Yorkshire et le Lancashire, ses régions d'origine), la Nouvelle-Zélande et la Papouasie-Nouvelle-Guinée (où il s'agit carrément du sport national !).
En France, il a surtout connu ses heures de gloire dans les années 1950-1960. Les Bleus ont ainsi atteint la finale de la Coupe du monde 1954 de rugby à XIII, seulement battus par les Britanniques de Dave Valentine, qui reçoit le trophée sur cette photo.

LE RUGBY À VII

Créé en 1883 dans le club de Melrose, petite cité des Borders, en Écosse, par deux bouchers de la ville désireux de multiplier le nombre de matchs de leur tournoi local et d'en améliorer le spectacle, le rugby à VII ne se développe pourtant vraiment qu'à partir de la seconde partie du xxe siècle. Propulsé par le lancement en 1976 d'un très dynamique tournoi international à Hong Kong, alors colonie britannique, ce rugby de mouvement et de vitesse spectaculaire connaît un formidable essor médiatique avec la création, en 1999, de ce qui va devenir les World Rugby Seven Series, circuit pro mondial de tournois disputés par des équipes nationales. Absent des JO depuis 1924, le rugby fait son grand retour aux Jeux de Rio en 2016, avec deux tournois de VII, hommes et femmes, remportés respectivement par les Fidji et l'Australie devant des publics conquis et une audience télévisée soudain démultipliée.

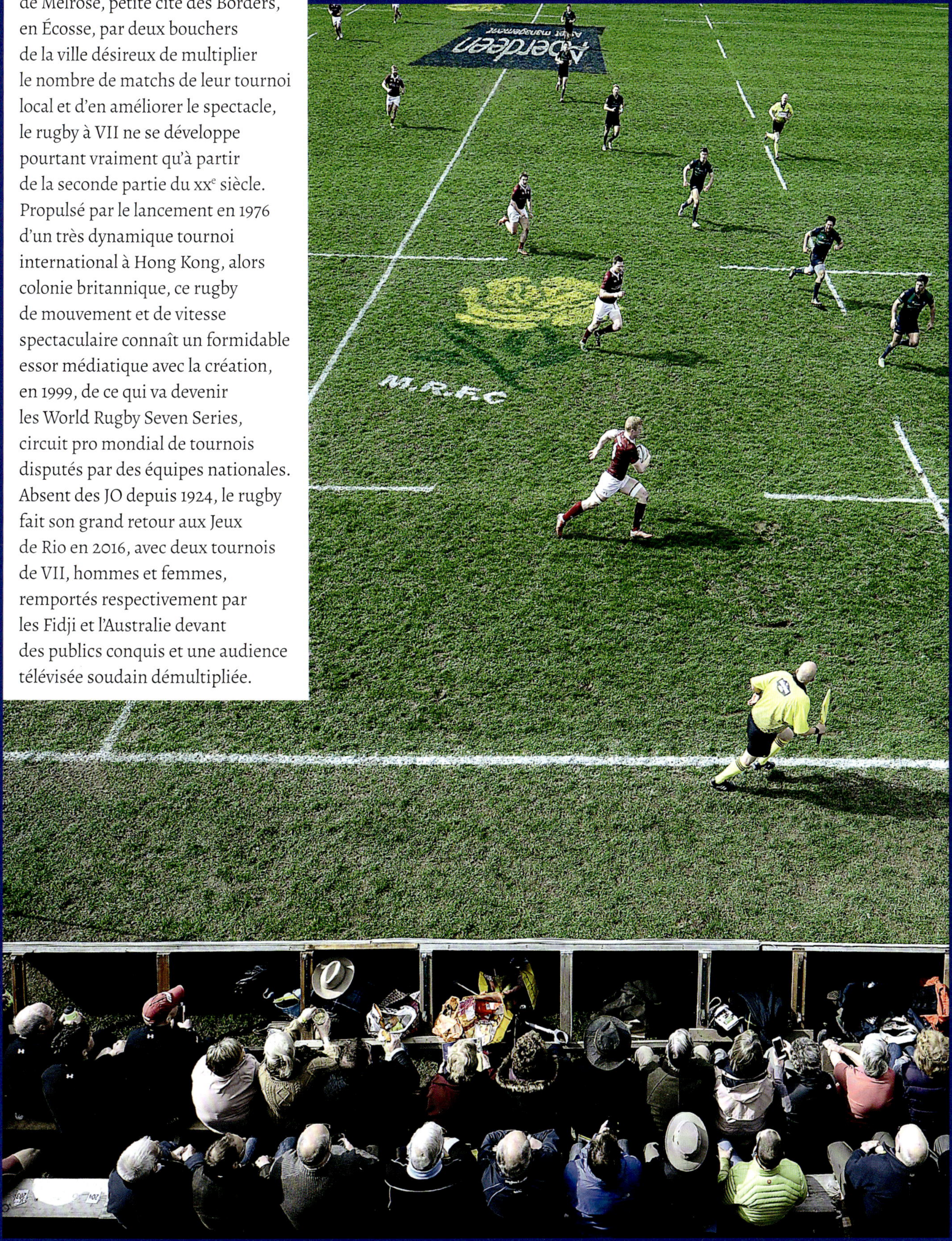

Le siècle de la maturité

De 1905, date d'une tournée fondatrice des Néo-Zélandais dans l'hémisphère Nord, à 1995, où l'International Board officialise enfin le passage du rugby de haut niveau à l'ère professionnelle, ce sport a su conserver son identité si particulière malgré les profonds changements qui l'ont révolutionné.

Haka des All Blacks à Colombes avant un match contre une sélection française au cours de la tournée de 1925, dont « les Invincibles » rentreront invaincus.

Le deuxième siècle de l'histoire du rugby commence vraiment le 30 juillet 1905 à Wellington, en Nouvelle-Zélande, quand vingt-sept joueurs et leurs deux entraîneurs embarquent à bord du *Rimutaka* pour un très long voyage qui va les mener jusqu'en Angleterre, où ils débarquent le 8 septembre suivant pour une historique tournée dont ils vont revenir auréolés d'un irrésistible surnom, les All Blacks !

C'est également à l'occasion de cette fameuse tournée de près de quatre mois – où ils ne perdront qu'un seul de leurs trente-cinq matchs (0-3, le 16 décembre à Cardiff, contre le pays de Galles), inscrivant la bagatelle de 976 points et n'en concédant que 59 – que les Néo-Zélandais font découvrir aux foules européennes, stupéfaites mais conquises, leur premier haka.

La dernière rencontre en Europe de cette tournée (avant d'embarquer pour deux matchs supplémentaires en Californie, sur le chemin du retour) a lieu le 1er janvier 1906 à Paris, au Parc des Princes où, devant plus de quatre mille spectateurs, l'équipe de France dispute le premier match international officiel de son histoire, une rencontre perdue, mais sur le score très honorable de 38-8, avec deux essais marqués pour les Français, par Cessieux et Jérôme, contre dix pour les Néo-Zélandais. Deux mois et demi plus tard, le 22 mars 1906, les Anglais viennent également s'imposer au même Parc des Princes, 35-6, pour le premier France-Angleterre officiel. Voilà donc les Français vraiment entrés dans le grand (petit) monde de ce sport encore jeune.

Et, en 1910, a lieu le premier Tournoi des désormais Cinq Nations, l'Écosse ayant enfin accepté de rencontrer les Français. Un tournoi que les Tricolores commencent mal, avec une lourde défaite, 49-14, le 1er janvier 1910 à Swansea, contre les Gallois.

Comme toutes les autres disciplines, le rugby paie un lourd tribut au terrible conflit qui ravage l'Europe pendant plus de quatre années : soixante-seize internationaux britanniques, vingt-trois français, neuf néo-zélandais et quatre sud-africains tombent sur le front !

La première victoire internationale française ne vient qu'un an plus tard, le 2 janvier 1911, contre les Écossais. Un pas de plus dans l'intégration de ces « intrus » dans le cercle très anglo-saxon du rugby. En janvier 1913, les Springboks – le surnom des joueurs sud-africains – entament leur première tournée dans l'Hexagone par une victoire, 38-5, sur la France à Bordeaux, première « décentralisation » d'un match international sur notre territoire. Mais cette année 1913 est surtout marquée par l'« affaire Baxter », du nom de cet arbitre anglais sévèrement chahuté par le public du Parc durant le match France-Écosse du 1er janvier, un homme que la foule cherche même carrément à lyncher à l'issue d'une défaite tricolore (3-21) qu'elle juge injuste. « Sauvé » par les joueurs français, qui le cachent à la sortie du stade, J. W. Baxter les en remercie solennellement le soir même, lors du banquet officiel qui, désormais, clôture les matchs internationaux. Mais l'affaire n'en reste pas là. La Rugby Union admoneste la France et menace d'interrompre les rencontres avec elle si de tels événements se reproduisent. La Fédération la plus remontée contre les Français est encore une fois la Scottish Union, qui écrit notamment que « si une partie ne peut être jouée que sous la protection de la police, elle ne vaut plus la peine d'être jouée ». En 1914, d'ailleurs, l'Écosse refusera de rencontrer la France. Les relations ne reprendront que... six ans plus tard !

L'euphorie de l'après-guerre

Comme quasiment tous les autres événements sportifs, des Jeux olympiques au Tour de France, le Tournoi des Cinq Nations est arrêté par le conflit mondial et ne peut pas se tenir de 1915 à 1919. En France, le championnat s'interrompt également – mais s'organise tout de même une Coupe de l'Espérance, avec de rares joueurs non encore mobilisés pour entretenir la passion naissante pour ce sport. Qui paie, comme toutes les autres disciplines, un lourd tribut à la terrible guerre qui ravage l'Europe pendant plus de quatre années : soixante-seize internationaux britanniques, vingt-trois français, neuf néo-zélandais et quatre sud-africains tombent sur le front !

Le 1er janvier 1920, la vie internationale du rugby reprend enfin avec, au Parc des Princes, un nouveau France-Écosse que la Scottish Rugby Union a fini par accepter de disputer,

Représentation d'un Oxford-Cambridge, le fameux « Varsity Match » annuel, sur le terrain du Queen's Club de Fulham en 1910. Maillot bleu ciel et blanc pour Cambridge et maillot blanc (parfois préféré au bleu foncé) pour Oxford, vainqueur cette année-là.

une rencontre remportée par les Écossais, 5-0. Une partie que l'histoire retient sous le surnom de « Match des borgnes », car pas moins de cinq joueurs, deux Français et trois Écossais, ont perdu un œil dans le conflit – pour ne pas évoquer toutes les autres blessures ou infirmités que ces rescapés de la boucherie de 14-18 avaient traînées avec eux jusqu'à ce pré de la réconciliation. L'année 1920, c'est aussi celle de la première victoire française en terre étrangère, au mois de mars en Irlande, et de la reprise du championnat de France, remporté par Tarbes, vainqueur du Racing en finale.

Dans l'euphorie de l'après-guerre, le rugby vit un développement continu. Mais, en Angleterre, il n'est toujours pas question d'instaurer une compétition nationale régulière. On en reste aux bonnes vieilles coutumes, comme le défi que se lancent deux fois par an les clubs de Richmond et de Blackheath, les traditionnelles rencontres entre comtés ou bien encore les grands classiques, tels le légendaire « Varsity Match », qui voit s'affronter chaque mois de décembre depuis 1872 les équipes des universités d'Oxford et de Cambridge. En 1921, ce monument du sport britannique se déroule pour la première fois à Twickenham, enceinte qui l'abrite depuis lors sans interruption.

En France, en revanche, un championnat national a été créé dès 1892, et il ne cesse de prendre de l'importance. Les années 1920 sont marquées par la première domination du Stade Toulousain sur le rugby national, avec cinq titres en six ans, et notamment deux finales gagnées, en 1922 et en 1923, contre Bayonne, équipe symbole de ce que l'on commence à appeler « le jeu à la française ». Mais cette décennie, et plus encore celle à venir, est malheureusement marquée par une nouvelle double crise. Et par un nouveau divorce avec les nations britanniques.

À l'opposé d'un monde anglo-saxon qui professe un respect scrupuleux de l'amateurisme et de ses valeurs, le rugby français bascule dans un professionnalisme inavoué.

Il y a d'abord les incidents qui recommencent à émailler les rencontres du Tournoi. Sur le pré, comme lors d'un très violent Irlande-France en 1922, à l'issue duquel la presse d'outre-Manche se déchaîne contre les mauvaises manières du rugby français. En 1927, la foule du stade de Colombes s'en prend de nouveau à un arbitre, lors d'un France-Écosse. Puis c'est le France-Angleterre de 1929 qui dégénère à son tour. Et, enfin, le France-Galles de 1930, à Colombes, où la violence se répand sur le terrain et autour. C'en est trop : en 1932, la France est exclue du Tournoi, qu'elle ne réintégrera qu'après la Seconde Guerre mondiale.

Années 1930, années de crise

Ces « mauvaises manières » françaises sont malheureusement également devenues l'ordinaire du championnat national. Tristes spectacles, par exemple, les violentes finales de 1925, entre Perpignan et Carcassonne, et de 1926, entre Perpignan et Toulouse. Et ce fut pire encore lors des phases finales de 1929, avec un insupportable Béziers-Lézignan en demi-finales, où les Biterrois quittèrent à un moment la pelouse, carrément écœurés par la violence de leurs adversaires.

Des mauvaises manières qui se retrouvent aussi en dehors du terrain. À l'opposé d'un monde anglo-saxon qui professe un respect scrupuleux de l'amateurisme et de ses valeurs – qui semblent pourtant déjà parfois dépassées –, le rugby français bascule dans un professionnalisme inavoué. Dont le plus bel exemple est sans conteste Quillan, toute petite ville de l'Aude, où un richissime industriel, Jean Bourrel, parvient à monter une équipe de toutes pièces (d'or, évidemment) en recrutant les meilleurs joueurs de l'époque. Finaliste en 1928, champion en 1929 puis encore finaliste en 1930, Quillan incarne alors un tournant pour ce sport, mais cette évolution, qui aurait pu être salutaire, précipite en fait le rugby français dans une nouvelle crise grave.

En décembre 1930, quinze clubs importants quittent le giron de la Fédération nationale au nom des valeurs de l'amateurisme, reprochant aux dirigeants de les galvauder. Et la crise devient encore plus sérieuse quand, deux mois plus tard, le 13 février 1931, les Home Unions britanniques décident d'exclure le rugby français des compétitions

Page de gauche, en haut
La foule se presse le 17 avril 1921 au stade de Sauclières, à Béziers, pour la finale du championnat, où Perpignan va s'imposer devant Toulouse.

Page de gauche, en bas
Le 23 avril 1922, au stade du Bouscat, près de Bordeaux, Toulouse prend le dessus sur Bayonne en finale du championnat de France.

internationales : « Après avoir étudié le document soumis par la FFR et par les clubs dissidents, nous sommes dans l'obligation de déclarer que, au vu des conditions peu satisfaisantes dans lesquelles le rugby-football est dirigé et joué en France, ni nos fédérations ni les clubs dépendants de notre juridiction ne pourront organiser des matchs avec la France ou avec les clubs français… jusqu'à ce que nous obtenions la certitude que le contrôle et la conduite du jeu sont organisés de manière satisfaisante. »
Après une ultime rencontre du Tournoi 1931 – une victoire sur l'Angleterre lors du week-end de Pâques –, voilà donc le rugby français mis à l'index. Pour plus d'une décennie !
Tandis que le rugby traverse une période splendide dans le monde anglo-saxon, avec l'éclosion, notamment, d'une mythique génération sud-africaine emmenée par Danie Craven, victorieuse en Australie et en Nouvelle-Zélande en 1937 puis triomphante, le 6 août 1938 à l'Ellis Park de Johannesburg, devant les Lions britanniques (26-12) lors d'un match historique – peut-être le plus beau de ce demi-siècle –, la France se replie tristement sur elle-même. Certes, le championnat retrouve un peu de son lustre après le retour des clubs dissidents, mais l'équipe de France n'a désormais plus droit qu'à un affrontement annuel avec… l'Allemagne. Sombre période pour le rugby français, que nombre de pratiquants abandonnent (plus de deux cents clubs sur près de huit cents disparaissent dans cette décennie), et que ses meilleurs joueurs désertent pour rejoindre les professionnels du XIII, qui continuent, eux, d'affronter leurs rivaux britanniques.
Une grave crise que la guerre ne va évidemment pas arranger. D'autant que la reprise du championnat dès 1943 – après que le régime de Vichy a interdit purement et simplement le sport professionnel, bannissant la pratique du XIII – a tendance à ternir encore un peu plus l'image de ce sport. Mais, heureusement, l'aspiration à un monde nouveau née de la Libération va bientôt engloutir les mauvais démons du rugby.

Exclu du Tournoi à partir de 1931, le XV de France n'a plus droit qu'à des adversaires de second plan, comme l'Allemagne, ici en 1937 au Parc des Princes. Triste époque.

À l'hiver 1952, les Britanniques, plus qu'agacés par le retour de l'amateurisme marron, mettent les dirigeants français au pied du mur. Et la FFR, pour échapper à une nouvelle exclusion du Tournoi, décide de suspendre le championnat et de livrer en pâture aux Britanniques une liste de joueurs coupables de professionnalisme.

Les cinquante rugissantes

Le 1er janvier 1947, jour de reprise du Tournoi des Cinq Nations, avec un symbolique France-Écosse, le rugby entre de plain-pied dans sa deuxième ère, pour un nouveau bail de près de cinquante ans, qui va mener ce sport jusqu'à son troisième âge, celui du professionnalisme. Mais, après la guerre, l'heure est d'abord aux retrouvailles. Et à l'ouverture. Outre le retour des Français dans le rugby international – un retour qui doit beaucoup à quelques héros de la Résistance, comme Jacques Chaban-Delmas, qui honorera sa première et seule sélection à Richmond en avril 1945, lors d'un Angleterre-France de la réconciliation –, c'est aussi le temps de l'ouverture de l'International Board aux trois grandes nations du Sud (en 1948), de la première tournée officielle en Argentine (les Français y débarquent à l'été 1949) ou encore de la première sortie de l'équipe des Fidji, en tournée en Australie à l'été 1952. Il n'y a pas à dire, on a changé d'époque...

Pourtant, l'histoire va encore bégayer. À l'hiver 1952, les Britanniques, plus qu'agacés par le retour de l'amateurisme marron dans le rugby français (multiplication des contrats et des primes de match en sous-main), mettent les dirigeants de la FFR au pied du mur. Et, le 17 mars, la FFR, pour échapper à une nouvelle exclusion du Tournoi, décide de suspendre le championnat (il aura en fait à moitié lieu) et de livrer en pâture aux Britanniques une liste de joueurs coupables de professionnalisme. Trois mois plus tard, une nouvelle génération de dirigeants emmenée par René Crabos prend le pouvoir de la FFR et parvient à calmer la colère des Home Unions d'outre-Manche.

Auréolé par sa victoire sur les All Blacks à Colombes en février 1954, le XV de France rêve alors de son premier Grand Chelem dans le Tournoi mais, battus à Cardiff, les Tricolores doivent se contenter de la première place ex aequo avec les Gallois. Et, tandis que, sur le plan mondial, l'Afrique du Sud, maîtresse incontestée de ce sport depuis près de trois décennies, cède son « sceptre » officieux à la Nouvelle-Zélande au terme d'une série de tests remportés par les Blacks à l'été 1956, les Français, eux, s'imposent pour la première fois de leur histoire à l'Arms Park de Cardiff en mars 1958 puis, l'été suivant, s'en vont battre les Springboks sur leurs terres, avant de terminer enfin seuls premiers du Tournoi à l'hiver 1959.

Double page suivante
1er janvier 1947, match de Tournoi face à l'Écosse, à Colombes. Pause à la mi-temps – sans passer par les vestiaires, à l'époque – pour Yves Bergougnan (n° 9), Robert Soro (qui se tient la gorge), Marcel Jol et Guy Basquet (qui s'épongent le visage).

Roger Couderc au micro lors d'un Dax-Toulon en phase finale du championnat de France 1965.

Les années 1950 sont aussi celles de la domination d'un club, Lourdes, six fois sacré de 1952 à 1960. Suivra bientôt la mainmise d'Agen, avant que ne commence, en 1971, l'incroyable suprématie de Béziers, avec dix titres de champion en treize ans !
Mais ces décennies sont aussi celles d'une révolution technologique qui va bouleverser le monde du rugby et l'ouvrir à un plus large public. Il s'agit de la télévision, évidemment. Si le premier match diffusé sur les écrans français est celui contre l'Angleterre en 1954, c'est à partir de 1958 que la retransmission du Tournoi débute vraiment. Et, en quelques années, ces quatre rendez-vous annuels, par la magie du direct et de la voix de Roger Couderc, légendaire commentateur de la RTF puis de l'ORTF, aident grandement à faire du rugby un sport définitivement populaire. D'autant plus que ces années 1960 sont celles d'un romantisme triomphant, celles du « French flair » si bien incarné par les frères Boniface, qui seront bientôt suivis par Jo Maso et Jean Trillo. Et puis ces Français gagnent ! Ils s'offrent même le premier Grand Chelem de leur histoire en 1968, grâce à la froide efficacité de leur paire de demis, les lutins magiques Lilian et Guy Camberabero. C'est pourtant une autre équipe, celle des prodigieux Gallois emmenés par Gareth Edwards et JPR Williams, qui va éblouir et dominer la planète rugby pendant les années suivantes, laissant une trace inoubliable dans l'histoire de ce sport. Une génération exceptionnelle qui va également animer une mythique équipe des Lions britanniques, que l'on verra s'imposer chez toutes les nations du Sud.

Si le premier match diffusé sur les écrans français est celui contre l'Angleterre en 1954, c'est à partir de 1958 que la retransmission du Tournoi débute vraiment. Par la magie du direct et de la voix de Roger Couderc, légendaire commentateur de la RTF puis de l'ORTF, le rugby devient un sport définitivement populaire.

Les sixties se terminent dans un trouble lourdement prémonitoire. En décembre 1969, la tournée des Sud-Africains dans les îles britanniques est marquée par de permanentes manifestations contre la politique d'apartheid, la politique dite de « développement séparé » des races menée en Afrique du Sud. Débute alors une longue période de pénitence pour le rugby d'un pays qui va peu à peu être mis au ban de la communauté internationale, sans jamais en être totalement exclu, quelques tournées (parfois pirates) réussissant à se tenir. Mais il faudra attendre le bouleversement des années 1990 et l'arrivée de Nelson Mandela au pouvoir pour que l'Afrique du Sud revienne vraiment sur le devant de la scène sportive. Et de quelle manière…
Autre intrusion brutale de la politique dans le monde du rugby, le refus de certaines nations de venir jouer en Irlande dans le climat d'insécurité né de la révolte indépendantiste et des troubles dans le nord du pays. Ainsi, en 1972, après le Bloody Sunday de sinistre mémoire (quatorze catholiques irlandais tués dans des affrontements avec l'armée britannique à Londonderry), le Tournoi reste inachevé.
Alors qu'en France le championnat national ne cesse de changer de formule, allant même jusqu'à réunir la bagatelle de quatre-vingts clubs en première division, le passage aux années 1980 est d'abord celui d'une révolution du jeu. Elle nous vient d'Australie. C'est en 1984, lors de leur triomphale tournée dans l'hémisphère Nord, que l'on découvre vraiment cette espèce de mouvement perpétuel « inventé » par les Wallabies d'Alan Jones, génial entraîneur : ils remettent le ballon au centre du jeu, influençant profondément l'évolution de ce sport, qui se prépare alors à bien d'autres mutations.

Le tournant de 1995

Il y a d'abord la création, en 1987, de la Coupe du monde. Lancée en 1980 par Albert Ferrasse, le président de la FFR, l'idée est enfin définitivement validée le 22 mars 1985 à Paris, lors d'une réunion du Board où le renfort des Néo-Zélandais, des Australiens et des Anglais permet aux Français de faire plier la résistance des autres nations britanniques. La Coupe du monde aura bien lieu. Rendez-vous en 1987, dans le sud de la planète. Sans les Springboks, qui avaient eux-mêmes décidé de se retirer en août 1985 pour

Dès 1987, Mark Ella, génial maître à jouer de la magnifique équipe d'Australie, l'avait annoncé : « Le professionnalisme sera là dans moins de dix ans. »

éviter les problèmes. Et cette première édition, coorganisée par l'Australie et la Nouvelle-Zélande, est d'emblée un succès : seize pays participants, des matchs de légende – comme le fameux France-Australie en demi-finales – et un vainqueur « parfait », les All Blacks, qui atomisent (49-6) le pays de Galles avant de dominer les Français (29-9) au bien nommé Eden Park d'Auckland, pour devenir les premiers champions du monde officiels de l'histoire. Un titre que ni leurs lointains aïeux de 1905, ni les Sud-Africains de la décennie 1930, ni les Gallois des années 1960-1970, ni les Australiens des quelques années précédant ce Mondial n'avaient eu, malheureusement, le loisir d'arborer.

Cette Coupe du monde change tout. Et cela tombe bien, car ce sport va totalement changer. Dès 1987, Mark Ella, génial maître à jouer de la magnifique équipe d'Australie, l'avait annoncé : « Le professionnalisme sera là dans moins de dix ans. » Il est alors question d'un circuit pro parallèle que les meilleurs joueurs du Sud sont tout près de rejoindre, mais que les autorités du rugby parviennent à contenir. Quoi qu'il en soit, le processus est en marche. Et le basculement des Anglais, gardiens d'un temple chancelant, va radicalement l'accélérer à la fin des années 1980. Place à une nouvelle ère du rugby, celle du professionnalisme assumé et de la mondialisation recherchée.

Le 26 août 1995, Bernard Lapasset, le patron du rugby français et président cette année-là de l'International Board, annonce à l'issue de discussions acharnées à Paris la naissance officielle de l'ère professionnelle. Malgré la résistance des Irlandais et des Écossais, le dogme de l'amateurisme dans le rugby est définitivement enterré. Il faut dire que, quelques semaines plus tôt, en juin, les fédérations des trois grandes nations du Sud – dont l'Afrique du Sud, en passe de devenir la meilleure équipe de la planète lors d'une Coupe du monde organisée à domicile, scellant son grand retour dans le concert international – ont signé un contrat mirifique avec le groupe Murdoch pour les droits de diffusion des Tri-Nations – six matchs entre ces trois pays – et du Super 12 – nouveau championnat qui regroupe à partir de 1996 leurs douze provinces. Et en Europe se prépare également un énorme projet de rugby pro. Le Board ne tremble pas pour enterrer cet amateurisme qu'il a défendu dur comme fer pendant plus d'un siècle. C'est qu'un autre siècle va commencer. Où plus rien ne sera comme avant.

Page de droite
Quart de finale européen entre les Anglais des Wasps (à gauche) et les Irlandais du Leinster. Entrée sur le terrain façon show à l'américaine.

Double page suivante
La joie des Toulonnais après leur victoire en finale de la Coupe d'Europe 2015. De gauche à droite, au premier plan : les Français Jean-Charles Orioli et Maxime Mermoz (en tenue de ville), les Sud-Africains Juan Smith et Bryan Habana (perche en main), le Néo-Zélandais Rudi Wulf et l'Argentin Juan Martín Hernández.

DELL EMC
7
DS Smith
DELL EMC
3
Bank of Ireland
6
DS Smith
DELL EMC
9
Bank of Ireland
2
DS Smith
DELL EMC
10
Bank of Ireland
14
DS Smith
DELL EMC
11
Bank of Ireland
12

LE RUGBY PRO

Dès 1987, l'Angleterre avait lancé une première version de ce qui allait devenir en 1995 un vrai championnat pro, accompagné par la naissance de la Coupe d'Europe. Et, en France, le championnat, devenu pro en 1995 également, bascule vers la création d'une poule unique en 2004, qui deviendra le Top 14 deux ans plus tard. De riches entrepreneurs qui achètent et développent de grands clubs, des salaires de stars pour les meilleurs joueurs – même si on est encore très loin des standards du football –, une mondialisation du marché des transferts qui amène des centaines d'étrangers dans les championnats français et anglais, une Coupe du monde qui ne cesse de progresser et devient l'événement majeur du calendrier, autant de changements qui vont en moins de dix ans bouleverser le paysage du rugby. Sans oublier, évidemment, l'évolution profonde que cette professionnalisation, synonyme de transformation totale des méthodes d'entraînement comme de la qualité de la préparation physique et de l'implication des joueurs, va imprimer au jeu. Plus de force, plus de vitesse, plus d'engagement, plus de tout, en fait. Car le rugby pro n'est plus seulement un sport, c'est aussi une sorte de spectacle. Non, William Webb Ellis n'avait pas prévu tout cela. Quelle histoire, vraiment !

CLERMONT 8 - 24 TOULON 80:00
ORANGINA
RC TOULON
mutuelles
du soleil

adidas
franc

Place aux femmes

Le rugby a longtemps été un sport quasi exclusivement masculin, même s'il était pratiqué de façon sporadique par des femmes dans la première partie du XXe siècle. À partir de la fin des années 1960, de véritables compétitions nationales et internationales se mettent en place, du championnat de France (une première version est lancée en 1972) au Tournoi (à quatre nations en 1996, à six nations depuis 2002), en passant par la Coupe du monde, inaugurée en 1991.

Dans les années 1960, alors qu'apparaissent en France les premières équipes féminines, principalement scolaires et universitaires, le colonel Crespin, véritable mentor du sport, explique encore : « Le rugby est contre-indiqué pour les filles et les femmes pour des raisons physiologiques évidentes. Cette pratique présente des dangers sur le plan physique et sur le plan moral... Aussi, je vous demande instamment de ne pas aider les équipes de rugby féminin. » Mais le mouvement est bel et bien en marche.

Après un match à Toulouse, en mai 1968, naît l'AFRF, l'Association française de rugby féminin, qui devient la Fédération française de rugby féminin en 1984, avant d'être intégrée à la FFR en 1989. Vingt ans après, pas moins de cinquante-trois équipes nationales sont officiellement inscrites par la Fédération internationale de rugby dans son classement mondial officiel (contre cent cinq pays chez les hommes). Une hiérarchie où l'on retrouve toutes les grandes nations traditionnelles de ce jeu, mais également quelques autres pays européens émergents comme l'Espagne, les Pays-Bas ou le Portugal.

Il y aurait de nos jours près de deux millions et demi de pratiquantes dans le monde, et on compte environ vingt mille licenciées en France, un chiffre qui a triplé en l'espace de vingt ans. Nous sommes encore loin, évidemment, des près de trois cent mille licenciés masculins, mais l'essor de ce sport chez les filles est évident. Et il commence à connaître un premier rayonnement médiatique certain grâce aux matchs internationaux, même si les compétitions hexagonales, comme le championnat de France – devenu un Top 8 Élite –, restent encore en retrait, à tous points de vue, par rapport à leurs équivalents masculins. Cependant, à XV comme à VII, le rugby féminin est très loin d'avoir fini de se développer.

Rude combat entre Eloise Blackwell et Romane Ménager à Grenoble en 2018, lors d'un match France – Nouvelle-Zélande remporté par les Tricolores.

LE JEU

Vingt et une règles et quinze postes, voilà les deux chiffres clés de ce chapitre. Les vingt et une règles actuelles qui régissent le rugby, et les quinze postes – dix en vérité, si l'on tient compte des doublons pour les ailiers, les centres, les troisièmes lignes aile, les deuxièmes lignes et les piliers – qui constituent une équipe. Vingt et une règles dont nous retraçons l'évolution, parfois importante, notamment depuis l'instauration du rugby pro, et quinze postes dont d'éminents titulaires du passé, tous internationaux prestigieux, nous livrent les contours et les secrets.

Les règles

Codifiées à plusieurs reprises, une première fois en 1846 puis en 1871 et dans les dix années qui suivirent, les règles du jeu de rugby passent sous le contrôle de l'International Rugby Football Board (IRFB) à partir de 1890. L'IRFB devient l'IRB en 1998 puis World Rugby en 2014. Cette organisation qui dirige le rugby mondial en édicte toujours les règles, qui tiennent désormais en vingt et un articles distincts.

Règle n° 1 : le terrain

C'est en janvier 1880 que la Rugby Football Union (RFU) décide d'essayer d'uniformiser la taille des terrains. Évidemment, elle la fixe en yards, à l'époque : 110 yards de longueur et 75 yards de largeur, soit 100,58 m sur 68,58 m (1 yard équivaut à 0,9144 m). Les terrains précédents étaient souvent plus grands, et cette limite permet de faciliter l'installation de nouvelles aires de jeu.

Aujourd'hui, la règle n° 1 fixe cette taille légale en mètres : la longueur est comprise entre 94 et 100 mètres, la largeur entre 68 et 70 mètres, et la dimension de l'en-but entre 6 et 22 mètres. La règle précise également que la surface de jeu ne doit pas être dangereuse, que l'herbe, le sable, l'argile, la neige et le gazon artificiel (sous certaines conditions) sont autorisés et que, si l'aire de jeu fait moins de 100 mètres de long, la distance entre la ligne des 10 mètres et celle des 22 mètres doit être réduite en conséquence. Enfin, l'aire du périmètre, c'est-à-dire le dégagement autour du terrain, au-delà des lignes, doit être large de 5 mètres au minimum.

Le rugby a commencé à se pratiquer avec des buts de football en guise de poteaux, avec une barre transversale plus ou moins haute, selon les collèges. À l'origine, le décompte des points ne prenait pas en considération les essais mais seulement leurs transformations, quand on bottait le ballon au-dessus de la barre transversale des cages. Les joueurs prenaient l'habitude de se placer assis ou debout sur la barre pour empêcher la transformation, ce qui donna à Thomas Arnold, directeur du collège de Rugby et premier vrai codificateur de ce jeu, l'idée de relever la hauteur de cette barre à un minimum de 3 mètres. En 1846, dans les trente-sept premières règles de

De hauts poteaux de 8 à 11 mètres permettent de juger si le ballon est bien « passé » lors des pénalités, des drops ou des transformations.

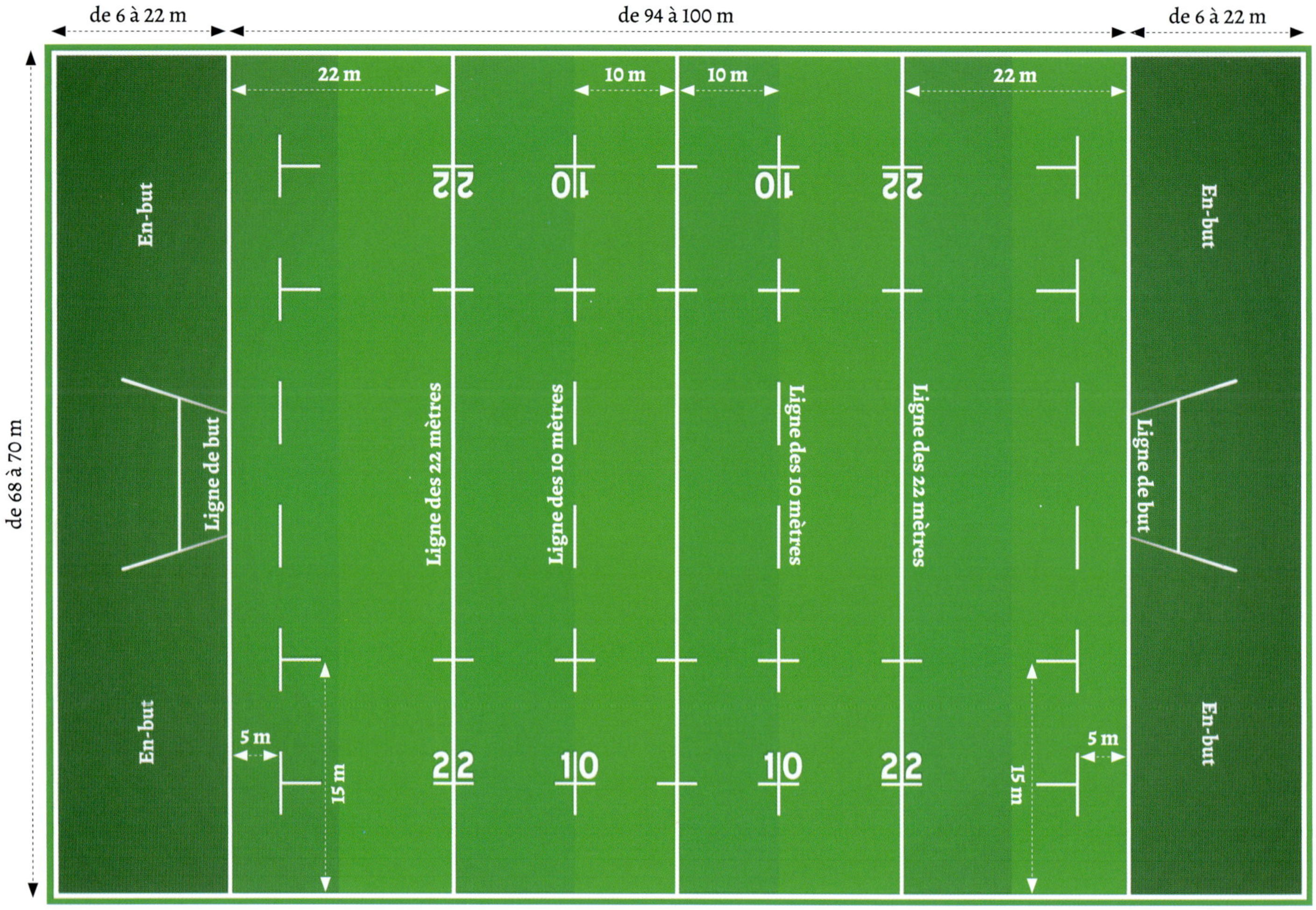

base, l'article 39 indique clairement qu'« aucun joueur n'a le droit de se placer sur la barre transversale du but pour empêcher le ballon de passer ».
Puis vint l'« invention » du « H ». Certains aiment imaginer qu'il serait le fruit de l'influence de la franc-maçonnerie (très présente dans les écoles anglaises de la haute société du XIXe siècle), qui y aurait placé un symbole qui lui est cher, mais il est plus probable que c'est la multiplication des litiges pour savoir si le ballon est bien passé au-dessus des buts qui a motivé l'allongement des poteaux latéraux. Ils mesurent désormais en moyenne (selon les modèles) de 8 à 11 mètres de hauteur. Et lorsque des protections de mousse équipent leurs bases (pour protéger les joueurs lors de chocs éventuels), la distance de la ligne de but à l'extérieur de la protection ne doit pas dépasser 30 centimètres.

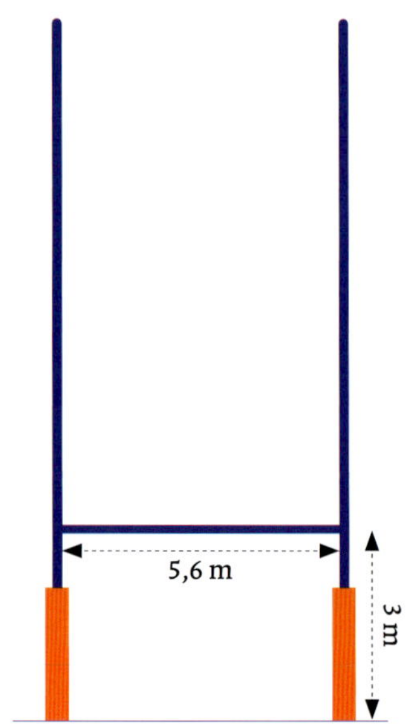

Règle n° 2 : le ballon

Quand, en 1823, William Webb Ellis s'en saisit avec les mains, il s'agit d'un « ballon » rond, ou plus exactement d'ailleurs d'une vessie de porc gonflée et assemblée avec du cuir par le cordonnier de la ville, William Gilbert. C'est justement lui qui, dans les années 1840, aurait le premier expérimenté la forme ovoïde, a priori plus adaptée à la prise en main et au maintien contre le buste, et fabriqué les premiers exemplaires de ballons ovales. Que la RFU adopte vers la fin des années 1870 pour son jeu de rugby.

D'abord rond, le ballon de rugby n'est devenu ovale que progressivement au cours du XIXe siècle.

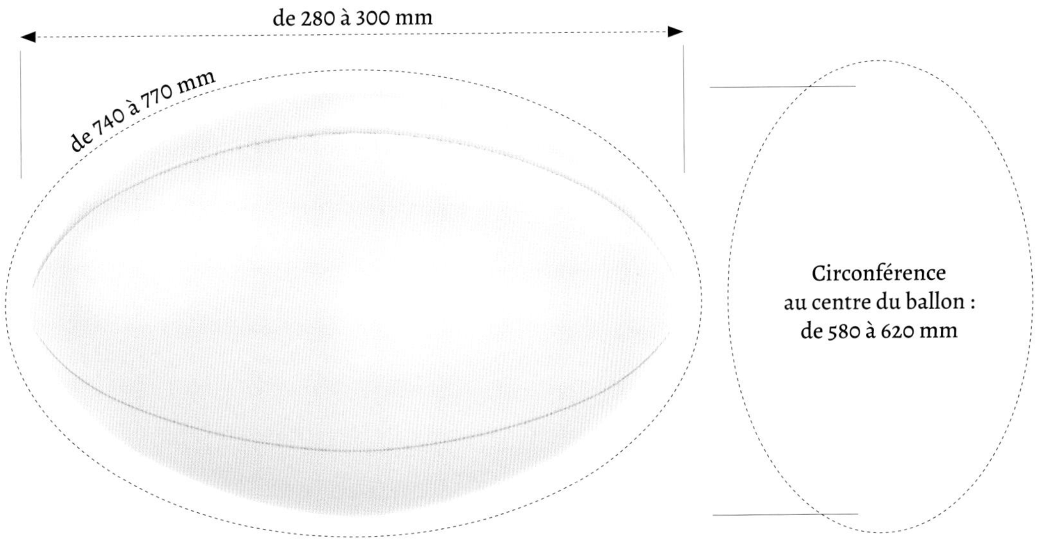

Mais ses dimensions exactes ne sont vraiment déterminées qu'en 1892 : entre 11 et 11,25 pouces de longueur (soit de 279 à 286 mm) pour un poids de 14,5 onces (411 g). Un format qui sera légèrement modifié (rendant le ballon un peu plus long et plus lourd) en 1931. Les dimensions actuelles vont de 280 à 300 mm, pour une circonférence de 740 à 770 mm (et de 580 à 620 mm au centre du ballon). Le poids varie de 410 à 460 g, et la pression de 0,67 à 0,70 kg/cm^2.

Après avoir longtemps été en cuir – donc particulièrement lourd et glissant sous la pluie –, le ballon devient synthétique dans la seconde partie du XXe siècle, véritable progrès pour la qualité du jeu. Désormais, la règle précise que « le ballon doit être en cuir ou en matériau synthétique approprié et peut être traité pour rendre le ballon résistant à l'eau et plus facile à tenir en main ».

Règle n° 3 : l'équipe

Après avoir compté parfois plus de cent membres par équipe à ses débuts, le rugby s'est d'abord stabilisé autour de vingt joueurs, avant de se fixer véritablement à la fin des années 1870. C'est le 5 février 1877 que l'Angleterre s'impose pour la première fois à quinze contre quinze, à l'occasion d'un match face à l'Irlande sur son terrain du Kennington Oval, à Londres.

Quinze joueurs – un nombre qui n'a pas varié depuis –, et désormais jusqu'à huit remplaçants autorisés chez les professionnels, alors que longtemps le remplacement a été limité à certains cas précis. Aujourd'hui, il n'est pas usurpé de dire qu'un match de rugby se joue véritablement à vingt-trois, tous les joueurs inscrits sur la feuille de match y participant activement à tour de rôle.

Cette règle n° 3 détaille longuement le nombre de joueurs de première ligne autorisés et les éventuelles mêlées simulées qui peuvent découler de la défaillance de ces joueurs. Et elle fixe précisément les conditions des remplacements tant temporaires que définitifs, notamment en cas de saignement ou de choc nécessitant l'établissement de ce qu'on appelle désormais le « protocole commotion ».

Page de gauche, en haut
Les six parties distinctes d'un terrain de rugby ont des mesures précises, tant dans leur largeur que dans leur longueur.

Page de gauche, en bas
L'ancien but de football a très vite été remplacé par le fameux « H » si caractéristique du rugby.

CLE 0-0 TOU
NORD
STADEFRANCE.COM
L'EQUIPE
tous arbitres
Gedimat
LAND ROVER

Pendant une grande partie du XIXe siècle, il n'y avait pas d'arbitre sur le terrain. Au départ, c'était le rôle des capitaines de négocier en cas de conflit sur un fait de jeu.

Règle n° 4 : l'équipement des joueurs

La règle rappelle aujourd'hui encore très simplement qu'un joueur « porte un maillot, un short et un sous-short, des chaussettes et des chaussures ». Rien de compliqué ni de sophistiqué, donc. Elle établit en outre la liste des équipements supplémentaires autorisés – des protège-dents au casque souple, en passant par les mitaines ou les rembourrages légers d'épaules – et proscrits – équipement taché de sang, coupant ou abrasif, gants simples, appareils permettant la communication...

Règle n° 5 : durée de la partie

Quatre-vingts minutes au maximum (deux fois quarante minutes) avec une mi-temps, désormais de 15 minutes. La règle fixe aussi les conditions d'arrêt du temps de jeu et celles de la fin effective de chaque période.

Règle n° 6 : officiels de match

Pendant une grande partie du XIXe siècle, il n'y avait pas d'arbitre sur le terrain. Au départ, c'était le rôle des capitaines de négocier en cas de conflit sur un fait de jeu. Puis, au cours des années 1860, vint l'usage pour chaque équipe de désigner son *umpire*, en quelque sorte son représentant, qui pouvait discuter avec son homologue d'en face en cas d'action douteuse ou de contestation. À partir de 1871, un arbitre commence à s'installer sur le terrain, d'abord avec un rôle mineur (et le droit d'utiliser un sifflet à partir de 1885, plutôt que d'agiter un mouchoir comme il le faisait jusqu'alors) puis, dans les années 1890, avec le pouvoir d'arbitrer véritablement la partie, les ex-*umpires* endossant le statut de juges assistants.

Le long article 6 contemporain établit les responsabilités précises de l'arbitre – dont le rôle est devenu majeur –, de ses assistants, des juges de touche comme des autres officiels pouvant intervenir (notamment via la vidéo en temps réel pour « clarifier des situations »). La règle va aussi jusqu'à détailler, selon les cas de figure, tout ce qui doit être décidé lorsqu'un joueur ou le ballon heurtent accidentellement l'arbitre.

Finale du Top 14 2017 entre Toulon et Clermont. L'arbitre (ici, Romain Poite, l'un des principaux arbitres pros français) joue un rôle majeur dans le rugby.

Essai ou pas ? Oui, semble dire Christian Vignes, le centre des Bleus. Mais l'ailier Jean Dupuy n'a pas marqué ce jour de 1958 à Colombes.

Règle n° 7 : l'avantage

« Si une équipe obtient un avantage après une infraction commise par les adversaires, l'arbitre peut laisser jouer dans le but d'assurer la continuité du jeu. » Cette règle détaille les conditions d'exercice et d'appréciation de cette spécificité qui existe de manière beaucoup plus limitée dans le football. Le rugby lui accorde une grande importance.

Règle n° 8 : établissement du score

À l'origine, on ne compte donc que les transformations consécutives aux essais. Puis, le 6 février 1886, à l'occasion d'une grande réunion de réconciliation entre Anglais et Écossais tenue à Dublin avec les Irlandais, on envisage d'accorder des points au goal, au drop et à l'essai, dans l'idée de récompenser le jeu d'attaque. C'est lors de cette même réunion que les dirigeants britanniques lancent le processus de création de l'International Board qui, à partir de 1890, dirigera le monde du rugby. Et continuera notamment de faire évoluer le système de comptage des points. Avec, comme tendance principale, celle de chercher à revaloriser l'essai, pour favoriser le spectacle.
Il existe désormais cinq manières de marquer des points dans le rugby.

• **L'essai : 5 points**

Il est marqué quand « un joueur attaquant est le premier à effectuer un touché à terre dans l'en-but adverse », y compris contre un poteau de but ou l'éventuelle protection autour de ce poteau.

ANNÉE	ESSAI	TRANSFORMATION	DROP	PÉNALITÉ
1875	0	1	–	–
1886	1	2	3	3
1891	2	3	4	3
1894	3	2	4	3
1906	3	2	4	3
1948	3	2	3	3
1973	4	2	3	3
1992	5	2	3	3

Ce tableau présente l'évolution du décompte des points. En 1891 existait également le *goal from mark*, un drop que l'on réalisait après avoir effectué un « mark », qui vaut 4 points (puis 3 à partir de 1904). En 1906 a été ajoutée la possibilité de marquer un but de pénalité également sur coup franc, une règle qui a disparu par la suite.

• **La transformation : 2 points**

« Quand un essai est marqué, cela permet à cette équipe de tenter une transformation, qui peut être un coup de pied placé ou un drop. »

• **L'essai de pénalité : 7 points**

« Accordé […] si l'équipe adverse commet un jeu déloyal qui empêche un essai qui aurait probablement été marqué. Il n'y a alors pas de transformation. »

• **Le but sur pénalité : 3 points**

Contrairement à la transformation, l'équipe adverse n'a pas le droit de charger le buteur une fois sa course entamée.

• **Le drop-goal : 3 points**

Le coup de pied tombé, le *drop kick*, est un geste très particulier du rugby à XV. Le joueur doit laisser tomber le ballon vers le sol à ses pieds, puis, une fois que le ballon a touché le sol, il frappe dedans. Ce geste, utilisé lors de certaines remises en jeu, permet également de marquer des points en envoyant le ballon entre les poteaux. C'est alors un drop-goal.

Règle n° 9 : jeu déloyal

« Un joueur qui commet un acte déloyal doit être soit averti soit temporairement exclu ou définitivement exclu. » Sont ensuite détaillées précisément toutes les formes de jeu déloyal, de l'obstruction au jeu dangereux en passant par l'antijeu, la répétition des fautes ou encore l'incorrection, car « un joueur ne doit rien faire qui soit contraire à l'esprit sportif », rappelle très utilement le point 27 de cette règle.

Règle n° 10 : hors-jeu et en-jeu dans le jeu courant

Introduite en 1846 dans les trente-sept premières règles de l'histoire du rugby, la notion de hors-jeu a d'emblée permis de clarifier et de structurer le mouvement des deux équipes sur le terrain.

Magnifique « offload » – une passe après plaquage – de l'ouvreur australien Bernard Foley. Vers l'arrière, comme il se doit.

« Un joueur est hors jeu dans le jeu courant s'il se trouve en avant d'un coéquipier qui porte le ballon ou qui l'a joué en dernier. Un joueur hors jeu ne doit pas interférer avec le jeu. » La règle détaille ces interférences. Mais « un joueur est accidentellement hors jeu s'il ne peut éviter d'être touché par le ballon ou par un coéquipier qui le porte. Si son équipe n'en tire pas avantage, le jeu continue. » Suit la liste des situations où un joueur peut être remis en jeu par les actions de ses partenaires ou de ses adversaires. Enfin, les points 9 à 11 de cette règle précisent les multiples conditions du repli après un ruck, un maul, une mêlée ou un alignement.

Règle n° 11 : en-avant ou passe en avant

C'est une des spécificités essentielles et les plus distinctives de ce sport. On y progresse – individuellement par la course ou collectivement en puissance – en ne faisant que des passes vers l'arrière. Il y a en-avant quand le ballon va vers l'avant, qu'il ait échappé des mains de celui qui le portait ou qu'il ait été projeté par un autre joueur, par exemple lors d'un plaquage. Si la balle est lancée vers l'arrière mais que le rebond la fait repartir vers l'avant, le jeu peut se poursuivre. Si c'est le pied, le torse ou la tête qui ont touché le ballon, il n'y a pas en-avant : seule compte la partie du corps allant de l'épaule aux doigts. Pas d'en-avant non plus quand un joueur contre un coup de pied adverse ou « arrache ou tape le ballon des mains ou des bras d'un adversaire, et que le ballon quitte les mains ou les bras du porteur du ballon vers l'avant ».

La passe vers l'avant est donc proscrite : le joueur qui reçoit le ballon doit obligatoirement être derrière le passeur au moment où le ballon quitte ses mains, et la trajectoire du ballon doit absolument aller vers l'arrière.

Marc Andreu dans une phase de jeu au sol, où l'on ne doit plus disputer le ballon.

Si un en-avant ou une passe en avant sont involontaires, une mêlée est ordonnée à l'endroit de la faute – sauf si l'avantage est laissé. Dans le cas d'une faute volontaire, c'est une pénalité qui est alors sifflée.

Règle n° 12 : coups d'envoi et renvois

Cette règle précise les conditions dans lesquelles s'effectuent les coups d'envoi – donnés du centre du terrain, en début de période ou après chaque point marqué – ainsi que les « renvois des 22 mètres » – coups de pied tapés après un touché dans l'en but.

Règle n° 13 : joueurs au sol dans le jeu courant

Il est joliment rappelé ici que « le jeu se joue avec des joueurs qui sont sur leurs pieds ». La règle liste donc les fautes commises par ceux qui ne se relèvent pas, ne s'écartent pas, jouent au sol sans le ballon ou bloquent sa sortie. Comme tant d'autres, cette règle donne lieu à de nombreuses discussions et à de constants ajustements.

Règle n° 14 : le plaquage

Une fois le *hacking* (ancêtre du plaquage autorisant les coups de pied volontaires) et ses quelques dérivés du même acabit (notamment le *scragging*, version rugbystique de l'étranglement) bannis des terrains pour leur violence excessive, le règlement a conceptualisé une version « civilisée » de l'arrêt, néanmoins brutale, d'un adversaire en pleine course : le plaquage. « Un plaquage peut avoir lieu partout dans le champ de jeu. Les actions des joueurs impliqués dans le plaquage doivent assurer une lutte équitable et permettre au ballon d'être immédiatement disponible pour être joué. »

ineken
Lloyds

SMBC

La règle précise que « l'objectif d'un maul est de permettre aux joueurs de lutter pour le ballon qui n'est pas au sol. Une fois formé, un maul doit avancer vers une ligne de but. »

Suit dans la règle du plaquage la longue liste des conditions de son exercice, des obligations incombant aux joueurs impliqués et de leurs responsabilités dans cette phase cruciale, dont les effets sur les organismes forcent désormais à s'adapter constamment.

Règle n° 15 : le ruck

On l'appelait autrefois la « mêlée ouverte », et c'est aujourd'hui encore l'une des situations les plus complexes de ce sport, souvent délicate à arbitrer. « L'objectif d'un ruck est de permettre aux joueurs de lutter pour le ballon qui est au sol. »

Règle n° 16 : le maul

« L'objectif d'un maul est de permettre aux joueurs de lutter pour le ballon qui n'est pas au sol. Une fois formé, un maul doit avancer vers une ligne de but. » Comme pour le ruck, la règle détaille toutes les conditions d'exercice du maul.

Règle n° 17 : le marque

Autrement appelé « arrêt de volée », c'est « un moyen d'arrêter le jeu en attrapant le ballon de volée à l'intérieur de ses 22 mètres sur un coup de pied adverse ».

Règle n° 18 : touche, touche rapide et alignement

C'est dans les règles rédigées en 1871 que la Rugby Football Union fixe les conditions de remise en jeu du ballon quand il est sorti du terrain sur ses grands côtés. Ces règles ont beaucoup varié dans le temps et, autrefois zone de quasi-non-droit, la touche est désormais un exercice parfaitement codifié. « Le champ de jeu comporte des limites qui sont les lignes de touche. Lorsque le jeu atteint une ligne de touche, le ballon est en touche et devient mort. » À partir du moment où le ballon ou le joueur empiètent sur la ligne, ne serait-ce que très légèrement, il y a touche.
La remise en jeu est effectuée à l'endroit de la sortie du ballon par l'équipe adverse de celle qui l'a provoquée, sauf dans le cas d'une pénalité, où l'équipe qui a envoyé le ballon hors des limites conserve l'avantage de la touche. Si le ballon est sorti directement par

Page de gauche, en haut
Coupe du monde 2003 : Fabien Galthié et les Bleus tentent de résister à la poussée irlandaise.

Page de gauche, en bas
France-Japon, automne 2017 : deux packs face à face au cours d'une mêlée furieusement disputée.

	1995	2018
Nombre de mêlées	23	13
Nombre de touches	37	26
Nombre de rucks	90	180
Nombre de coups de pied	60	40
Nombre de passes	190	290
Ballon en jeu (pourcentage de temps)	35 %	44 %

Ce tableau présente l'évolution moyenne des phases de jeu dans les matchs internationaux depuis l'avènement du professionnalisme.

un joueur situé dans ses 22 mètres, la touche est sifflée en faveur de l'adversaire à hauteur de ce coup de pied. Enfin, une touche a toujours lieu à au moins 5 mètres de l'en-but, même si le ballon est sorti encore plus près de ce dernier.

La touche est généralement effectuée par le talonneur. Du bord du terrain, il lance le ballon en ligne droite entre les deux alignements, de deux (au minimum) à sept joueurs. C'est l'équipe qui lance qui choisit le nombre de joueurs engagés, et l'autre équipe doit s'y adapter (en disposant moins ou autant de joueurs, mais jamais plus). Le ballon doit parcourir au moins 5 mètres. Les deux alignements sont séparés par un couloir de 1 mètre et se tiennent entre les lignes des 5 et des 15 mètres.

Dans le rugby moderne, la touche donne lieu à des phases de jeu parfaitement synchronisées (et longuement travaillées à l'entraînement) entre le lanceur et le sauteur, que deux équipiers sont autorisés à soulever (cela a longtemps été interdit) pour lui permettre d'attraper le ballon.

Un joueur qui a récupéré le ballon à sa sortie hors des limites peut aussi choisir d'effectuer une touche rapide sans attendre l'alignement, à condition que personne n'ait touché le ballon et que le joueur soit placé entre le point de sortie et sa propre ligne de but.

La règle n° 18 comporte désormais pas moins de trente-huit points. C'est l'une des deux règles les plus longues et détaillées, avec celle qui suit.

Règle n° 19 : la mêlée ordonnée

Avant que la mêlée soit instituée, il se formait des regroupements interminables qui avaient le plus souvent tendance à dégénérer. La notion de « tenu », d'abord privilégiée (elle sera conservée par le XIII), évolue dans les années 1870 vers celle de mêlée fermée. À l'origine, presque tous les joueurs y participent, la différence entre avants et arrières étant souvent inexistante. Ce n'est qu'au début du XXe siècle que s'organise vraiment la répartition des joueurs en trois lignes formant un pack de huit joueurs (dont trois en première ligne), un demi de mêlée assurant l'entrée et la sortie du ballon.

Longtemps, la mêlée a donné lieu à de redoutables combats, crânes contre crânes, où presque tous les coups, à défaut d'être permis, étaient largement distribués. Et le

Page de droite, en haut et en bas
En touche comme en mêlée, les phases de jeu, savamment préparées, sont désormais beaucoup plus séquencées.

Double page suivante
Irlande-France, Tournoi 2015. Le pack vert affronte le pack bleu sous les yeux de Rory Kockott, qui s'apprête à introduire le ballon.

9
1

CASINO PARIS POKER
16
Intermarché
CABESTANY

talonnage donnait lieu à une âpre lutte plus ou moins contrôlée. Durant les dernières décennies, la philosophie de la mêlée a beaucoup évolué. Si elle reste d'abord et avant tout un combat, son objectif consiste de nos jours à remettre aussi rapidement que possible le ballon en circulation. Il y a moins de mêlées qu'auparavant, les talonneurs ne s'y disputent plus la conquête de la balle : seule la poussée des deux packs permet d'assurer cette conquête.
Désormais, l'entrée très réglementée en mêlée s'organise selon un processus en trois phases clairement énoncées par l'arbitre : *Crouch. Bind. Set* (ou : *Engage*). « Flexion. Liez. Jeu (ou : Jouez). »
Dans la règle moderne, qui rappelle que « l'objectif de la mêlée ordonnée est de reprendre le jeu avec une lutte pour la possession après une faute mineure ou un arrêt de jeu » (après un en-avant involontaire, par exemple), trente-neuf points sont abordés, de la formation de la mêlée à l'entrée en mêlée des joueurs, en passant par l'introduction du ballon, le déroulement à proprement parler de la mêlée, les conditions du hors-jeu, la formation éventuelle d'une nouvelle mêlée ou encore la bonne fin de cette phase de jeu, sans oublier les pratiques interdites, notamment en termes de jeu dangereux.
Mais, malgré les nombreuses évolutions de la mêlée, un bon vieux dicton anglais semble toujours d'actualité, même dans le rugby moderne : *No scrum, no win!* « Pas de mêlée, pas de victoire ! »

Règle n° 20 : pénalité et coup franc

Conditions d'obtention, emplacements prévus pour les coups de pied et procédures à respecter sont ici énoncés (contrairement au coup de pied de pénalité, le coup franc ne permet par exemple pas de marquer directement des points).

Règle n° 21 : l'en-but

La dernière règle du jeu concerne tout ce qui peut se passer dans la zone de l'en-but, à commencer par le touché à terre, que ce soit en phase offensive (essai) ou en phase défensive (dans son propre camp).

Page de droite, en haut
Dans le vent, l'ouvreur sud-africain Jannie de Beer a besoin de l'aide de l'un de ses avants, Johan Erasmus, pour son tir au but.

Page de droite, en bas
Abdel Benazzi, le flanker des Bleus, inscrit d'une main ferme le seul essai français du match contre l'Angleterre en mars 1994.

PILIER

En anglais : **PROP**

C'est un joueur de première ligne. Le pilier droit porte le numéro 3 et le gauche le numéro 1. Dans la mêlée, le pilier droit engage ses deux épaules et se retrouve de fait confronté à deux adversaires (le pilier gauche et le talonneur adverses) alors que le pilier gauche n'engage que l'épaule droite et doit contrer le pilier droit adverse. Longtemps, le rôle du pilier s'est concentré sur cette seule mêlée mais, désormais, il participe beaucoup plus activement au jeu, dans toutes ses phases. C'est sans doute l'un des postes qui a le plus évolué dans le rugby moderne.

DANS LA LÉGENDE

AMÉDÉE DOMENECH

52 sélections avec l'équipe de France, de 1954 à 1963.
« Le Duc », personnage incroyable, truculent et haut en couleur, sur les terrains comme en dehors, est l'un des premiers piliers dynamiques de l'histoire du rugby.

ALFRED ROQUES

30 sélections avec l'équipe de France, de 1958 à 1963.
« Le Pépé du Quercy » commence le rugby à 26 ans ! Et se retrouve international à 33 ans. Pour aller défier l'Afrique du Sud lors de la tournée mythique de 1958, où il gagne un second surnom : « The Wild One » (« le Sauvage »).

ROBERT PAPAREMBORDE

55 sélections avec l'équipe de France, de 1975 à 1983.

JEAN-PIERRE GARUET

42 sélections avec l'équipe de France, de 1983 à 1990.

CHRISTIAN CALIFANO

71 sélections avec l'équipe de France, de 1994 à 2007.

WILSON WHINERAY

32 sélections avec la Nouvelle-Zélande (30 comme capitaine), de 1957 à 1965.

NICHOLAS SHEHADIE

30 sélections avec l'Australie, de 1947 à 1958.

SYD MILLAR

37 sélections avec l'Irlande, de 1958 à 1970.

JASON LEONARD

114 sélections avec l'Angleterre, de 1990 à 2004.

PIERRE DOSPITAL

Finaliste du championnat de France avec Bayonne (1982), 24 sélections en équipe de France (1977-1985), deux victoires dans le Tournoi (1981 et 1983), dont un Grand Chelem (1981).
Joueur emblématique de l'Aviron Bayonnais, « Peio » Dospital incarne à merveille la formidable lignée des piliers basques.

« **LE RÔLE DU PILIER, C'EST D'ABORD DE TENIR EN MÊLÉE.** Avant, il n'y avait que cela. La mêlée ! Le rugby a évolué et, maintenant, le pilier doit plus participer au jeu, mais cela reste l'essentiel. Caler la mêlée, avancer si possible, surtout ne pas reculer. Tenir la mêlée, la gagner. Et, à chaque fois, c'est un nouvel affrontement direct, à chaque fois tu recommences le combat, comme si tu repartais de zéro. Car parfois tu domines puis tu te retrouves à la limite du K-O sur le combat suivant.

La plus belle qualité d'un pilier, c'est de ne surtout jamais reculer. C'est Jean Iraçabal, l'homme qui m'a tout appris à ce poste, qui m'a fait comprendre cela. En fait, il y a presque deux postes différents : le pilier droit et le pilier gauche. À mon époque, il y avait beaucoup plus de joueurs qui pouvaient alterner entre les deux postes, désormais c'est nettement plus rare, presque impossible.

Le pilier droit, c'est lui qui cale vraiment la mêlée. Il faut qu'il soit très solide sur ses appuis, le dos bien droit et qu'il assure au mieux cette pression rectiligne, mais sans désaxer la mêlée. Le pilier gauche, c'est celui qui donne son équilibre à ta première ligne, il doit réussir à être très bas, la tête sous la poitrine du pilier droit adverse, qu'il doit contrer. C'est extrêmement difficile si ce dernier est très gaillard, très puissant.

Moi, j'ai joué aux deux postes, à droite et à gauche, mais l'important, c'était surtout la cohésion des trois devant. Et avec « Patou » [Robert Paparemborde] à droite en équipe de France, c'était l'idéal. Le talonneur n'avait plus qu'à se glisser entre nous. »

TALONNEUR

En anglais : **HOOKER**

C'est le numéro 2, joueur de première ligne placé entre les deux piliers en mêlée, où il est le plus directement au contact avec le pack adverse. Il est chargé de « talonner » le ballon pour le faire sortir dans son camp, tout en gérant l'équilibre entre les deux packs après l'impact. C'est également lui qui effectue, presque toujours, le lancer en touche. Premier élément de la colonne vertébrale d'une équipe, il est désormais également un maillon essentiel du jeu, sous toutes ses formes.

DANS LA LÉGENDE

RAPHAËL IBAÑEZ

98 sélections avec l'équipe de France (41 comme capitaine), de 1996 à 2007.
Le Dacquois, vainqueur de la Coupe d'Europe 2007 et champion d'Angleterre 2008 avec les Wasps, incarne la dimension moderne du talonneur. Il a établi un sacré record de longévité en équipe de France (troisième joueur le plus capé de l'histoire, tous postes confondus), participant notamment à trois Coupes du monde et remportant deux Grands Chelems (1998 et 2002).

DANIEL DUBROCA

33 sélections avec l'équipe de France, de 1979 à 1988.

JEAN-FRANÇOIS TORDO

15 sélections avec l'équipe de France, de 1991 à 1993.

RONNIE DAWSON

27 sélections avec l'Irlande, de 1953 à 1962.

KEN KENNEDY

45 sélections avec l'Irlande, de 1965 à 1975.

SEAN FITZPATRICK

92 sélections avec la Nouvelle-Zélande, de 1986 à 1997.

BRIAN MOORE

64 sélections avec l'Angleterre, de 1987 à 1995.

KEITH WOOD

58 sélections avec l'Irlande, de 1994 à 2003.

JOHN SMIT

111 sélections avec l'Afrique du Sud, de 2000 à 2011.

PHILIPPE DINTRANS

Finaliste du championnat de France 1988 avec Tarbes, son club de toujours, 50 sélections en équipe de France (12 comme capitaine), de 1979 à 1990.
Le Tarbais, qui demeure une sacrée référence en matière de talonneur, nous livre ici sa vision de ce poste si particulier.

« **LE TALONNEUR, C'EST UN JOUEUR SPÉCIAL,** vraiment différent de tous les autres. D'abord, c'est un combattant et surtout un meneur, et pas que dans le jeu, à tous les moments du match. Il doit savoir emmener l'équipe derrière lui, être un leader, c'est capital. Et, dans le jeu, il y a beaucoup de choses qu'il doit savoir faire, d'abord évidemment en mêlée et en touche, où il effectue le lancer, si important, mais aussi dans le jeu à la main, où il tient souvent un rôle clé dans la relance, où il est censé savoir faire une passe sur un pas, un cadrage-débordement... Tout, en fait !

Première priorité : être très précis en touche. Le lancer, ça se travaille énormément. Moi, j'avais vu les All Blacks à l'entraînement se mettre sur la ligne des 50 et lancer, lancer, lancer... Alors, j'ai fait comme eux. Mais pas dix fois, non, cent, deux cents, trois cents fois ! Tu vises une ligne ou tu vises un poteau, et tu recommences, et tu recommences. Parce que, en match, la maîtrise de ce geste est absolument cruciale.

Et puis il y a la mêlée, là aussi c'est complexe. Le talonneur, c'est celui qui mène les hommes au combat dans cette phase de jeu. Et, même si le rugby a beaucoup changé sur ce point, talonner vite et bien, ça reste essentiel. C'est Jean Prat qui m'avait expliqué cela : qu'un talonneur, ça doit avoir un chrono dans la tête et apprendre à sortir le ballon en deux, trois, cinq secondes maxi. Pour m'exercer, mon père m'avait fabriqué un joug de vache très bas, et je m'entraînais tout seul à la maison, avec ma sœur qui introduisait le ballon sur le côté...

Au début, dans les équipes de jeunes, des benjamins jusqu'aux juniors, je jouais troisième ligne, jusqu'au moment où Norbert Dargelès, un sacré monsieur, le talonneur de Tarbes, une grande équipe à l'époque, m'a expliqué que j'irais jusqu'à l'équipe de France si je me mettais à ce poste de talonneur. Alors, je m'y suis mis. Car c'est un poste où il faut travailler énormément. C'est aussi ce que m'a montré Alain Paco, la référence pour moi, qui m'a précédé en équipe de France. Un vrai précurseur, un type extraordinaire. Il a ouvert une voie à ce poste et même quand il a quitté l'équipe de France, il a continué à s'occuper de moi, à me donner des conseils. Un vrai talonneur... »

DEUXIÈME LIGNE

En anglais : **LOCK**

Les numéros 4 et 5 forment le *second row*, la deuxième ligne du « cinq » devant dans la mêlée. Ces deux joueurs ont longtemps été les deux plus grands de l'équipe (nettement), d'autant que la prise de ballon en touche devait à une époque se faire sans l'aide de coéquipiers lors du saut. On leur affectait souvent aussi le rôle de « gendarmes » dans le combat des deux paquets d'avants, où ils devaient en quelque sorte se faire respecter. C'est sans doute l'un des postes qui ont le plus changé avec l'évolution du jeu depuis les années 1990.

DANS LA LÉGENDE

ROBERT SORO

21 sélections avec l'équipe de France, de 1945 à 1949.
Surnommé « le Lion de Swansea » après son match héroïque lors de la première victoire française en terre galloise, en 1948, le Pyrénéen, finaliste du championnat avec Lourdes en 1945, doit quitter le XV de France après suspicion de professionnalisme en 1950.

MICHEL PALMIÉ

23 sélections avec l'équipe de France, de 1975 à 1978.
« La Palme » forme en 1977 avec Jean-François Imbernon une deuxième ligne monumentale lors du fameux Grand Chelem réussi à quinze joueurs. Palmié est aussi un membre clé du « grand Béziers », avec lequel il est huit fois champion de France !

ÉLIE CESTER

35 sélections avec l'équipe de France, de 1966 à 1974.

OLIVIER ROUMAT

61 sélections avec l'équipe de France, de 1989 à 1996.

OLIVIER MERLE

45 sélections avec l'équipe de France, de 1993 à 1997.

LIONEL NALLET

74 sélections avec l'équipe de France, de 2000 à 2012.

VICTOR MATFIELD

127 sélections avec l'Afrique du Sud, de 2001 à 2015.

PAUL O'CONNELL

108 sélections avec l'Irlande, de 2002 à 2015.

BRODIE RETALLICK

68 sélections avec la Nouvelle-Zélande, de 2012 à 2019.

JEAN-CHARLES ORSO

Champion de France avec Toulon (1989), vice-champion avec Nice (1983), 13 sélections en équipe de France, de 1982 à 1988.
Un formidable deuxième ligne, véritable joueur de ballon et combattant hors pair au cœur du pack du grand Toulon des années 1980.

« **IL Y A UNE GRANDE DIFFÉRENCE** entre le rôle du deuxième ligne à mon époque et son rôle aujourd'hui, avec ce qu'est devenu le rugby. À mon époque, et c'était le cas auparavant aussi, il y avait une phase majeure, un mot clé : le combat. C'était vraiment le maître mot de ce poste, et plus largement du cinq de devant d'ailleurs. Bon, évidemment, je parle d'une époque où il n'y avait pas de caméras qui filmaient tout, on était entre nous dans ce combat…

En dehors de ce combat et des phases de conquête, le deuxième ligne courait beaucoup derrière le ballon sans trop savoir où aller, il était en mouvement mais le plus souvent à vide. D'ailleurs, les anciens te disaient toujours : quand tu es perdu, cours vers le milieu du terrain, tu finiras par retrouver le jeu. Aujourd'hui, c'est très différent, le deuxième ligne intervient véritablement dans le jeu. J'ai vu récemment que, désormais, il a en moyenne cent cinquante sollicitations dans le jeu par match, alors qu'à mon époque il n'en avait parfois aucune en dehors des phases de conquête et de combat. Tu pouvais passer un match entier sans voir le ballon, hormis en touche et en mêlée !

Le rôle en touche a aussi profondément évolué. L'autorisation des ascenseurs, la possibilité d'être porté par des coéquipiers, cela change tout. Souvent, il n'y a même plus de contestation adverse, la moitié des lancers ne sont pas disputés, et le combat à la touche n'a plus rien à voir avec ce qu'il était auparavant, quand les ascenseurs étaient interdits. Pour nous, là aussi, c'était combat, combat, combat. Moi, j'aimais cela. Ne serait-ce que sentir en mêlée que tu les as fait reculer de 50 centimètres, c'est une sensation unique.

La base de cette évolution, c'est que le "morphotype" du joueur de rugby s'est uniformisé. Et tu peux même voir des deuxièmes lignes longilignes. Autre différence, à notre époque, on plaquait beaucoup moins qu'aujourd'hui mais, là aussi, il y a une uniformisation des rôles, qui découle naturellement de cette uniformisation physique… »

TROISIÈME LIGNE AILE

En anglais : **FLANKER**

Les numéros 6 (le *blindside flanker*, troisième ligne côté fermé) et 7 (*openside flanker*, côté ouvert – ou grand côté) ont de tout temps été présents en mêlée, en touche et dans le jeu offensif. Traditionnellement, le 6 était plus puissant et le 7 plus mobile, plus capable de s'intégrer dans la ligne d'attaque. Avec l'évolution du rugby, les deux fonctions sont devenues plus homogènes, et leurs missions ont été fortement transformées.

DANS LA LÉGENDE

EUGÈNE RIBÈRE

34 sélections avec l'équipe de France, de 1924 à 1933.
L'un des premiers surdoués du rugby français. Avec Perpignan puis Quillan, il dispute six finales du championnat de 1924 à 1930 et en gagne deux. Il établit aussi un record de sélections en équipe de France qui tiendra pendant vingt ans, jusqu'à Jean Prat.

FRANÇOIS MONCLA

31 sélections avec l'équipe de France, de 1956 à 1961.
L'inoubliable « chien de chasse » des Bleus lors de la fameuse tournée en Afrique du Sud, à l'été 1958, fut aussi champion de France avec le Racing en 1959 puis avec Pau en 1964.

CHRISTIAN CARRÈRE

27 sélections avec l'équipe de France, de 1966 à 1971.

JEAN-CLAUDE SKRELA

46 sélections avec l'équipe de France, de 1971 à 1978.

ABDELATIF BENAZZI

78 sélections avec l'équipe de France, de 1990 à 2001.

OLIVIER MAGNE

89 sélections avec l'équipe de France, de 1997 à 2007.

IAN KIRKPATRICK

39 sélections avec la Nouvelle-Zélande, de 1967 à 1977.

FERGUS SLATTERY

61 sélections avec l'Irlande, de 1970 à 1984.

GRAHAM MOURIE

21 sélections avec la Nouvelle-Zélande, de 1977 à 1982.

RICHIE McCAW

148 sélections avec la Nouvelle-Zélande, de 2001 à 2015.

LAURENT CABANNES

Champion de France avec le Racing (1990), 49 sélections en équipe de France, de 1990 à 1997. Le Béarnais, fleuron du Racing Club de France des années 1980-1990, reste l'un des plus flamboyants flankers de l'histoire du rugby français.

« **POUR LE TROISIÈME LIGNE AILE, IL Y A VRAIMENT UN AVANT ET UN APRÈS 1995,** un avant et un après le passage au professionnalisme. Certes, il est vrai que, dans ce bouleversement du jeu, le poste qui a le plus évolué, c'est sans doute celui de deuxième ligne, car, aujourd'hui, il doit savoir tout faire, plaquer, pousser, sauter, courir, alors que ce n'était pas le cas auparavant, son rôle était beaucoup plus restreint. Mais, dans le prolongement de cette incroyable évolution, le poste de troisième ligne aile a également beaucoup changé. Avant, il y avait celui qui était alloué aux tâches plus « rustiques », le 6, plus plaqueur, plus laboureur, alors que le 7 était plus coureur. Moi, c'était vraiment mon poste.

À notre époque, le flanker était déjà un plaqueur, bien sûr, c'était essentiel, mais c'était aussi, et surtout même, un coureur et un joueur de ballon. Dans les années 2000, quand on a commencé à pouvoir contester les ballons, le flanker est devenu un joueur plus complet, allant même jusqu'à sauter en touche. Maintenant, il faut être un gratteur de ballons et utile en touche tout en continuant à être un chasseur de plaquages. Il faut être mobile, toujours, mais aussi plus puissant qu'auparavant. Et, finalement, ce qui a le plus changé, c'est le "morphotype" du poste : pas forcément plus grand mais plus massif, plus dense, plus costaud encore, sans aller moins vite pourtant, même si le poste a perdu en mobilité par rapport à mon époque et aux temps antérieurs.

Mais le flanker, pour moi, cela reste quand même d'abord un joueur de ballon. En vérité, le joueur qui m'a le plus inspiré, c'est le capitaine des Springboks des années 1970, Morné du Plessis, un numéro 8 en fait, mais qui se déplaçait de manière incroyable. Il était à la fois coureur, plaqueur, joueur de ballon... C'est lui qui m'a aidé à devenir le 7 que j'ai été, c'est-à-dire un vrai relais ballon en main. Dans le rugby d'aujourd'hui, tu vois souvent le numéro 9, le demi de mêlée, remplir cette mission dans le jeu.

Il y a bien sûr des joueurs qui ont continué à incarner le flanker à l'ancienne dans les années 2000, comme Olivier Magne ou, plus récemment, Yannick Nyanga – pour ne pas reparler de certains Blacks, évidemment –, mais le prototype du troisième ligne aile nous oriente désormais vers des joueurs plus denses, plus gratteurs de ballon que coureurs, plus puissants que mobiles, qui plaquent et qui contestent les ballons en priorité. »

TROISIÈME LIGNE CENTRE

En anglais :
NUMBER EIGHT

C'est la clé de voûte du pack, la dernière pièce, forcément essentielle, celle qui assure l'équilibre de ce groupe. Joueur décisif en défense – souvent le premier des plaqueurs – et en attaque – il doit être habile ballon en mains –, c'est un leader dans le jeu, sur toutes ses phases, comme dans la vie d'une équipe, dont il assure là aussi une partie de la cohésion.

DANS LA LÉGENDE

ANDRÉ HERRERO

22 sélections avec l'équipe de France, de 1963 à 1967.
C'est l'aîné d'une magnifique fratrie issue d'une famille d'immigrés espagnols. Comme souvent à son époque, il évolue aussi bien en numéro 8 qu'en deuxième ligne. Il est deux fois finaliste du championnat avec Toulon.

MICHEL CELAYA

50 sélections avec l'équipe de France, de 1953 à 1961.
Lui aussi pouvait jouer en deuxième ou en troisième ligne. Cinq fois vainqueur du Tournoi entre 1954 et 1961, il est alors le capitaine du XV de France, mais, blessé, il manque les tests de la fameuse tournée de 1958.

JEAN BARTHE

26 sélections avec l'équipe de France, de 1954 à 1959.

JEAN-PIERRE BASTIAT

32 sélections avec l'équipe de France, de 1969 à 1978.

JEAN-LUC JOINEL

51 sélections avec l'équipe de France, de 1977 à 1987.

HENNIE MULLER

13 sélections avec l'Afrique du Sud, de 1949 à 1953.

BRIAN LOCHORE

25 sélections avec la Nouvelle-Zélande, de 1964 à 1971.

MERVYN DAVIES

38 sélections avec le pays de Galles, de 1969 à 1976.

ZINZAN BROOKE

58 sélections avec la Nouvelle-Zélande, de 1987 à 1997.

LAWRENCE DALLAGLIO

85 sélections avec l'Angleterre, de 1995 à 2007.

CHRISTIAN LABIT

Deux fois champion de France (1999 et 2001) et champion d'Europe (2003 et 2005) avec Toulouse, 17 sélections en équipe de France, de 1999 à 2003.
Passé par le XIII puis par Narbonne, il devient, en numéro 8, l'un des joueurs de référence du grand Stade Toulousain.

« **LE NUMÉRO 8, C'EST LE TROISIÈME LIGNE QUI A LE PLUS DE VISION.** Celui par lequel passent le plus de ballons, notamment à la mêlée, où il est le seul joueur qui peut le prendre à la main, et c'est forcément une position cruciale qui lui donne une fonction à part. Le 8, c'est la tête pensante des avants, la clé de l'organigramme, du système. C'est celui sur lequel on peut s'appuyer, qui a un rôle de défi vis-à-vis des lignes adverses, un rôle de récupérateur, de couverture, de deuxième rideau... Offensivement, il est de ces joueurs qui peuvent casser les lignes et qui doivent être capables de faire des passes importantes, de jouer des deux contre un ou des trois contre deux. Défensivement, il est essentiel par sa puissance et son âpreté dans le combat. Il doit aussi être capable de dominer dans les airs, même si sa fonction naturelle n'est pas d'être un leader de touche.

C'est sans doute l'un des postes qui ont le moins changé ces deux dernières décennies, même si le rugby est évidemment beaucoup plus organisé, beaucoup plus structuré, et que l'on s'appuie désormais plus sur des cellules que sur des hommes. Mais le troisième ligne centre garde son rôle particulier, il reste la sentinelle, ne serait-ce que par sa fonction particulière et unique dans la mêlée.

Pour choisir un numéro 8 dans un groupe d'avants, on peut suivre trois critères, en fait : qui est le plus technique, qui est le plus puissant et qui a le plus d'expérience, de maturité ? Idéalement, c'est la combinaison des trois qui fait le meilleur troisième ligne centre.

S'il y a un joueur qui représente ce poste, un joueur qui a contribué à ma façon de le penser, c'est le Néo-Zélandais Zinzan Brooke. Il alliait la vitesse, la puissance et la technique. Il était même capable, lors d'un match de Coupe du monde, de passer un drop des 50 mètres ! C'était un joueur extraordinaire, vraiment, atypique, beau à voir mais en même temps tellement âpre dans les combats. Un modèle. »

DEMI DE MÊLÉE

En anglais : **SCRUM-HALF**

On a l'habitude de dire du numéro 9 qu'il a « les clés du camion », parce qu'il dirige le pack au plus près de la mêlée, où il assure l'introduction, mais aussi dans les phases de conquête, faisant la liaison entre le pack et les trois-quarts avec son compère de la paire de demis, le 10. Pour Pierre Berbizier, comme pour bien d'autres, la référence ultime en matière de numéro 9 reste le Gallois Gareth Edwards, mais nombre de grands joueurs ont évolué à ce poste, souvent comme capitaines.

DANS LA LÉGENDE

PIERRE DANOS

17 sélections avec l'équipe de France, de 1954 à 1960.
Le Biterrois anime le jeu de la grande équipe de France de la fin des années 1950. On lui attribue la fameuse et jolie phrase selon laquelle « au rugby, il y a les déménageurs de pianos et ceux qui en jouent ».

FABIEN GALTHIÉ

64 sélections avec l'équipe de France, de 1991 à 2003.
Il a connu une carrière énorme, avec trois Grands Chelems entre 1997 et 2002 – année où il est désigné meilleur joueur du monde par l'IRB – et la participation à quatre Coupes du monde.

GÉRARD DUFAU

38 sélections avec l'équipe de France, de 1948 à 1957.

PIERRE LACROIX

27 sélections avec l'équipe de France, de 1958 à 1963.

RICHARD ASTRE

11 sélections avec l'équipe de France, de 1971 à 1976.

JÉRÔME GALLION

27 sélections avec l'équipe de France, de 1978 à 1986.

DIMITRI YACHVILI

61 sélections avec l'équipe de France, de 2002 à 2012.

SID GOING

29 sélections avec la Nouvelle-Zélande, de 1967 à 1977.

NICK FARR-JONES

63 sélections avec l'Australie, de 1984 à 1993.

JOOST VAN DER WESTHUIZEN

89 sélections avec l'Afrique du Sud, de 1993 à 2003.

GEORGE GREGAN

139 sélections avec l'Australie, de 1994 à 2007.

AGUSTÍN PICHOT

71 sélections avec l'Argentine, de 1995 à 2007.

PIERRE BERBIZIER

Champion de France avec Agen (1988), 56 sélections en équipe de France (13 comme capitaine), de 1981 à 1991, six victoires dans le Tournoi, dont deux Grands Chelems (1981 et 1987), finaliste de la Coupe du monde 1987.
Pierre Berbizier est une référence incontournable, comme joueur puis comme entraîneur.

« **LE DEMI DE MÊLÉE, C'EST D'ABORD UN LEADER.** Un leader de jeu et un leader d'hommes. C'est lui qui permet que se crée une sorte d'alchimie entre le jeu et les hommes, en relation avec son numéro 10, évidemment.

C'est lui qui anime le jeu. Il est idéalement placé pour cela au centre de l'équipe, quelles que soient les phases. Dans tous les cas, il est l'élément charnière, et ce n'est pas un hasard que l'on utilise ce terme pour parler de la paire de demis. Il doit à la fois valoriser la conquête de ses avants et permettre l'expression offensive de ses trois-quarts. Il est au centre de tout le jeu et de toute l'équipe, presque naturellement. Par son positionnement, mais aussi par sa lecture et sa capacité à répondre à tout moment à l'évolution du jeu adverse.

Il est crucial pour un numéro 9 de maîtriser des gestes techniques très précis et très différents : la passe d'abord, importante évidemment pour animer le jeu ; puis le jeu au pied, fondamental dans l'alternance qu'il doit savoir mettre dans la construction, au même titre que son 10 ; le plaquage aussi, car le demi de mêlée est en pleine zone des combats et très souvent au combat lui-même, au premier plan. Pas question de s'échapper.

Physiquement, morphologiquement et sûrement un peu culturellement, on a souvent mis les petits gabarits à ce poste. Sans doute parce que c'est là qu'on négocie le plus de ballons au sol.

C'est en tout cas l'un des postes qui ont gardé le plus de constance face à l'évolution du rugby, car la vitesse y a toujours fait la différence. Les autres postes ont souvent pris des dimensions tactiques nouvelles par rapport au passé, mais le numéro 9 a conservé ce qui constituait son essence depuis longtemps. »

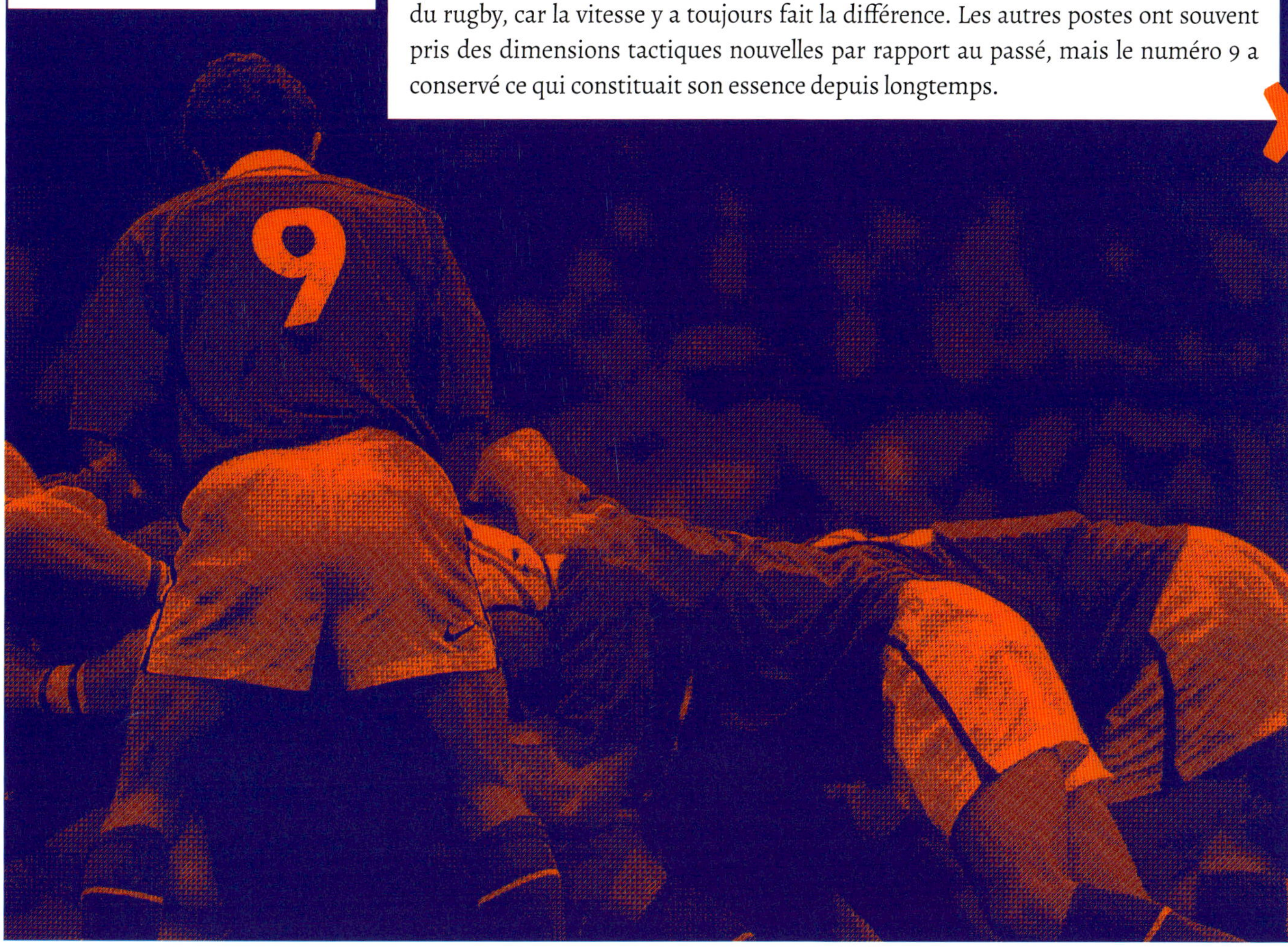

DEMI D'OUVERTURE

En anglais : **FLY-HALF**

Le demi d'ouverture, aussi appelé « ouvreur », porte le numéro 10 et forme avec le demi de mêlée la charnière d'une équipe. Il est depuis toujours censé être le maître à jouer, orientant à la main ou au pied sa ligne de trois-quarts. Plusieurs écoles s'affrontent à ce poste, entre les anciens centres (c'est souvent le cas des Blacks) et les ouvreurs botteurs. Mais, de nos jours, la polyvalence prime à ce poste particulièrement riche en « stars » du rugby, de Phil Bennett à Jonny Wilkinson, de Barry John à Dan Carter.

DANS LA LÉGENDE

JEAN GACHASSIN

32 sélections avec l'équipe de France, de 1961 à 1969.
Champion de France avec Lourdes en 1968, « Peter Pan », véritable lutin facétieux du jeu à la française des années 1960, a marqué ce poste par ses inspirations de génie et son sens de l'attaque.

GUY CAMBERABERO

14 sélections avec l'équipe de France, de 1961 à 1968.
Associé à son frère Lilian à la mêlée, en club (ils sont champions en 1970 avec La Voulte) comme en bleu, il incarne la tradition de l'ouvreur tourné vers le jeu au pied.

JEAN-PIERRE ROMEU

34 sélections avec l'équipe de France, de 1972 à 1977.
« Le Gaulois », auteur de plus de deux mille points sous le maillot de Clermont, fut le pivot de l'équipe de France du fameux Grand Chelem de 1977.

JACK KYLE

46 sélections avec l'Irlande, de 1947 à 1958.

TONY WARD

19 sélections avec l'Irlande, de 1978 à 1987.

NAAS BOTHA

28 sélections avec l'Afrique du Sud, de 1980 à 1992.

MICHAEL LYNAGH

72 sélections avec l'Australie, de 1984 à 1995.

STEPHEN LARKHAM

102 sélections avec l'Australie, de 1996 à 2007.

RONAN O'GARA

128 sélections avec l'Irlande, de 2000 à 2013.

FRANCK MESNEL

Champion de France avec le Racing (1990), 56 sélections en équipe de France, de 1986 à 1995, trois victoires dans le Tournoi, dont un Grand Chelem (1987), finaliste de la Coupe du monde 1987. Fondateur de la marque Eden Park, Franck Mesnel était un talent fantastique, à l'ouverture comme au centre, avec un esprit mémorable incarné par le nœud papillon rose de la bande du « Showbizz » et sa si jolie devise : « Jouer sérieusement sans se prendre au sérieux. »

« **POUR DÉFINIR CE QU'EST UN DEMI D'OUVERTURE,** je vais vous raconter ce que m'a dit Jeannot Gachassin, un modèle à ce poste, à mes débuts. En fait, j'avais un peu menti en arrivant au Racing en prétendant que je jouais à l'ouverture à Saint-Germain-en-Laye, alors que je jouais centre, parce que le poste d'ouvreur était pris par le fils du président du club… Mais je voulais être ouvreur. Jeannot m'a prévenu : "Tu dois être un cauchemar pour ton vis-à-vis, surtout, surtout, tu dois être illisible." C'est d'abord cela, le demi d'ouverture. Un joueur qui est capable d'anticiper, sans laisser supposer à l'ouvreur d'en face ce qu'il va faire. Il doit changer, varier, trouver le bon tempo. Ne jamais être prévisible. Moi, quand je jouais, je n'avais pas peur des ouvreurs bons au pied mais lents ; ceux que je craignais, c'était ceux dont tu ne pouvais pas prévoir les inspirations.

Un ouvreur doit pouvoir tout faire à tout moment. Encore plus dans le rugby d'aujourd'hui. C'est quelqu'un qui voit loin, un peu plus loin que les autres si possible, qui manage le jeu. Dans la lignée des Barry John, Phil Bennett, Tony Ward… À l'entraînement, Jean Trillo, un autre grand ancien, avait l'habitude de me retenir par le short en me disant d'attendre au maximum avant de me lancer sur la passe du 9. Il me disait : "Comme cela, tu auras plus de temps pour analyser ce qu'il faut faire."

À mon époque, un ouvreur pouvait faire tout un match sans toucher un mec d'en face, comme Grant Fox, mon vis-à-vis en finale de la Coupe du monde. Il y avait même le fameux "théorème de l'ouvreur" : "Les gars, chacun le sien, et vous prenez le mien." Mais ça, c'est fini. De nos jours, à l'image de Wilkinson, il doit plaquer, jouer, courir et évidemment taper au pied, et même buter. Il a une tâche monumentale à accomplir. Surtout, un ouvreur, ça doit rester lucide, lucide, lucide… Et c'est quand les autres ne le sont plus qu'il doit sortir l'action juste.

Je suis admiratif de ce qu'est devenu ce poste. Surtout quand je vois Beauden Barrett. Lui, il est incroyable, il sait faire tout ce qu'on demande aujourd'hui et, en plus, il va encore plus loin que nous sur le côté instinctif, le jeu d'inspiration. C'est fabuleux ! »

AILIER

En anglais : **WING**

Les deux ailiers, le gauche et le droit, numéros 11 et 14, occupent les ailes de la ligne des trois-quarts. Leur rôle principal a longtemps été de conclure les attaques en marquant des essais. Souvent les joueurs les plus rapides – pas loin des 10 secondes au 100 mètres pour Patrice Lagisquet, par exemple –, ils sont également devenus très puissants avec le passage au rugby pro, à l'image de l'icône Jonah Lomu, 1,96 m et jusqu'à plus de 115 kilos, mais toujours capable d'incroyables accélérations.

DANS LA LÉGENDE

CHRISTIAN DARROUY

40 sélections avec l'équipe de France, de 1957 à 1967.
Auteur de 23 essais sous le maillot de l'équipe de France, l'ailier du Stade Montois, champion de France en 1963, était un finisseur exceptionnel, lui qui avouait qu'il ne voyait « que la ligne blanche de l'en-but » où il plongeait si joliment.

JEAN-FRANÇOIS GOURDON

22 sélections avec l'équipe de France, de 1974 à 1980.
Sous le maillot du Racing puis de Bagnères, il a marqué les années 1970, étant l'un des premiers à combiner à merveille puissance et vitesse. Patrice Lagisquet s'en souvient comme de l'un de ceux, aux côtés des maîtres gallois du genre, qui l'ont inspiré dans sa jeunesse.

PHILIPPE SAINT-ANDRÉ

69 sélections avec l'équipe de France, de 1990 à 1997.

ÉMILE NTAMACK

46 sélections avec l'équipe de France, de 1994 à 2000.

VINCENT CLERC

67 sélections avec l'équipe de France, de 2002 à 2013.

GERALD DAVIES

46 sélections avec le pays de Galles, de 1966 à 1978.

DAVID CAMPESE

101 sélections avec l'Australie, de 1982 à 1996.

JOHN KIRWAN

63 sélections avec la Nouvelle-Zélande, de 1984 à 1994.

RORY UNDERWOOD

85 sélections avec l'Angleterre, de 1984 à 1996.

IEUAN EVANS

72 sélections avec le pays de Galles, de 1987 à 1998.

SHANE WILLIAMS

87 sélections avec le pays de Galles, de 2000 à 2011.

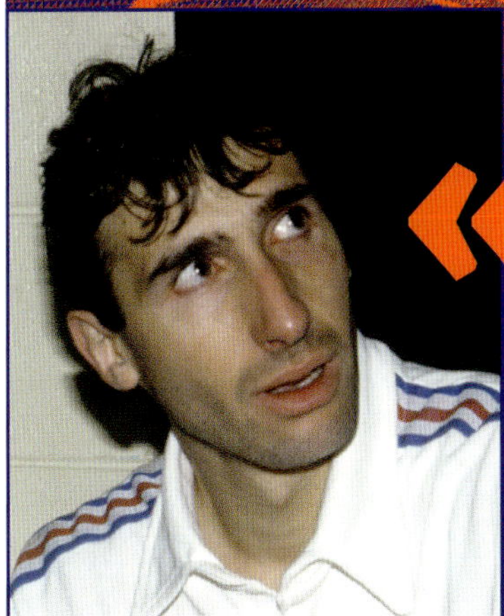

PATRICE LAGISQUET

46 sélections en équipe de France, de 1983 à 1991, 20 essais, deux victoires dans le Tournoi, finaliste de la Coupe du monde 1987. Modèle d'ailier rapide et efficace, il était doté d'une remarquable intelligence du jeu, qu'il développa ensuite au cours d'une superbe carrière d'entraîneur, menant Biarritz à trois titres de champion de France et à deux finales européennes.

« **L'AILIER, À LA BASE, C'EST CELUI QUI DEVAIT CONCLURE LE...** travail – mais je n'aime pas ce mot quand on parle de rugby –, celui qui devait conclure les actions construites par ses quatorze équipiers. Il fallait qu'il réussisse à comprendre le sens, l'évolution de ces actions, qu'il sache anticiper leur conclusion et qu'il apporte la solution idéale pour aller marquer. Aujourd'hui, c'est beaucoup plus que cela. Désormais, l'ailier est devenu un créateur. Il est, encore plus qu'auparavant, à la fois un troisième centre, un second arrière et, en outre, un électron libre, le dynamiteur. Il doit être capable, comme par le passé, de gagner des duels, de dominer son adversaire dans le un contre un, mais également de s'intégrer à tous les stades de l'action collective, y compris en défense, qui se fait vraiment à quinze, de nos jours. Auparavant, l'ailier privilégiait souvent le tout pour le tout, quitte à sortir en touche, mais c'est beaucoup moins le cas aujourd'hui, où il faut absolument rechercher la continuité du jeu. Et on voit de plus en plus souvent, à l'instar de ce qui se passe dans le rugby du Sud, dans les matchs du Super Rugby, le jeu partir directement vers l'ailier et l'équipe bâtir son attaque à partir de cette position. Désormais, on essaie même de construire, de créer à partir de l'ailier. Ça, c'est un changement profond.

L'ailier doit être puissant et rapide, et il doit posséder l'art du crochet. Parfois même, il excelle dans ces trois domaines, comme c'était le cas du Néo-Zélandais John Kirwan – que j'ai rencontré et dont j'ai essayé de m'inspirer –, de l'Australien David Campese ou de l'Anglais Rory Underwood.

Avec le passage au professionnalisme, il y a d'abord eu une phase où la puissance a pris le pas sur la vitesse, on privilégiait le poids au détriment du reste. Mais, depuis le début des années 2000, on s'est réinstallé dans une doctrine plus intéressante où il s'agit de trouver le bon compromis entre vitesse et puissance, où il faut à la fois gagner des duels, trouver des espaces et réussir des crochets, où la seule puissance n'est pas suffisante. Car la vitesse, la qualité des appuis, l'art des crochets, cela reste fondamental pour un ailier. »

CENTRE

En anglais : **CENTRE**

Les deux centres, le numéro 12 (dit « premier centre ») et le numéro 13, font partie, avec les ailiers, de la ligne des trois-quarts. Leur rôle est d'abord offensif – ils ont longtemps été les deux joueurs essentiels dans le franchissement de la défense adverse – mais également défensif, surtout dans le rugby moderne, où leur activité de plaqueurs (avec le physique nécessaire) est encore plus importante. Chez les Anglo-Saxons, notamment en Nouvelle-Zélande, le premier centre (aussi appelé *second five eight*) est souvent considéré comme un second ouvreur (*first five eight*).

DANS LA LÉGENDE

JEAN DAUGER

3 sélections avec l'équipe de France, de 1945 à 1953.
Le prodige bayonnais, d'abord passé par le XIII, « inventeur » attitré du cadrage-débordement, n'a pourtant presque jamais été sélectionné, du fait de la Seconde Guerre mondiale puis de l'interdit opposé par les Anglo-Saxons aux ex-treizistes, mais il a eu une influence considérable sur tous ses successeurs, de Roger Martine à Philippe Sella.

ROGER MARTINE

25 sélections avec l'équipe de France, de 1952 à 1961.

ANDRÉ BONIFACE

48 sélections avec l'équipe de France, de 1954 à 1966.

GUY BONIFACE

35 sélections avec l'équipe de France, de 1960 à 1966.

JEAN TRILLO

28 sélections avec l'équipe de France, de 1967 à 1973.

DIDIER CODORNIOU

31 sélections avec l'équipe de France, de 1979 à 1985.

PHILIPPE SELLA

111 sélections avec l'équipe de France, de 1982 à 1995.

BLEDDYN WILLIAMS

22 sélections avec le pays de Galles, de 1947 à 1955.

MIKE GIBSON

55 sélections avec l'Irlande, de 1964 à 1979.

TIM HORAN

80 sélections avec l'Australie, de 1989 à 2000.

BRIAN O'DRISCOLL

133 sélections avec l'Irlande, de 1999 à 2014.

MA'A NONU

103 sélections avec la Nouvelle-Zélande, de 2003 à 2015.

JO MASO

Finaliste du championnat avec Narbonne (1974), 25 sélections en équipe de France, de 1966 à 1973, membre de l'équipe du Grand Chelem 1968.
Dans la lignée des frères Boniface, il incarne la légende française à ce poste.

« **LA PREMIÈRE QUALITÉ D'UN CENTRE, C'EST L'ALTRUISME.** Le don de soi pour l'autre, c'est-à-dire pour l'équipe, en définitive. Toujours penser que le second centre (si tu es le premier), l'arrière intercalé, l'ailier ou même un autre joueur vont venir après toi, qu'il faut faire le travail de fixation nécessaire pour libérer le champ pour ceux qui vont suivre. C'est vraiment l'essence de ce poste : ouvrir au mieux le champ au suivant, en ayant cadré au moins un adversaire. Et, dans le même temps, effectuer la passe en assurant son mouvement.
Le cadrage de l'adversaire, c'est fondamental à ce poste. Car sans cadrage il ne reste plus que le défi physique. Il est vrai que dans le rugby moderne, la percussion a parfois pris le pas sur l'évitement – pour ne pas dire qu'elle l'a complètement supprimé –, mais, même dans ce rugby-là, les centres les plus performants – la preuve avec les All Blacks – sont ceux qui, comme Ma'a Nonu, possèdent à la fois l'art de l'évitement et la puissance physique, qui savent à la fois cadrer et attaquer. L'évitement reste supérieur, car il permet au centre d'anticiper au mieux ce qui va se passer.
Un centre, c'est aussi quelqu'un qui a une vision. Là, c'est une affaire d'œil. Juger le jeu adverse, le capturer en un regard, l'analyser et agir en fonction. Et, cet œil, tu l'as ou tu ne l'as pas, je crois que ce n'est pas quelque chose qui s'apprend. Même si tu le travailles.
Enfin, il y a la technique : l'art de la passe, des deux côtés, extérieur, intérieur, savoir prendre l'intervalle, déborder, maîtriser cette fameuse et si importante rotation du corps qui va te permettre de t'engager vers l'avant. C'est la technique qui t'apporte la confiance, qui te donne le courage et l'audace nécessaires pour aller attaquer la défense adverse. Et qui te permet de sortir des pièges, de choisir le jeu qui convient, au pied parfois. Mais toujours, toujours, en pensant à celui qui vient après toi.
Moi, je me suis inspiré de plein d'anciens que j'ai regardé jouer, évidemment au premier chef d'André Boniface, que j'admirais quand j'étais gamin et contre lequel j'ai eu la chance de jouer. C'est ce que j'ai essayé de transmettre à François Sangalli et à Didier Codorniou, pour prolonger cette lignée de l'école française qui nous fait remonter à Jean Dauger, à l'école lourdaise de Roger Martine, à Jean Trillo et à tant d'autres encore... »

ARRIÈRE

En anglais : **FULLBACK**

Le numéro 15. On parle d'arrières, au pluriel, pour désigner tous les joueurs des lignes dites « arrière » (du numéro 9 au numéro 15), c'est-à-dire aussi bien les deux demis et les trois-quarts (centres et ailiers) que l'arrière à proprement parler. Car, au singulier, le mot désigne celui qui a longtemps été considéré comme le dernier défenseur de son équipe. Il y a, à ce poste, un avant et un après les années 1970, décennie marquée par une révolution du jeu impulsée par Pierre Villepreux, mais également par les Britanniques Andy Irvine et JPR Williams. Révolution dont Jean-Michel Aguirre est le premier héritier, avant Serge Blanco.

DANS LA LÉGENDE

PIERRE VILLEPREUX

34 sélections avec l'équipe de France, de 1967 à 1972.
C'est l'homme qui a véritablement révolutionné ce poste. Le joueur de Brive puis, surtout, du Stade Toulousain, membre de l'équipe de France de 1968, celle du premier Grand Chelem, a ensuite marqué son sport comme entraîneur.

SERGE BLANCO

93 sélections avec l'équipe de France, de 1980 à 1991.

JEAN-LUC SADOURNY

71 sélections avec l'équipe de France, de 1991 à 2001.

GEORGE NEPIA

9 sélections avec la Nouvelle-Zélande, de 1924 à 1930.

DON CLARKE

31 sélections avec la Nouvelle-Zélande, de 1956 à 1964.

TOM KIERNAN

54 sélections avec l'Irlande, de 1960 à 1973.

JPR WILLIAMS

55 sélections avec le pays de Galles, de 1969 à 1981.

ANDY IRVINE

51 sélections avec l'Écosse, de 1972 à 1982.

GAVIN HASTINGS

61 sélections avec l'Écosse, de 1986 à 1995.

JEAN-MICHEL AGUIRRE

Finaliste du championnat de France avec Bagnères (1979 et 1981), 39 sélections en équipe de France, de 1971 à 1980.
Modèle à son poste, il a notamment fait partie des quinze héros du Grand Chelem de 1977 et de l'équipe victorieuse pour la première fois en Nouvelle-Zélande, le 14 juillet 1979.

"TOI, À L'ARRIÈRE, TU ASSURES ET TU RASSURES." C'est ce que nous disait un grand ancien, Michel Celaya [fameux troisième ligne des années 1950, qui encadra l'équipe de France dans les années 1970], je crois. C'est exactement cela, la définition de ce poste. Avec deux fonctions essentielles, l'une défensive, l'autre offensive.

Première mission, défensive, celle d'assurer le jeu sur les ballons profonds adverses, que ce soient les coups de pied de déplacement ou les *up and under*. Ce qui demande à la fois de l'adresse et de l'engagement, pour ne pas dire du courage. Et puis, il y a tout ce qui concerne la défense sur l'homme, notamment ce fameux « dernier plaquage », souvent décisif. Il faut assurer cette fiabilité mais aussi une résistance au plaquage, et savoir gérer les un contre deux auxquels tu peux te retrouver confronté à certains moments clés.

En attaque, l'essentiel, à mon époque en tout cas, c'était la création du surnombre. On pouvait en effet encore amener le surnombre avec un seul joueur, l'arrière, si les centres étaient bien en place. Cette notion a forcément changé dans un jeu où, désormais, les surnombres sont devenus furtifs tant ils sont compliqués à créer.

Dans la lignée de cette forme de modernisme dans le jeu de l'arrière qu'avait impulsée Pierrot Villepreux ou qu'incarnait si bien l'Écossais Andy Irvine, on avait beaucoup travaillé à Bagnères [où évoluaient également les internationaux Roland Bertranne et Jean-Michel Gourdon] sur la possibilité d'amener un surnombre non plus seulement à l'extérieur, sur l'aile, mais à l'intérieur, au centre. Malgré les évolutions, l'arrière reste celui qui cherche, quand il prend le ballon, à trouver l'intervalle dans la défense adverse, même si c'est devenu très compliqué, pour ne pas dire improbable.

Et, enfin, il y a le jeu au pied. Il faut surtout être capable de mettre le ballon très loin de son camp. Avant, le jeu au pied était plus défensif. On cherchait en priorité la touche la plus lointaine possible. Désormais, on cherche à garder le ballon sur le terrain, toujours loin de ses bases. Mais le jeu au pied reste essentiel.

LES COACHS

Le professionnalisme a profondément modifié la fonction d'entraîneur de haut niveau. Hormis quelques rares cas, il s'agissait auparavant plutôt d'un chef de bande que d'un patron technique, notamment dans le cadre des équipes nationales, où le poste de sélectionneur était même souvent collectif, partagé entre plusieurs anciens joueurs.
Le coach est de nos jours un véritable manager, à la tête d'une équipe complète de spécialistes, comprenant un entraîneur pour les avants, un autre pour les lignes arrière, sans parler de ceux affectés au travail spécifique de la touche, de la défense ou encore du jeu au pied, et sans oublier une petite armada d'adjoints chargés de la préparation physique ou de l'analyse vidéo. On est très loin du rôle paternaliste du coach d'antan. Certains entraîneurs ont néanmoins marqué l'histoire. Comme Danie Craven, ex-demi de mêlée qui dirige les Springboks lors de leur fabuleuse tournée d'après-guerre (30 victoires en 31 matchs dans l'hémisphère Nord), ou encore Fred Allen, ancien centre des All Blacks, entraîneur d'une tournée mythique de la Nouvelle-Zélande à l'hiver 1967-1968 (17 matchs sans défaite). Dans la lignée de ces quelques noms, on trouve aussi évidemment un certain Jacques Fouroux (ci-dessus), l'un des quinze héros du fameux Grand Chelem tricolore de 1977, qui devient sélectionneur du XV de France dès 1981 et qui y reste une décennie complète (jusqu'en 1990) marquée par six victoires dans le Tournoi (dont deux Chelems) et une finale dans la première Coupe du monde, en 1987. Peu de temps après son départ, c'est un autre ancien demi de mêlée international, Pierre Berbizier, qui reprend le flambeau. Il est l'un des premiers entraîneurs symboles du grand virage professionnel du rugby, l'un des premiers, en France en tout cas, à comprendre ce que cette fonction est appelée à devenir et à assumer un rôle de véritable patron d'un staff technique complet.
Ces années 1990 voient apparaître de grands noms de ce métier

d'un nouveau genre. On pense notamment à Rod Macqueen, nommé en 1997 entraîneur en chef de l'Australie, qu'il mène au titre mondial deux ans plus tard, ou à Clive Woodward, élu à la tête du XV de la Rose en 1997 et coach d'une victoire historique des Anglais à la Coupe du monde 2003. Les deux premières décennies de l'histoire du rugby professionnel ont été marquées par l'éclosion de joueurs stars mais également de coachs vedettes, capables d'entraîner aussi bien des clubs que des sélections nationales. Tel le Néo-Zélandais Graham Henry, ancien prof – plus forcément besoin, désormais, d'avoir été un joueur international – devenu coach des Auckland Blues puis du pays de Galles et des All Blacks (de 2004 à 2011), avec lesquels il est couronné champion du monde au terme d'une période fastueuse (88 victoires en 103 matchs, meilleur ratio connu d'un entraîneur moderne). D'autres grands noms ont jalonné cette période récente, comme Warren Gatland, ancien talonneur des Blacks devenu coach de l'Irlande puis du club des Wasps (avec lesquels il est champion d'Angleterre et d'Europe), et enfin du pays de Galles (de 2007 à 2019), qu'il mène à trois Grands Chelems. Ou encore un autre Néo-Zélandais, Josef Schmidt, ancien ailier ayant été adjoint à Clermont avant de coacher le Leinster (champion d'Europe en 2011 et en 2012) puis l'Irlande (trois Tournois dont un Grand Chelem, en 2018). Désormais, toutes les grandes équipes ou sélections, au Nord comme au Sud, possèdent des staffs complets, à l'image de celui du XV de France, dirigé par Jacques Brunel jusqu'à la Coupe du monde 2019 (ci-dessus). Il est loin, le temps où Raoul Barrière, à la tête du grand Béziers des années 1970, ou Jean Liénard, coach mythique du FC Grenoble, faisaient figure de cas isolés, pour ne pas dire de perles rares. Dorénavant, le coach est plus qu'un seizième homme, c'est un maillon indispensable de tout club ou de toute sélection digne de ce nom.

F.F.R.

LA FRANCE

Plus d'un siècle et demi après son introduction sur le sol français, le rugby y est devenu un sport majeur. Porté tant par son championnat national, créé dès 1892 et qui, au gré des formules successives, a abouti au Top 14, véritable « must » mondial, que par l'équipe de France, capable des exploits les plus incroyables comme de quelques trous d'air, mais qui n'a jamais cessé de nous fasciner…

Une passion bleu, blanc, rouge

Même si son développement s'est longtemps concentré dans une partie de l'Hexagone, notamment dans le Sud-Ouest, qui l'a adopté comme s'il en était l'inventeur, le rugby s'est solidement implanté dans le cœur de tous les Français, en particulier grâce aux succès de son équipe fanion, le XV de France, maillot bleu, short blanc, chaussettes rouges !

Comme ailleurs, comme partout, ce sont des expatriés britanniques, étudiants, diplomates ou représentants de commerce, qui ont introduit le rugby en France. Le « rugby-football » plus exactement, puisque le premier club français, le HAC – Le Havre Athletic Club –, fondé en 1872, fameux « doyen » répertorié par les deux sports comme leur aïeul commun, pratiquait en fait une sorte de mélange des deux. Le premier vrai club de rugby serait alors plutôt l'English Taylors RFC, fondé à Paris en 1877 par des Britanniques, évidemment. Assez vite, ce jeu fait des adeptes chez les jeunes gens de bonne famille, lycéens et étudiants du Quartier latin notamment, et des sections sont créées au Racing Club de France en 1882 et au Stade Français en 1883. Deux clubs qui disputent d'ailleurs la première « finale » du championnat de France, en 1892. Un championnat parisien, en fait, jusqu'à l'admission en 1899 de clubs provinciaux, essentiellement du Sud-Ouest.

C'est d'ailleurs dans ce quart-là de la France que le rugby s'implante dès lors le plus fortement. Pourquoi cette prééminence régionale ? Il y a en vérité plusieurs raisons. D'abord, les liens particuliers que l'Aquitaine a toujours entretenus avec la Grande-Bretagne, maîtresse de ces terres pendant de longues périodes de l'histoire. Certains y ajoutent une explication climatique, une certaine douceur favorisant la pratique du rugby durant l'hiver, mais cela n'a jamais empêché son développement outre-Manche. En revanche, il existe un indéniable effet de rivalités sociale et religieuse. Dans un pays où le football est très vite devenu le sport des prolétaires (notamment dans les grandes régions industrielles du Nord et de l'Est, ou encore dans le Forez et dans la région de Marseille), le rugby est plus souvent réservé à une élite, étudiante et bourgeoise, à Paris comme dans de grandes villes riches, comme Bordeaux, Toulouse ou même Lyon.

Raphaël Ibañez et Fabien Galthié, héros de l'incroyable victoire française sur les Blacks en demi-finale mondiale, le 31 octobre 1999. Tout un symbole.

Avec plus de mille six cents clubs à ses différents échelons et environ trois cent mille licenciés, la France figure, avec l'Angleterre, au premier rang des nations qui pratiquent le rugby dans le monde.

En outre, les patronages laïques, très forts dans le Sud-Ouest républicain et anticlérical, ont souvent adopté le rugby par opposition aux associations catholiques qui favorisaient le football – l'Église craint le rugby, sport de contacts excessifs. Dernière explication possible, une culture de la force et du combat, issue de la soule ou de pratiques régionales, notamment au Pays basque, qui a trouvé un terrain d'expression idéal dans le rugby. Autant de (bonnes) raisons qui ont fait de cette activité, à l'origine pratiquée par des élites aristocratiques anglaises, un sport de terroirs.
D'abord placé sous la tutelle de l'USFSA, l'Union des sociétés françaises de sports athlétiques – sorte de grande Fédération multisport –, le rugby crée sa propre Fédération, la FFR, en 1919. Une autorité qui doit notamment gérer de graves problèmes dans les années 1930, avec l'exclusion de la France du Tournoi en 1931 et un schisme entre les clubs, divisés sur la question du professionnalisme. La grande lessive se fait après la guerre sous l'égide d'anciens joueurs prestigieux passés par la Résistance qui, à l'image de Jacques Chaban-Delmas, assurent aussi une réconciliation avec les Britanniques.
Mais de nouvelles menaces apparaissent à l'orée des années 1950, avant que l'arrivée de René Crabos à la tête de la FFR, en 1952, instaure une « paix » enfin profitable, avec de grandes premières : premières victoires en Angleterre, contre les Blacks, en Afrique du Sud, dans le Tournoi... À l'attaque des années 1960, le rugby est devenu un sport majeur, bien aidé par la télévision qui en fait un feuilleton national. Ce qu'il n'a jamais cessé d'être depuis. Mais ce sport a bien changé. Surtout depuis l'instauration officielle du professionnalisme en 1995 : notre championnat, désormais géré par la LNR – la Ligue nationale de rugby, fondée en 1998 –, est devenu une référence planétaire.
Avec plus de mille six cents clubs à ses différents échelons et environ trois cents mille licenciés, la France figure, avec l'Angleterre, au premier rang des nations qui pratiquent le rugby dans le monde. Un important réservoir humain qui ne garantit malheureusement pas une prééminence dans un sport où de plus petits pays, comme la Nouvelle-Zélande ou le pays de Galles, dominent bien souvent les Anglais et les Français. Mais, malgré quelques aléas, le rugby reste, en intérêt comme en impact, le deuxième sport collectif en France, derrière le football.

LES PRÉSIDENTS DE LA FFR

Dans la finalement assez courte liste des présidents de la Fédération française de rugby (FFR), qui ne comporte jamais que treize noms depuis sa création, il y a évidemment quelques personnalités incontournables. À commencer par Octave Léry, un ancien joueur du Stade Toulousain, vétérinaire dans le civil et chroniqueur de rugby pour la presse locale qui, le premier, occupe ce poste de 1920 à 1928.
Lui succèdent deux anciens internationaux, Allan Muhr, d'origine américaine, et Henri Amand, qui ont joué le premier match international officiel des Bleus, le 1er janvier 1906.
Vient ensuite, pendant presque toutes les années 1930, Roger Dantou, un Périgourdin. Disparu en 1939, il laisse sa place à un médecin toulousain, Albert Ginesty, qui organise entre autres l'interdiction du rugby à XIII avec le soutien du gouvernement de Vichy.
Puis vient le tour d'Alfred Eluère – ex-deuxième ligne du SCUF devenu homme d'affaires dans l'immobilier et, surtout, homme politique –, qui sera un important dirigeant sportif français de l'après-guerre, à la tête de la FFR jusqu'en 1952 et du CNS (l'ancêtre du CNOSF, le comité national olympique) jusqu'en 1967.
En 1952, en pleine crise – encore une ! – liée aux nouvelles accusations de professionnalisme contre les Français, c'est un ancien grand joueur, l'ex-demi de mêlée René Crabos, surnommé « le Génie du rugby » dans les années 1920, qui prend la tête de la Fédération. Il la sauve d'un nouveau schisme avec les Britanniques et reste aux commandes pendant dix ans.

Jean Delbert et Marcel Batigne lui succèdent brièvement, avant l'élection, en juin 1968, d'Albert Ferrasse (ci-contre). Surnommé « Bébert la Godasse » parce qu'il laissait facilement traîner ses crampons sur ses adversaires quand il jouait deuxième ligne au SU Agen, avec lequel il est champion de France en 1945, il entame d'abord une carrière d'arbitre après sa retraite, dirigeant notamment la finale de 1959.
Mais c'est en tant que président qu'il va vraiment marquer le rugby français. Élu à sept reprises, il dirige la FFR pendant vingt-trois ans, jusqu'en décembre 1991. Il aimait recevoir dans le restaurant du petit aéroport d'Agen – une table étoilée, tout de même –, la ville de toute sa vie, dont il avait fait une sorte de seconde capitale du rugby français, pour ne pas dire mondial (Ferrasse fut également président de l'International Board dans les années 1980).
Autocrate assumé, il est l'incarnation suprême des « gros pardessus », une expression « inventée » par Jean Dauger pour désigner ces anciens avants devenus des dirigeants de poids… Soucieux de ne jamais rompre avec l'Afrique du Sud malgré l'apartheid, de ménager les apparences de l'amateurisme malgré les tentations et de conserver le pouvoir dans les mains d'un petit groupe de « sages » proches de lui (et de préférence agenais), il a néanmoins mené le rugby hexagonal sur les chemins du succès, sans oublier sa contribution essentielle à la création de la Coupe du monde. À 74 ans, il laisse la barre à son héritier, Bernard Lapasset, qui va également profondément marquer son époque.

Ce fonctionnaire des douanes, ancien joueur du SU Agen (forcément…), conduit avec intelligence et diplomatie le rugby national sur le chemin d'un professionnalisme enfin assumé. Président de la FFR jusqu'en 2008, il prend ensuite la tête de l'IRB, la Fédération internationale, jusqu'en 2016, devenant le véritable patron du rugby mondial.
En France, c'est Pierre Camou, pilier dans sa jeunesse au sein d'un club de son Pays basque natal, qui assure la succession jusqu'en décembre 2016, où il est battu lors des élections par Bernard Laporte, ex-demi de mêlée de Bègles (champion de France en 1991), ex-entraîneur de renom (champion avec le Stade Français en 1998 et avec Toulon en 2014), ex-sélectionneur du XV de France, de 2000 à 2007, ex-secrétaire d'État chargé des Sports, de 2007 à 2009. Un parcours brillant pour un homme qui entend rénover le rugby et qui ne laisse personne indifférent. L'obtention du Mondial 2023, horizon prometteur, et la gestion délicate d'un sport en pleine mutation ont de quoi occuper pleinement ses dirigeants.

Le championnat de France

Vingt-sept clubs, dont seize dans le Sud-Ouest, ont été sacrés champions de France depuis 1892, en cent vingt éditions disputées. Un palmarès largement dominé par le Stade Toulousain, avec ses vingt titres, et où quelques grands clubs, comme le Racing et le Stade Français – les deux parisiens de la première finale –, Lourdes ou encore Béziers ont particulièrement brillé.

Quarante ans avant la création du championnat de France de football, le rugby possédait déjà son épreuve nationale annuelle. Mais avouons que les termes de « championnat » ou de « finale » sont très exagérés en ce qui concerne les premières années de cette histoire, l'édition inaugurale se résumant même à un seul match, celui de la victoire du Racing sur le Stade Français, l'autre grand club parisien, le 20 mars 1892 sur la pelouse de Bagatelle, sous l'arbitrage du baron Pierre de Coubertin. Très chic, mais un peu sommaire… La suite l'est à peine moins, seuls quelques clubs de la région parisienne se disputant l'attribution de l'étonnant trophée créé dès 1892 par Coubertin et Charles Brennus.

En 1899, des clubs de province – essentiellement de la région Aquitaine, par tradition proche des Britanniques – sont intégrés au championnat de France qui commence à mériter son nom, d'autant que la victoire va au Stade Bordelais. Le SBUC glanera sept titres avant la Première Guerre, rejoignant quasiment le Stade Français, huit victoires lors des vingt-trois éditions entre 1892 et 1914. Huit clubs sont couronnés, dont quatre « nouveaux » dans les cinq dernières années, le FC Lyon, le Stade Toulousain (invaincu en 1912, ce qui lui vaudra son surnom de « Vierge rouge »), Bayonne et Perpignan.

L'entre-deux-guerres voit le rugby français traverser une grave crise de croissance. Douze clubs glanent les vingt titres mis en jeu, désormais attribués par la Fédération française de rugby (FFR), créée en 1919. Le plus souvent titré est le Stade Toulousain (5 titres entre 1922 et 1927), devant Perpignan (3), le LOU (2) et Biarritz (2). Huit autres clubs s'imposent, dont Bayonne, déjà sacré avant 1914, mais aussi Tarbes, Pau, Agen, Toulon, Narbonne et les étonnants Vienne et Quillan. L'US Quillan, symbole de la tentation française pour un professionnalisme assumé, qui engendre en 1930 une sécession

Tenir enfin ce fameux Bouclier, le « bout de bois » comme ils le surnomment souvent… Le rêve de tous les joueurs est ici réalisé en 1995 par le Toulousain Christian Califano.

Fameuse image de la « finale » de 1892, entre les Racingmen, en bleu ciel et blanc (déjà), et les Stadistes sur une pelouse de Bagatelle, dans le bois de Boulogne.

profonde, quatorze clubs quittant la FFR pour créer l'UFRA (Union française de rugby amateur). Une crise qui aboutit à l'exclusion des Français du Tournoi et qui provoque une sévère désaffection pour ce sport au fil des années 1930.

Interrompu par la Seconde Guerre mondiale, le championnat reprend pourtant dès 1943 avec le troisième sacre de Bayonne. Lors des soixante-dix-sept éditions disputées depuis lors, vingt et un clubs se partagent les titres, dont dix n'avaient jamais été couronnés auparavant. Certains imposent d'impressionnantes périodes de domination : par ordre d'apparition, le FC Lourdes (7 titres de 1948 à 1960), Béziers (10 titres de 1971 à 1984), le Stade Toulousain (9 titres de 1985 à 2001) et le duo Stade Français-Biarritz (5 titres pour le premier et 3 pour le second de 1998 à 2007). Le Stade Toulousain, avec ses vingt victoires au total, est celui dont la permanence des résultats est la plus probante. Mais que dire du Racing et du Stade Français, les deux premiers « finalistes » de l'histoire, encore capables de remporter un titre plus de cent vingt ans après, en 2015 pour le Stade et l'année suivante pour le Racing ?

Top 14 depuis 2005

Le championnat de France a connu depuis 1943 un grand nombre de formules. Il a d'abord réuni soixante-quatre clubs puis n'a cessé de varier, affichant jusqu'à quatre-vingts clubs à la fin des années 1980. Non, vous ne rêvez pas, il y a bien eu quatre-vingts clubs dans ce que l'on appelait pourtant la première division du rugby national, autant dire un non-sens absolu où la première phase de la compétition, sous forme de poules qualificatives de huit ou de dix clubs, occupait les dimanches d'automne et d'hiver avant que la compétition soit vraiment lancée entre trente-deux équipes à partir de seizièmes de finale, quand il n'a pas été question de barrages préqualificatifs avant le tournoi final. La révolution survient en 1995 avec l'adoption – enfin officielle – du professionnalisme et

Yoann Huget inscrit le second essai de la victoire toulousaine de 2019 et réalise le premier doublé en finale depuis celui de Jérôme Cazalbou en 1991, pour Toulouse, déjà.

la création progressive d'un véritable championnat de haut niveau, organisé depuis 1998 par la LNR, la Ligue nationale de rugby. Cette mue aboutit à la création en 2004 d'une poule unique de seize clubs puis de quatorze dès la saison suivante, année de naissance officielle du fameux Top 14.

La multiplication des matchs, avec la création des coupes d'Europe et le nombre croissant de rencontres internationales, mais aussi avec la mondialisation de ce sport – et de son marché de joueurs – vont profondément peser sur l'évolution d'un championnat comptant des effectifs pléthoriques (souvent plus de cinquante joueurs sous contrat pour un seul club, dont une bonne moitié d'étrangers). Mais ce qui n'a guère changé, en revanche, au fil des décennies, c'est le parfum si particulier de cette fameuse finale à l'issue de laquelle l'équipe victorieuse se voit remettre le « Bouclier de Brennus », sur lequel sont inscrits tous les noms des clubs ayant réussi à le brandir fièrement.

À l'origine, la finale se déroule en région parisienne puis, en 1899, elle se dispute au Bouscat, près de Bordeaux. En 1902, elle a lieu pour la première fois au Parc des Princes, construit cinq ans plus tôt. En 1903, elle se joue à Toulouse. Dans l'entre-deux-guerres, la quasi-totalité des finales se disputent en province, en général à Toulouse, à Bordeaux ou à Lyon, et il en va ainsi jusqu'en 1974, quand le dernier match s'établit au Parc des Princes pour vingt-quatre éditions. Le Stade de France, construit pour les besoins de la Coupe du monde de football, prend le relais à partir de 1998, avec une seule exception : en 2016, l'organisation de l'Euro de foot en France oblige le rugby à aller disputer sa finale au prestigieux mais inattendu Nou Camp de Barcelone !

En cent vingt-sept ans et cent vingt éditions, le championnat de France s'est donc offert à vingt-sept clubs différents seulement, dont neuf ne l'ont emporté qu'une seule fois. Un palmarès dominé par Toulouse devant le Stade Français et Béziers, et où les clubs pros du Top 14 actuel pèsent tout de même plus de 50 % des titres de l'histoire.

LES FINALES

1892 Le 20 mars à Paris
Racing Club de France-Stade Français : 4-3

1893 Le 19 mars à Courbevoie
Stade Français-Racing Club de France : 7-3

1894 Le 18 mars à Courbevoie
Stade Français-International AC : 18-0

1895 Le 17 mars à Courbevoie
Stade Français-Olympique : 16-0

1896 Le 5 avril à Courbevoie
Olympique-Stade Français : 12-0

1897 Pas de finale
Le **Stade Français** est champion à l'issue d'une poule de cinq clubs.

1898 Pas de finale
Le **Stade Français** est champion à l'issue d'une poule de six clubs.

1899 Le 30 avril au Bouscat
Stade Bordelais-Stade Français : 5-3

1900 Le 22 avril à Levallois
Racing Club de France-Stade Bordelais : 37-3

1901 Le 31 mars au Bouscat
Stade Français-Stade Bordelais : 3-0 sur tapis vert

1902 Le 23 mars à Paris
Racing Club de France-Stade Bordelais : 6-0

1903 Le 26 avril à Toulouse
Stade Français-SOE Toulouse : 16-8

1904 Le 27 mars à Saint-Cloud
Stade Bordelais-Stade Français : 3-0

1905 Le 16 avril au Bouscat
Stade Bordelais-Stade Français : 12-3

1906 Le 8 avril à Paris
Stade Bordelais-Stade Français : 9-0

1907 Le 24 mars au Bouscat
Stade Bordelais-Stade Français : 14-3

1908 Le 5 avril à Colombes
Stade Français-Stade Bordelais : 16-3

1909 Le 4 avril à Toulouse
Stade Bordelais-Stade Toulousain : 17-0

1910 Le 17 avril à Paris
FC Lyon-Stade Bordelais : 13-8

1911 Le 8 avril au Bouscat
Stade Bordelais-Scuf : 14-0

1912 Le 31 mars à Toulouse
Stade Toulousain-Racing Club de France : 8-6

1913 Le 20 avril à Colombes
Bayonne-Scuf : 31-8

1914 Le 3 mai à Toulouse
Perpignan-Tarbes : 8-7

1920 Le 25 avril au Bouscat
Tarbes-Racing Club de France : 8-3

1921 Le 17 avril à Béziers
Perpignan-Stade Toulousain : 5-0

1922 Le 23 avril au Bouscat
Stade Toulousain-Bayonne : 6-0

1923 Le 13 mai à Colombes
Stade Toulousain-Bayonne : 3-0

1924 Le 27 avril à Bordeaux
Stade Toulousain-Perpignan : 3-0

1925 Le 3 mai à Narbonne
Perpignan-Carcassonne : 5-0
(deuxième match – la première finale s'était terminée sur le score de 0-0)

1926 Le 2 mai à Bordeaux
Stade Toulousain-Perpignan : 11-0

1927 Le 29 mai à Toulouse
Stade Toulousain-Stade Français : 19-9

1928 Le 6 mai à Toulouse
Pau-Quillan : 6-4

1929 Le 19 mai à Toulouse
Quillan-Lézignan : 11-8

1930 Le 18 mai à Bordeaux
Agen-Quillan : 4-0 a.p.

1931 Le 10 mai à Bordeaux
Toulon-Lyon OU : 6-3

1932 Le 5 mai à Bordeaux
Lyon OU-Narbonne : 9-3

1933 Le 7 mai à Bordeaux
Lyon OU-Narbonne : 10-3

1934 Le 13 mai à Toulouse
Bayonne-Biarritz : 13-8

1935 Le 12 mai à Toulouse
Biarritz-Perpignan : 3-0

1936 Le 10 mai à Toulouse
Narbonne-Montferrand : 6-3

1937 Le 2 mai à Toulouse
Vienne-Montferrand : 13-7

1938 Le 8 mai à Toulouse
Perpignan-Biarritz : 11-6

1939 Le 30 avril à Toulouse
Biarritz-Perpignan : 6-0 a.p.

1943 Le 21 mars à Paris
Bayonne-Agen : 3-0

1944 Le 26 mars à Paris
Perpignan-Bayonne : 20-5

1945 Le 7 avril à Paris
Agen-Lourdes : 7-3

1946 Le 24 mars à Paris
Pau-Lourdes : 11-0

1947 Le 13 avril à Toulouse
Stade Toulousain-Agen : 10-3

1948 Le 18 avril à Toulouse
Lourdes-Toulon : 11-3

1949 Le 22 mai à Toulouse
Castres – Mont-de-Marsan : 14-3

1950 Le 16 avril à Toulouse
Castres-Racing Club de France : 11-8

1951 Le 20 mai à Toulouse
Carmaux-Tarbes : 14-12

1952 Le 4 mai à Toulouse
Lourdes-Perpignan : 20-11

1953 Le 17 mai à Toulouse
Lourdes – Mont-de-Marsan : 21-16

1954 Le 23 mai à Toulouse
Grenoble-Cognac : 5-3

1955 Le 22 mai à Bordeaux
Perpignan-Lourdes : 11-6

1956 Le 3 juin à Toulouse
Lourdes-Dax : 20-0

1957 Le 26 mai à Lyon
Lourdes-Racing Club de France : 16-13

1958 Le 18 mai à Toulouse
Lourdes-Mazamet : 25-8

1959 Le 24 mai à Bordeaux
Racing Club de France – Mont-de-Marsan : 8-3

1960 Le 22 mai à Toulouse
Lourdes-Béziers : 14-11

1961 Le 28 mai à Lyon
Béziers-Dax : 6-3

1962 Le 27 mai à Toulouse
Agen-Béziers : 14-11

1963 Le 2 juin à Bordeaux
Mont-de-Marsan – Dax : 9-6

1964 Le 24 mai à Toulouse
Pau-Béziers : 14-0

1965 Le 23 mai à Lyon
Agen-Brive : 15-8

1966 Le 22 mai à Toulouse
Agen-Dax : 9-8

1967 Le 28 mai à Bordeaux
Montauban-Bègles : 11-3

1968 Le 16 juin à Toulouse
Lourdes-Toulon : 9-9 (2 essais à 1)

1969 Le 18 mai à Lyon
Bègles-Stade Toulousain : 11-9

1970 Le 17 mai à Toulouse
La Voulte-Montferrand : 3-0

1971 Le 16 mai à Bordeaux
Béziers-Toulon : 15-9 a.p.

1972 Le 21 mai à Lyon
Béziers-Brive : 9-0

1973 Le 20 mai à Toulouse
Tarbes-Dax : 18-12

1974 Le 12 mai à Paris
Béziers-Narbonne : 16-14

1975 Le 18 mai à Paris
Béziers-Brive : 13-12

1976 Le 23 mai à Paris
Agen-Béziers : 13-10 a.p.

1977 Le 29 mai à Paris
Béziers-Perpignan : 12-4

1978 Le 28 mai à Paris
Béziers-Montferrand : 31-9

1979 Le 27 mai à Paris
Narbonne-Bagnères : 10-0

1980 Le 25 mai à Paris
Béziers-Stade Toulousain : 10-6

1981 Le 23 mai à Paris
Béziers-Bagnères : 22-13

1982 Le 29 mai à Paris
Agen-Bayonne : 18-9

1983 Le 28 mai à Paris
Béziers-Nice : 14-6

1984 Le 26 mai à Paris
Béziers-Agen : 21-21 a.p., 3-1 t.a.b.

1985 Le 25 mai à Paris
Stade Toulousain-Toulon : 36-22 a.p.

1986 Le 24 mai à Paris
Stade Toulousain-Agen : 16-6

1987 Le 22 mai à Paris
Toulon-Racing Club de France : 15-12

1988 Le 28 mai à Paris
Agen-Tarbes : 9-3

1989 Le 27 mai à Paris
Stade Toulousain-Toulon : 18-12

1990 Le 26 mai à Paris
Racing Club de France-Agen : 22-12 a.p.

1991 Le 1er juin à Paris
Bègles-Stade Toulousain : 19-10

1992 Le 6 juin à Paris
Toulon-Biarritz : 19-14

1993 Le 5 juin à Paris
Castres-Grenoble : 14-11

1994 Le 28 mai à Paris
Stade Toulousain-Montferrand : 22-16

1995 Le 6 mai à Paris
Stade Toulousain-Castres : 31-16

1996 Le 1er juin à Paris
Stade Toulousain-Brive : 20-13

1997 Le 31 mai à Paris
Stade Toulousain-Bourgoin : 12-6

1998 Le 16 mai à Saint-Denis
Stade Français-Perpignan : 34-7

1999 Le 29 mai à Saint-Denis
Stade Toulousain-Montferrand : 15-11

2000 Le 15 juillet à Saint-Denis
Stade Français-Colomiers : 28-23

2001 Le 9 juin à Saint-Denis
Stade Toulousain-Montferrand : 34-22

2002 Le 8 juin à Saint-Denis
Biarritz-Agen : 25-22 a.p.

2003 Le 7 juin à Saint-Denis
Stade Français-Stade Toulousain : 32-18

2004 Le 26 juin à Saint-Denis
Stade Français-Perpignan : 38-20

2005 Le 11 juin à Saint-Denis
Biarritz-Stade Français : 37-34 a.p.

2006 Le 10 juin à Saint-Denis
Biarritz-Stade Toulousain : 40-13

2007 Le 9 juin à Saint-Denis
Stade Français-Clermont : 23-18

2008 Le 28 juin à Saint-Denis
Stade Toulousain-Clermont : 26-20

2009 Le 6 juin à Saint-Denis
Perpignan-Clermont : 22-13

2010 Le 29 mai à Saint-Denis
Clermont-Perpignan : 19-6

2011 Le 4 juin à Saint-Denis
Stade Toulousain-Montpellier : 15-10

2012 Le 9 juin à Saint-Denis
Stade Toulousain-Toulon : 18-12

2013 Le 1er juin à Saint-Denis
Castres-Toulon : 19-14

2014 Le 31 mai à Saint-Denis
Toulon-Castres : 18-10

2015 Le 13 juin à Saint-Denis
Stade Français-Clermont : 12-6

2016 Le 24 juin à Barcelone
Racing 92-Toulon : 29-21

2017 Le 4 juin à Saint-Denis
Clermont-Toulon : 22-16

2018 Le 2 juin à Saint-Denis
Castres-Montpellier : 29-13

2019 Le 15 juin à Saint-Denis
Stade Toulousain-Clermont : 24-18

LE BOUCLIER DE BRENNUS

C'est l'un des plus étonnants trophées de la planète sportive. Conçu par Pierre de Coubertin, « organisateur » de la première finale de 1892, il a été créé par l'artiste Charles Brennus, truculent personnage, maître graveur de son état et dirigeant sportif de premier plan, à la tête notamment de la commission rugby de l'USFSA, l'organisme qui a précédé la FFR, dont Brennus fut désigné président d'honneur. De 1926 à 1929, pour protester contre l'exclusion du rugby de l'olympisme, la FFR boude le Bouclier de Coubertin et décide de remettre un « Coq de bronze » aux vainqueurs (Quillan n'a donc jamais gagné le Bouclier !), avant de revenir au trophée d'origine en 1930. Ce Bouclier en cuivre est depuis l'origine fixé sur une grande planche de bois (d'où son célèbre surnom de « bout de bois ») qu'il a fallu rénover plusieurs fois. Il y figure une devise, *Ludus pro Patria* (« Des jeux pour la patrie »), que l'on devrait non pas à Coubertin mais à Jules Marcadet, autre dirigeant historique, fondateur du Stade Français.

Après leur titre de 2007,
le dernier de l'ère Guazzini,
les Stadistes arborent le Bouclier
sur les Champs-Élysées.

ÉTERNEL STADE FRANÇAIS

Avec le Racing, le Stade Français a disputé le premier match de l'histoire du championnat, en 1892, et, quasiment cent trente ans plus tard, ces deux clubs de l'Ouest parisien sont toujours là, l'un et l'autre, incarnant, malgré quelques aléas, la magnifique permanence du rugby français. Fondé en 1883 par des lycéens du Quartier latin, le Stade Français se tourne très vite vers le rugby, sport de prédilection de ses (plutôt chics) adhérents. De quoi devenir alors le club phare de l'Hexagone, avec huit titres de champion jusqu'à la Première Guerre. Les décennies suivantes seront bien plus difficiles, malgré une nouvelle finale en 1927. Dans les années sombres de l'après-guerre, le club tombe même jusqu'en troisième division, à une époque où, pourtant, la première division compte jusqu'à quatre-vingts clubs. C'est à un sacré bonhomme que le Stade doit sa renaissance à partir de 1992 : un siècle après la première finale, il est racheté par Max Guazzini, l'un des fondateurs de la station de radio NRJ, un entrepreneur bouillonnant d'idées qui fait fusionner le Stade avec le CASG, autre club traditionnel de l'Ouest parisien, et qui réussit à faire venir Bernard Laporte comme entraîneur. À eux deux, ils ramènent le club au niveau de l'élite et le portent jusqu'au neuvième titre de son histoire en 1998. Cinq autres vont suivre, de 2000 à 2015, dans le tourbillon d'un enthousiasme jamais démenti – pom-pom girls et maillots roses de rigueur – qui aboutit également à la superbe reconstruction du stade Jean-Bouin. Revendu en 2011 par Max, le club réussit néanmoins à gagner son quatorzième titre en 2015 et, après une tentative de fusion non aboutie avec le Racing, il est de nouveau relancé, par un milliardaire suisse. Une histoire sans fin.

Debout, de gauche à droite : Didier Pouyau, Jean-Baptiste Lafond, Brett Gosper, Éric Blanc, Franck Mesnel et Renaud Authié. Accroupis, de gauche à droite : Philippe Guillard et Yvon Rousset.

LE RACING CLUB DE TOUJOURS

Créée en 1890, la section rugby du Racing Club de France, grande structure omnisports aux installations légendaires, est aujourd'hui devenue un grand club professionnel autonome sous le nom de Racing 92, référence à son département d'adoption où il a récemment bâti, à la Défense, un magnifique stade couvert, joyau d'une patiente reconstruction orchestrée par son tenace président, Jacky Lorenzetti. Champion de France en 1892, 1900, 1902, 1959, 1990 et 2016, le Racing est de toutes les époques, malgré quelques périodes difficiles, comme à la fin des années 1990. Il a laissé une trace indélébile, lors de sa première victoire historique, bien sûr, mais aussi avec sa fabuleuse équipe des années 1950 où, avec François Moncla et Michel Crauste, le club remporte la finale de 1959. Et que dire de la joyeuse équipe des années 1980, celle des « Mousquetaires » du « Showbizz » – Mesnel, Lafond, Guillard, Blanc et Rousset –, capables d'arborer un nœud papillon rose sur leurs maillots ciel et blanc ou de servir le champagne sur le terrain avant le début d'un match ? « Jouer sérieusement sans se prendre au sérieux » était leur (bien jolie) devise. Avec, en plus, le talent de Cabannes, la force de Tachdjian, l'expérience de Martinez, le Racing dispute de nouveau deux finales, remportant celle de 1990 au terme d'un furieux combat contre Agen. Rétrogradé, quasi donné pour mort, le club renaît sous l'impulsion d'un courageux repreneur, Jacky Lorenzetti, qui y fait venir de grandes stars comme Dan Carter ou Jonathan Sexton et lui permet d'obtenir un sixième titre en 2016, au terme d'une finale héroïque gagnée à quatorze contre Toulon dans le Nou Camp de Barcelone. Une histoire qui n'a pas fini de nous étonner.

ALLEZ
LOURDES

Jean-Henri Mir, Michel Crauste et Jean Gachassin après la finale de 1968, remportée contre Toulon.

TENDANCE LOURDES

Il fut donc une époque où la capitale du rugby français était Lourdes. Par la force d'un club qui, au cœur des Trente Glorieuses, en incarne presque toutes les qualités. De 1946 à 1960, le FC Lourdes joue dix finales du championnat et en remporte sept, ajoutant même un huitième titre en 1968. Imaginez que, de 1952 à 1960, en cent soixante-quatorze matchs, les Lourdais ne subissent que quatorze défaites, et pas une seule à domicile. Cette domination, c'est d'abord celle d'un style de jeu, celui que certains appellent alors tout simplement « le jeu à la lourdaise », une forme de « rugby total » où tout le monde participe au jeu offensif et où tout le monde défend, où la force d'un pack de fer décourage l'adversaire avant que les lignes arrière ne viennent parachever les victoires. Le mérite en revient évidemment d'abord à une pléiade de joueurs, les frères Prat (Jean et Maurice), Robert Soro, Jean Barthe, Henri Domec, les frères Lacaze (Pierre et Claude), Roger Martine, Henri Rancoule, pour n'en citer que quelques-uns. Mais également à un fameux président de club, Antoine Béguère, ex-joueur devenu maire de la ville (et sénateur), ainsi qu'à deux entraîneurs, Henri Borde puis Henri Laffont, capables d'entretenir cet esprit lourdais qui va se maintenir pendant un peu plus de deux décennies. En difficulté dans les années 1990, englué dans les problèmes financiers, incapable de s'adapter à la transformation du rugby professionnel, le FC Lourdes tente vainement d'impulser la naissance d'un grand club des Pyrénées – fusion ratée avec Tarbes ou Bagnères, autres grands noms du passé –, mais la descente vers les niveaux inférieurs est inéluctable. C'est désormais dans la quatrième division du championnat de France que l'on peut apercevoir le fameux maillot rouge et bleu qui a si bien incarné l'éclosion du rugby hexagonal dans les années d'après guerre.

L'équipe championne de France en 1972.
Debout, de gauche à droite : Élie Vaquerin, Jean-Louis Martin, Armand Vaquerin, André Buonomo, Olivier Saïsset, Yvan Buonomo, Georges Senal et Alain Estève.
Accroupis, de gauche à droite : Gérard Lavagne, Jospeh Navarro, Jack Cantoni, Georges Mas (président), Richard Astre, Henri Cabrol, Jean Sarda et René Séguier.

LE GRAND BÉZIERS

Treize ans auront donc suffi pour que cette équipe devienne grande. Car, pour raconter cette période, on appelle ce club « le grand Béziers », tant il est alors définitivement devenu hors normes. Après un premier titre remporté en 1961, il va en effet en aligner dix autres en treize ans, de 1961 à 1984, écrasant le rugby français de sa supériorité, et surtout de celle de son exceptionnel paquet d'avants. Car « le grand Béziers », c'est d'abord un pack phénoménal, un groupe d'avants dont les noms sonnent comme autant de cauchemars dans la mémoire de leurs adversaires : les piliers Armand Vaquerin et Jean-Louis Martin, le talonneur Alain Paco, les deuxièmes lignes Michel Palmié et Georges Senal, les troisièmes lignes Alain Estève, Olivier Saïsset, Yvan Buonomo… pour ne parler que des principaux. Il était si fort, si costaud, si dur, ce pack que le demi de mêlée Richard Astre pilotait parfaitement…
Et même si d'excellents autres joueurs comme l'arrière Jack Cantoni s'y sont ajoutés, c'est d'abord cette ennéade, ce groupe indessoudable – au sens propre du terme – de neuf hommes, qui a fait la supériorité de ce « grand Béziers ». Mais il ne faudrait pas oublier un autre personnage clé de cette aventure : Raoul Barrière, « le Sorcier de Sauclières », ce stade où l'ASB resta invaincu pendant plus de douze ans, de 1969 à 1981. Ancien pilier du club avec lequel il est champion en 1961 sous le capitanat de Pierre Danos, Barrière devient entraîneur en 1968 et passe dix ans à la tête de cette équipe dont il forge l'esprit de combat et qu'il dirige à merveille. Des brouilles internes provoquent son départ à la fin des années 1970, premier signal d'un changement d'époque.
En 1984, Béziers remporte son onzième et dernier titre, après une finale conclue aux tirs au but ! C'est la dernière prouesse d'un club qui va ensuite vivre plus de déboires que d'exploits, tombant même en Fédérale 1, la troisième division, avant de retrouver la Pro D2, un peu plus digne de son incroyable passé.

TOULOUSE VEUT DIRE GAGNER

Vingt titres de champion de France, quatre victoires dans le Challenge Yves-du-Manoir, quatre sacres dans la grande Coupe d'Europe, sans parler des quatre Coupes de France glanées au passage, c'est évidemment le plus beau palmarès du rugby français. Le Stade Toulousain est de toutes les époques (ou presque), champion de 1912 à 2019, même s'il a particulièrement dominé certaines décennies, comme les années 1920 (6 finales, 5 titres), les années 1980 (4 finales, 3 titres) ou les années 1990 (6 finales, 5 titres). Créé en 1907 par la fusion de deux clubs (le Soet et le Véto Sport), il remporte donc son premier titre en 1912, glanant le surnom de « Vierge rouge » pour être resté invaincu toute la saison. Exploit réédité en 1922, où le Stade entame une nouvelle période de domination. Les déboires du rugby français des années 1930 touchent de plein fouet ce club, qui marque pourtant de nouveau les esprits après la guerre, avec une génération en or emmenée par Yves Bergougnan et Robert Barran qui fut surnommée « l'équipe des Bouchers », champions invaincus en 1947. Mais la plus fabuleuse période toulousaine s'ouvre dans les années 1980, avec douze titres de champion de France entre 1985 et 2012. De Jean-Pierre Rives à Thomas Castaignède, de Christian Califano à Vincent Clerc, de Denis Charvet à Maxime Médard, de Christophe Deylaud à Émile Ntamack, de Yannick Jauzion à Antoine Dupont, de Jean-Claude Skrela à Fabien Pelous, de William Servat à Romain Ntamack, impossible de citer tous ceux qui incarnent ce magnifique club. Dont Jean Bouilhou, troisième ligne aile, détient le record du nombre de matchs en rouge et noir (392), le pilier Claude Portolan possédant celui du plus grand nombre de Boucliers (6). Après un bref passage à vide, Toulouse retrouve le titre en 2019 au terme d'une saison époustouflante conclue par une victoire contre Clermont. Vingtième titre, record amélioré pour un club décidément incomparable...

François Cros, avec le fantastique Cheslin Kolbe à ses côtés, brandit le Bouclier du vingtième titre toulousain en 2019.

PERPIGNAN

L'Usap, l'Union Sportive Arlequins Perpignan, est plus qu'un club, le symbole d'une ville. Pourquoi « Arlequins » ? En hommage aux pionniers qui recousaient tant bien que mal leurs maillots, par manque de moyens… Perpignan a disputé seize finales entre 1914 et 2010, et il en a remporté sept. Le premier titre, en 1914, doit beaucoup à Aimé Giral, le buteur, disparu pendant la guerre. Les deux triomphes suivants sont acquis en 1921 et en 1925, mais les meilleurs joueurs quittent le club, cédant aux sirènes pros de Quillan. L'équipe redémarre à la fin des années 1930, arrachant un quatrième titre en 1938. Puis un cinquième en 1944 et un sixième en 1955. Après un long trou d'air, l'Usap s'impose en 2009 avec Nicolas Mas, pilier et capitaine, une belle paire Maxime Mermoz-David Marty au centre, Damien Chouly en numéro 8 et l'arrière Jérôme Porical en buteur.

TOULON

Si le Racing Club Toulonnais n'est « que » onzième au classement des titres, avec ses quatre victoires (1931, 1987, 1992, 2014), il est certainement bien mieux placé dans le cœur des Français. C'est que ce club a quelque chose de plus, de Mayol, son stade en pleine ville, à son esprit et à la ferveur toute méridionale qu'il inspire. Les années 1980 ramènent le RCT au sommet sous la conduite de Daniel Herrero, et les Toulonnais remportent enfin le titre en 1987 et en 1992, avant de sombrer. Repris par Mourad Boudjellal en 2007, le club se lance dans une incroyable politique de recrutement, de Gregan à Wilkinson, d'Umaga à Mehrtens, de Matfield à Sonny Bill Williams, de Nonu à Habana, de Hayman à Giteau, sans oublier quelques Français de premier plan, tels Mignoni, Michalak, Mermoz ou Bastareaud. Un club pas comme les autres, décidément.

CASTRES

Apparu une première fois sur le devant de la scène juste après la Seconde Guerre, le Castres Olympique est sacré champion de France deux années d'affilée, en 1949 et en 1950. Mais le club de la sous-préfecture du Tarn périclite ensuite jusqu'à l'arrivée d'un mécène providentiel, l'industriel Pierre Fabre, qui le rachète en 1988. Depuis lors, le CO n'a plus cessé de jouer les premiers rôles, ajoutant cinq finales et trois nouveaux titres à son palmarès. En 1993, l'ex-champion du monde all black Gary Whetton, recruté l'été précédent, marque l'essai (controversé) d'une victoire sur Grenoble en finale. La finale suivante est perdue mais, dans les années 2010, Castres revient de nouveau trois fois à Saint-Denis, empochant deux autres sacres : en 2013, grâce notamment à son demi de mêlée d'origine sud-africaine Rory Kockott et à l'ouvreur Rémi Talès, auteur de deux drops ; en 2018, avec un festival au pied de l'ouvreur argentin Benjamín Urdapilleta.

CLERMONT

Malgré sa douzième finale perdue en 2019, sur quatorze disputées, l'ASM Clermont Auvergne n'est plus vraiment le club maudit du temps jadis. Fondé en 1911 dans la ville siège des usines de la famille par le fils Michelin, il n'a jamais quitté l'élite française depuis 1925. Mais ce n'est qu'en 2010, à leur onzième finale, que les « Jaunards » parviennent à arracher le titre face à l'Usap. Et, après une nouvelle déconvenue cinq ans plus tard, ils gagnent un autre titre en 2017. Avec ses supporters cités en exemple pour leur ferveur, leur fidélité et leur esprit, ce club a été marqué par quelques joueurs emblématiques, comme Robert Vigier dans les années 1950, Michel Droitecourt et Jean-Pierre Romeu dans les années 1970, Philippe Saint-André, Jean-Marc Lhermet et Olivier Magne dans les années 1990, et, plus récemment, Aurélien Rougerie, Morgan Parra ou Wesley Fofana.

BAYONNE

L'Aviron Bayonnais, créé en 1904, remporte dès 1913 le premier de ses trois titres de champion de France, grâce à une équipe au rugby chatoyant et à un style que l'on surnomme alors « la manière bayonnaise ». Un esprit que l'on retrouve après la Première Guerre, avec trois nouvelles finales pour les ciel et blanc, dont une gagnée en 1934. À la reprise du championnat pendant le second conflit mondial, l'Aviron connaît une nouvelle période faste, avec un dernier titre en 1943. Mais le club basque, malgré de beaux moments et une ambiance à nulle autre pareille dans son stade Jean-Dauger, ne parvient plus qu'une seule fois en finale, en 1982, et descend à deux reprises en Pro D2 après la création du championnat professionnel, où l'Aviron peine désormais à se faire une place.

PAU

Il fut une époque où la Section Paloise était championne de France tous les dix-huit ans ! Trois titres dans trois décennies différentes comme preuve d'une belle permanence dans l'élite de ce troisième club des Pyrénées-Atlantiques – côté béarnais, celui-là. Dans une ville où le rugby s'implante dès 1890, la Section, véritablement fondée en 1902, remporte le titre en 1928, en 1946 (la génération des Lauga, Cazenave, Rousse...) et, enfin, en 1964, où la bande de François Moncla, le capitaine revenu à Pau après son titre au Racing, entretient une jolie tradition. Formateur de fameux internationaux, de Robert Paparemborde à Laurent Cabannes, le club connaît une période difficile à l'instauration du rugby pro, mais une direction ambitieuse lui a permis de réintégrer l'élite hexagonale.

AGEN

Le SU Agen, fondé en 1908, est au premier plan du rugby français depuis un bon siècle. Avec huit titres de champion entre 1930 et 1988, le club fanion de la préfecture du Lot-et-Garonne se classe au quatrième rang du palmarès des clubs français. Il a notamment été très performant dans les années 1960 à 1990, où Agen, ville de l'omnipotent président de la FFR de l'époque, Albert Ferrasse, faisait figure de seconde capitale du rugby français, auquel elle fournissait de très nombreux internationaux, de Basquet à Benazzi en passant par Lacroix, Berbizier, Dubroca, Sella ou encore Lamaison. Si ses moyens sont plus limités que ceux d'autres plus grandes villes, Agen continue de figurer au top niveau national, malgré quelques allers-retours avec la Pro D2.

BIARRITZ

Né en 1913 de la fusion de deux clubs locaux créés à la fin du XIXe siècle, le BO – pour Biarritz Olympique –, devient vite l'un des principaux clubs français, disputant quatre finales dans les années 1930 et remportant les deux premiers de ses cinq titres. Mais les Biarrots doivent attendre plus d'un demi-siècle pour retrouver un tel niveau, avec une finale perdue en 1992 – malheureusement pour Serge Blanco, qui dispute là son dernier match en rouge et blanc – mais trois sacres entre 2002 et 2006, grâce à une équipe où brillent Yachvili, Betsen, Traille, Harinordoquy, Dusautoir… La décennie suivante est plus compliquée. Certains tentent d'impulser une fusion entre Biarritz et Bayonne pour créer un grand club basque, mais les rivalités locales sont plus fortes que la logique économique. Les deux équipes ont désormais du mal à se trouver une place dans le Top 14.

LES AUTRES CHAMPIONS

STADE BORDELAIS

Avec douze finales entre 1899 et 1911, c'est le troisième club majeur du rugby d'avant 1914, ne ratant que la finale de 1903, et le premier non-parisien à devenir champion. En 2006, il fusionne avec Bègles pour former l'Union Bordeaux-Bègles (UBB).

BÈGLES

Le Club Athlétique Béglais gagne deux titres, en 1969 et en 1991. Le second est le fruit d'un pack mémorable, avec sa première ligne Simon-Moscato-Gimbert, son maître à jouer Bernard Laporte et sa fameuse « tortue », un art du maul qui renverse tout sur son passage. Le club est devenu l'UBB en 2006.

OLYMPIQUE

Club parisien fondé en 1895 par des dissidents du Racing, il dispute trois finales en trois ans – gagnant celle de 1896 – et devient le locataire du nouveau Parc des Princes, avant de fusionner avec le Racing en 1902.

FC LYON

Il crée en 1893 une section rugby qui participe au championnat dès son ouverture aux clubs de province, en 1898. Champion en 1910, le FC Lyon devient en 1930 l'un des leaders de la fronde contre le professionnalisme.

TARBES

Club des Hautes-Pyrénées, le Stadoceste Tarbais, fondé en 1901, dispute cinq finales, la première en 1914, la dernière en 1988, et en gagne deux, en 1920 et en 1973.

QUILLAN

Cette petite ville de l'Aude doit sa gloire à un président mécène, Jean Bourrel, magnat de la chapellerie locale, qui monte la première équipe professionnelle de l'histoire. Elle dispute trois finales de 1928 à 1930 et gagne celle de 1929, mais ses joueurs partent pour le XIII lors de la crise du rugby français, en 1930.

LOU

Le Lyon Olympique Universitaire joue trois finales entre 1931 et 1933, gagnant les deux dernières. Disparu ensuite du premier plan, le club n'y est revenu que récemment, en se réinstallant au sommet du Top 14.

NARBONNE

Fondé en 1907, le Racing Club de Narbonne accède à la première division en 1919. Deux titres jalonnent son histoire, en 1936 puis en 1979, avec une fameuse paire de centres, François Sangalli et Didier Codorniou.

VIENNE

C'est dans les années 1930 que le Club Sportif de Vienne connaît ses heures de gloire, demi-finaliste en 1936 et champion en 1937.

CARMAUX

L'US Carmaux, le club de la ville minière du Tarn, est champion en 1951, seule période où il a tutoyé les sommets du rugby français.

GRENOBLE

Club d'une grande ville de rugby, le FCG, finaliste en 1918 et en 1993 – année où une erreur d'arbitrage le prive de la victoire –, ne remporte pourtant qu'un seul titre, en 1954, sous la baguette de son mythique demi de mêlée Jean Liénard, qui devient ensuite entraîneur de cette équipe pour plus de deux décennies.

MONT-DE-MARSAN

Le Stade Montois dispute quatre finales entre 1949 et 1963, remportant la dernière. Les Landais s'appuient alors sur une fabuleuse ligne de trois-quarts autour des Boniface, symboles d'une grande école de « rugby champagne », pour triompher de leurs voisins dacquois qui, eux, n'ont jamais réussi à être champions.

MONTAUBAN

Club phare d'une ville qu'il ne faut paraît-il pas quitter, l'USM doit son seul titre, en 1967, à une équipe incarnée par le capitaine Louis Blanc, capable de jouer troisième ligne comme pilier, et par le centre Arnaud Marquesuzaa, surnommé « le Bison », un héros de 1958 muté par EDF dans cette ville, où il devient troisième ligne de l'USM !

LA VOULTE

Cette petite ville d'Ardèche doit notamment son titre de 1970 à sa fameuse paire de demis, les frères Lilian et Guy Camberabero, qui s'appuient sur un solide pack.

Page de droite : le bonheur d'être champion de France… Pour la fameuse première ligne béglaise de 1991, Simon, Gimbert et Moscato, en haut ; pour les Narbonnais Pariès, Ponçot, Tralléro, Martinez, Malquier, Ferrero et Benacloï en 1979, en bas.

27

C'est le nombre de clubs sacrés champions de France de 1892 à 2019, en cent vingt éditions du championnat. Dont cinq l'ont été deux fois, et neuf une seule fois. Seules treize équipes détiennent donc au moins trois titres.

20

C'est le nombre record de titres détenu par le Stade Toulousain, devant le Stade Français (14), Béziers (11), Agen (8), Lourdes (8), le Stade Bordelais (7), Perpignan (7), le Racing (6), Biarritz (5), Castres (5), Toulon (4), Bayonne (3) et Pau (3). Ces onze clubs ont remporté à eux seuls près de 80 % des titres.

5

C'est le nombre de finales perdues par l'US Dax, grand club landais qui n'a jamais réussi à remporter le titre. Pas plus que le CA Brive, autre grand club de l'histoire du rugby français, champion d'Europe mais quatre fois finaliste malheureux du championnat national.

14

C'est le nombre de clubs ayant disputé une finale, outre les vingt-sept qui en ont gagné au moins une. On compte donc quarante et un clubs finalistes en cent vingt-sept ans. Parmi ces quatorze clubs, neuf n'ont disputé qu'une seule finale, dont Carcassonne, Lézignan, Cognac, Mazamet, Nice ou, plus récemment, Bourgoin et Colomiers.

12

C'est le nombre de finales perdues par Clermont, sur quatorze disputées. L'ASM « devance » Perpignan, le Stade Français et Toulon (9 échecs en finale).

124

C'est le nombre d'années écoulées entre le premier et le sixième titre du Racing Club de France – devenu Racing 92 –, premier champion de l'histoire en 1892 et encore une fois sacré en 2016. Il partage avec le Stade Français le privilège d'avoir été champion dans trois siècles différents, du XIXe au XXIe siècle.

4

C'est le nombre record de titres consécutifs codétenu par deux clubs, le Stade Bordelais (Sbuc), champion de 1904 à 1907, et le Stade Toulousain exactement quatre-vingt-dix ans plus tard, de 1994 à 1997.

27

C'est le nombre record de finales disputées par le Stade Toulousain, leader devant le Stade Français (23), Perpignan (16), Béziers (15), Agen (14), Clermont (14), le Racing (13) et Toulon (13).

10

C'est le nombre de titres de champion remportés par le pilier biterrois Armand Vaquerin, qui fut de toutes les finales de Béziers de 1971 à 1984. Il devance trois de ses coéquipiers, Jean-Louis Martin (9 titres), Alain Estève (8) et Michel Palmié (8), membres éminents du fameux pack biterrois des années 1970. Suivent un Lourdais, Antoine Labazuy, un autre Biterrois, Jack Cantoni, et deux Toulousains, Hugues Miorin et Jérôme Cazalbou (7 sacres chacun).

101

C'est le nombre record d'essais marqués dans le championnat de France par Vincent Clerc, ailier du Stade Toulousain (98 essais) puis de Toulon (3). Il devance Laurent Arbo (100 essais pour Perpignan, Pau, Castres et Montpellier) et le Clermontois Aurélien Rougerie (96).

387

C'est le nombre de matchs de championnat disputés par le deuxième ligne Thibaut Privat sous les maillots de Nîmes, Béziers, Clermont, Montpellier et Lyon, de 1998 à 2017. Il devance un autre deuxième ligne, l'Uruguayen Rodrigo Capó Ortega (345 matchs), qui évolue sous le maillot de Castres depuis 2002 et qui rêve de détrôner un jour Privat. Suivent le centre toulousain Florian Fritz (322 matchs, de 2002 à 2018) et le Clermontois Aurélien Rougerie (321 matchs, de 1999 à 2018).

11

C'est le nombre d'essais inscrits lors du même match par Michel Fabre, une performance unique réussie en 1979 par l'ailier six fois champion de France avec la grande équipe de Béziers, lors d'une victoire record contre Montchanin (100-0 !).

377

C'est le nombre de points inscrits en une saison par l'ouvreur Brock James, sous le maillot de Clermont, lors de l'exercice 2006-2007. Il devance le demi de mêlée de Castres Rory Kockott (376 points en 2012-2013) et la star anglaise Jonny Wilkinson (375 points pour Toulon en 2012-2013).

24

C'est le nombre d'essais marqués lors de la même saison par l'ailier anglais Chris Ashton sous le maillot toulonnais, en 2017-2018. Suivent le génial fidjien Napolioni Nalaga (21 essais pour Clermont en 2008-2009) et son compatriote Nemani Nadolo (19 essais pour Montpellier en 2017-2018).

95

C'est le nombre de points (avec 14 essais) inscrits par Clermont lors d'un match face à Dax en juin 2008. C'est le record de l'ère professionnelle, tout près de celui de Béziers contre Montchanin en 1979 (100-0).

95

C'est le nombre de victoires consécutives à Sauclières, son stade fétiche, pour le grand Béziers entre le 5 janvier 1969 (défaite 8-9 contre Brive) et le 11 octobre 1981 (défaite 10-19 contre La Voulte).

LA PRO D2

Avec le passage au professionnalisme et la création d'une poule unique de première division, à seize puis à quatorze clubs depuis 2005, se constitue dès 1999 une deuxième division nationale, baptisée Pro D2 à partir de 2001 et composée d'abord de douze puis, très vite, de seize équipes. De grands noms du rugby ont remporté ce championnat, de Toulon en 2005 et en 2008 à Bayonne en 2019, en passant par le Racing en 2009, Grenoble en 2012, le LOU en 2014 et en 2016, Pau en 2015 ou Perpignan en 2018. Cette poule unique de seize clubs (et de très bon niveau), avec une phase de *play-offs* pour les six premiers, donne désormais droit à une montée automatique pour le vainqueur de la finale et à un ticket de barragiste pour l'autre finaliste, face au treizième du Top 14.

LE CHAMPIONNAT FÉMININ

Depuis 2018, preuve de la progression du rugby au féminin, le championnat de France des femmes se nomme « Élite 1 » et réunit les seize meilleurs clubs nationaux. Héritier du championnat créé en 1972 et remporté alors par l'Asvel, le grand club de Villeurbanne, il est d'abord devenu un Top 8 en 2014, avant d'adopter une formule avec deux poules de huit équipes et des phases finales à partir de quarts jusqu'à une grande finale en mai, remportée en 2019 par le RC Montpellier. C'est la huitième couronne de cette équipe, qui n'est plus qu'à une encablure du record détenu par le Toulouse Fémina Sports, 9 titres de 1975 à 1995. Ces deux clubs sont suivis par l'Usat Toulouges (à Perpignan), 6 titres, les Pachys d'Herm (Dax), 5 titres, et La Teste (près d'Arcachon), 4 titres.

LE CHALLENGE YVES-DU-MANOIR

Disputé de 1931 à 1996, le Challenge Yves-du-Manoir, compétition créée par le Racing Club de France au cœur d'une crise à propos du professionnalisme, est devenu après la guerre une épreuve prestigieuse, sorte de consolante du championnat. Elle compte d'ailleurs les plus grands noms du rugby français à son palmarès, au premier rang desquels Narbonne (9 victoires), Lourdes (6), le Stade Toulousain et Dax (5 chacun), Clermont, Béziers et Agen (4 chacun). Vingt-deux clubs se sont imposés en cinquante-trois éditions.

LA COUPE DE FRANCE

La Coupe de France de rugby connaît une existence erratique. Entre provinces dans les années 1930-1940 puis entre clubs par intermittence dans les années 1950 et les années 1980, elle tente de renaître de 1997 à 2003, après la disparition du Challenge Yves-du-Manoir, mais elle ne parvient pas à s'installer durablement. Au total, vingt éditions ont été disputées.

- AVIS -
L'ACCES AUX VESTIAIRES
EST
RIGOUREUSEMENT INTERDIT
AUX PERSONNES
non munies de
CARTES DE SERVICE
LAISSER PASSE
ZELAND
ALLEN
FRANCE
GALLES
1959

La saga des Bleus

C'est l'histoire d'une équipe pour laquelle la France a toujours eu une tendresse particulière. Devenu l'une des meilleures formations du monde dans les années 1950, celle de ses grandes premières, le XV de France a souvent été capable d'incroyables exploits qui ont fait sa légende, même au cœur de périodes difficiles.

Si l'équipe de France n'a officiellement commencé sa vie qu'au premier jour de l'année 1906, et pas contre n'importe qui – tout simplement face aux « Originals », la fameuse équipe néo-zélandaise en tournée (triomphale) en Europe, bientôt surnommée « All Blacks » –, l'histoire de la sélection nationale remonte un peu plus loin que cela. À des matchs épars, des regroupements de joueurs – en général parisiens – contre des sélections plus ou moins officielles, et à quelques apparitions olympiques, comme aux Jeux de 1900. Mais rien ne compte vraiment avant cette année 1906, où la France arbore pour la première fois sa tenue bleu, blanc, rouge et inaugure le 22 mars la (belle) habitude – merci, vraiment! – d'un match annuel contre l'Angleterre. Puis viennent les face-à-face avec les Gallois et les Irlandais, et, en 1910, la France est admise dans le Tournoi britannique. Mais, de 1906 à la Première Guerre, sur vingt-huit rencontres officielles, les Bleus n'en gagnent qu'une, contre l'Écosse en 1911. Un maigre bilan, il faut l'avouer...

Le conflit interrompt évidemment cette histoire. À la reprise, les Tricolores ne cessent de progresser au long des années 1920, remportant treize de leurs cinquante matchs internationaux et battant enfin l'Angleterre en 1927, après seize tentatives. Mais l'année 1931 voit le rugby français retomber au plus bas après une exclusion du Tournoi. En cause, la violence lors de certains matchs mais, surtout, des faits de professionnalisme (joueurs rémunérés, transferts...) reprochés aux Français. Vient alors une décennie de pénitence, avec des combats sans intérêt face aux Allemands, aux Italiens ou aux Roumains.

L'après-guerre voit les Bleus logiquement réintégrés dans le concert international. Ils y prennent vite une nouvelle place de choix et alignent les grandes premières : victoire contre l'Australie et au pays de Galles en 1948, victoire à Twickenham en 1951, victoire

Colombes, 4 avril 1959. Debout, de gauche à droite : Parkes (arbitre), Momméjat, Mias, Barthe, Moncla, Crauste, Roques, Quaglio, Vigier, Marie (juge de touche). Accroupis, de gauche à droite : Rancoule, Marquesuzaa, Labazuy, Lacaze, Danos, Bouquet, Dupuy.

LES GRANDES PREMIÈRES

1er janvier 1906

À Paris, au Parc des Princes, premier match officiel, défaite (8-38) contre la Nouvelle-Zélande.

1er janvier 1910

À Swansea, premier match dans le Tournoi, défaite (14-49) contre le pays de Galles.

2 janvier 1911

À Colombes, première victoire internationale, contre l'Écosse (16-15).

11 janvier 1913

À Bordeaux, premier match contre l'Afrique du Sud (5-38).

3 avril 1920

À Dublin, première victoire (15-7) contre l'Irlande.

22 janvier 1921

À Édimbourg, première victoire (3-0) en Écosse.

2 avril 1927

À Colombes, première victoire (3-0) contre l'Angleterre.

9 avril 1928

À Colombes, première victoire (8-3) contre le pays de Galles.

11 janvier 1948

À Colombes, première victoire (13-6) contre l'Australie.

21 février 1948

À Swansea, première victoire (11-3) au pays de Galles.

24 février 1951

À Twickenham, première victoire (11-3) en Angleterre.

27 février 1954

À Colombes, première victoire (3-0) contre la Nouvelle-Zélande.

10 avril 1954

À Paris, premier sacre (ex aequo) dans le Tournoi, en battant l'Angleterre (11-3).

16 août 1958

À Johannesburg, première victoire (9-5) contre l'Afrique du Sud.

4 avril 1959

À Paris, premier sacre non partagé dans le Tournoi, assuré dès le succès (11-3) lors du troisième match, contre le pays de Galles.

26 août 1961

À Sydney, première victoire (15-8) en Australie.

23 mars 1968

À Cardiff, premier Grand Chelem, scellé par une victoire (14-9) au pays de Galles.

14 juillet 1979

À Auckland, première victoire (24-19) en Nouvelle-Zélande.

20 juin 1987

À Auckland, première finale de Coupe du monde, perdue (9-29) contre la Nouvelle-Zélande.

7 février 1998

À Saint-Denis, premier match au Stade de France nouvellement inauguré, contre l'Angleterre (24-17).

finale (ex aequo) dans le Tournoi et victoire sur les Blacks en 1954, victoire en Afrique du Sud en 1958, victoire non partagée dans le Tournoi en 1959 ! Les fifties auront décidément été les années de l'accession du rugby français au plus haut niveau. Et les décennies suivantes ne feront que la confirmer.

1968, printemps historique

Au bilan de l'après-Seconde Guerre mondiale, malgré quelques mauvais passages avec, notamment, une décennie 2010 calamiteuse, l'Hexagone continue de dominer le palmarès du rugby européen au nombre de victoires dans le Tournoi (25 succès, contre 20 pour les Gallois et 19 pour les Anglais). Avec des périodes fastes, comme les quatre victoires d'affilée de 1959 à 1962 ou les trois Tournois gagnés entre 1967 et 1970 – dont le premier Chelem, celui du capitaine Carrère, en 1968, lors d'un printemps décidément historique. Ou encore toutes les années 1970, où Français et Gallois écrasent la concurrence, les Bleus finissant cette décennie par une victoire mémorable le 14 juillet 1979, en Nouvelle-Zélande. Ou, enfin, ces folles années 1980, où les Bleus alignent six victoires dans le Tournoi – dont deux Grands Chelems – et une première finale de Coupe du monde après une demi-finale légendaire gagnée à Sydney contre les Australiens.

Le « Crunch » (de *crunch time*, « moment crucial »), surnom du traditionnel sommet entre la France et l'Angleterre. Ici, Laurent Leflamand est à la lutte avec Tony Underwood lors du Tournoi 1997.

Toutefois, si le passage au professionnalisme a une influence incroyablement positive sur le championnat de France, faisant du (futur) Top 14 la plus attractive – et la plus courue par les stars de toute la planète rugby – de toutes les compétitions de clubs, cette transformation radicale a, à l'inverse, un effet beaucoup plus négatif sur le destin de l'équipe de France. Qui, peu à peu, laisse s'échapper le peloton de tête des autres grandes nations ovales.

Certes, il y a encore de beaux moments, comme cette demi-finale improbable remportée contre les Blacks au Mondial 1999, ces deux Grands Chelems du début des années 2000 ou cette troisième finale de Coupe du monde obtenue comme par miracle en 2011 – et qui aurait d'ailleurs logiquement dû déboucher sur une victoire tricolore –, mais ce dernier exploit sonne comme un chant du cygne, les Bleus n'en finissant plus ensuite d'aligner les désillusions, la pire étant sans doute cette abominable élimination en quarts de finale de la Coupe du monde 2015, une défaite – 62-13 face aux Blacks –digne d'une « vulgaire » nation de second plan. Mais là n'est pas la place naturelle d'une équipe de France que l'on ne devrait pas tarder à retrouver très vite au sommet du rugby international, surtout dans la perspective d'une deuxième Coupe du monde disputée dans l'Hexagone, à l'automne 2023.

DES CHIFFRES ET DES HOMMES

1111

C'est le nombre de joueurs sélectionnés en équipe de France du 1er janvier 1906, premier match officiel, à la fin du Tournoi 2019. Le numéro 1 est Henri Amand, capitaine contre la Nouvelle-Zélande ; le numéro 1 000, Julien Dupuy, sélectionné en 2009 ; le 1 111e, Étienne Falgoux, entré en jeu contre l'Écosse le 23 février 2019.

25

C'est le nombre de victoires finales des Bleus dans le Tournoi (des Cinq puis des Six Nations), toutes après la Seconde Guerre mondiale, dont dix-sept fois seuls. Le premier succès, ex aequo avec l'Angleterre et le pays de Galles, remonte à 1954. La première victoire non partagée date de 1959. Les Bleus ont réussi neuf Grands Chelems de 1968 à 2010.

3

C'est le nombre de finales de Coupe du monde jouées par l'équipe de France, de 1987 à 2015. Toutes les trois perdues, contre la Nouvelle-Zélande en 1987 et en 2015, contre l'Australie en 1999. Les Bleus ont aussi terminé sur le podium (3es) en 1995.

759

C'est le nombre de matchs disputés par les Bleus depuis leur première rencontre jusqu'à la fin du Tournoi 2019. Bilan : 411 victoires, 316 défaites, 32 nuls, contre dix-neuf adversaires différents.

105

C'est le nombre d'affrontements avec l'Angleterre, l'adversaire que les Bleus ont le plus souvent rencontré (90 matchs en Tournoi). Au bilan global de ce que l'on appelle désormais couramment « le Crunch », les Anglais mènent 58 victoires à 40 (7 matchs nuls).

37

C'est le nombre record de points (dont 6 essais) inscrits par l'équipe de France contre sa grande rivale, l'Angleterre, le 26 février 1972 à Colombes. Les Anglais, quant à eux, ont marqué au maximum 55 points (7 essais) face aux Bleus, le 21 mars 2015 à Twickenham.

118

C'est le nombre record de sélections en équipe de France détenu par le deuxième ligne Fabien Pelous, entre 1995 et 2007. Il devance Philippe Sella (111 sélections, de 1982 à 1995), Raphaël Ibañez (98 sélections, de 1996 à 2007), Serge Blanco (93 sélections, de 1980 à 1991) et Olivier Magne (89 sélections, de 1997 à 2007).

61

C'est le nombre de matchs disputés entre 1906 et 2019 contre la Nouvelle-Zélande, l'équipe du Sud que les Français ont le plus souvent rencontrée. Bilan : 48 victoires pour les Blacks, 12 victoires pour les Bleus (dont 4 en Nouvelle-Zélande), 1 match nul.

97

C'est le nombre de matchs disputés face au pays de Galles, de 1908 à 2019. Le bilan est positif pour les Gallois, victorieux de 50 rencontres (dont 15 consécutives, de 1908 à 1927), contre 44 victoires françaises et 3 nuls.

6

C'est le record de victoires finales dans le Tournoi établi par deux joueurs, Serge Blanco (entre 1981 et 1989) et Philippe Sella (entre 1983 et 1993). Blanco a gagné deux Grands Chelems, contre un pour Sella.

4

C'est le nombre de Grands Chelems remportés par deux joueurs, Fabien Pelous et Olivier Magne, en 1997, 1998, 2002 et 2004. Ils devancent Fabien Galthié, qui a participé à trois de ces campagnes victorieuses (il était absent en 2004).

436

C'est le nombre record de points marqués en équipe de France par Frédéric Michalak (entre 2001 et 2015), qui devance Christophe Lamaison (380 points, de 1996 à 2001), Dimitri Yachvili (373 points, de 2002 à 2012), Morgan Parra (370 points, de 2008 à 2019) et Thierry Lacroix (367 points, de 1989 à 1997).

38

C'est le nombre record d'essais inscrits par Serge Blanco sous le maillot bleu (entre 1980 et 1991). Il précède Vincent Clerc (34 essais, de 2002 à 2013), Philippe Saint-André (32 essais, de 1990 à 1997), Philippe Sella (26 essais, de 1982 à 1995) et Philippe Bernat-Salles (26 essais, de 1992 à 2001).

99

C'est le nombre de rencontres disputées contre l'Irlande de 1909 à 2019. Le bilan est très favorable aux Français : 57 victoires contre 35, et 7 matchs nuls.

94

C'est le nombre de confrontations entre la France et l'Écosse, de 1910 à 2019. Net avantage pour les Français : 54 victoires contre 36, et 4 nuls.

44

C'est le nombre de matchs disputés contre l'Afrique du Sud, de 1913 à 2019 : 11 victoires tricolores (dont 6 chez les Springboks) contre 27, et 6 nuls.

De gauche à droite : Momméjat, Lacroix, Échavé, Celaya, Roques et Moncla.

LE GRAND COMBAT DE L'ÉTÉ 1958

De toutes les performances qui ont jalonné les formidables années 1950, il en est une qui a marqué l'histoire du rugby tricolore plus encore que les autres. Plus que la première victoire à Twickenham, plus que le premier Tournoi remporté, plus que le premier succès sur les Blacks en France. C'est, évidemment, la tournée victorieuse en Afrique du Sud à l'été 1958, une sacrée année. Cette histoire, c'est celle du *Grand Combat du XV de France,* raconté par Denis Lalanne dans un livre qui a fait rêver des milliers de jeunes lecteurs à une époque où la télévision ne montrait pas grand-chose de ces aventures. Et quelle aventure ! Cette toute première tournée française de l'histoire du rugby dans une grande nation du Sud débute le 6 juillet, alors que les Bleus brillent à la Coupe du monde de… football ! Une équipe de France de rugby diminuée à cause de nombreuses absences – Maurice Prat, André Boniface, Pierre Albaladejo, Amédée Domenech, Michel Crauste… – s'envole du Bourget, direction la Rhodésie (l'actuel Zimbabwe), étape du premier des dix matchs qu'elle va disputer en quarante jours. Énorme programme pour les vingt-sept joueurs.
Et, même si huit de ces rencontres ont lieu contre des sélections provinciales, elles donneront toutes lieu à de furieux combats.
Le 12 juillet à Salisbury, après deux jours d'un voyage agité, les Français battent l'équipe de Rhodésie, 19-0, mais perdent deux joueurs sur blessure, dont leur capitaine, Michel Celaya. Le 16, ils cèdent face au Transvaal, 19-18, trois nouveaux blessés en prime, mais prennent leur revanche le 19 juillet contre une autre sélection de cette région, 16-14.
Nouveau coup dur avec la perte de l'arrière Michel Vannier, blessé sur un violent plaquage adverse.
Le 22 juillet, match nul (11-11) contre l'État libre d'Orange, et deux blessés de plus, dont Pierrot Lacroix.
26 juillet 1958 au Cap, premier test-match contre les Boks.
Les Français font entrer trois de leurs blessés, Danos, Lacaze et Mias, leur nouveau capitaine.
Pierre Danos, le demi de mêlée, va justement réussir un drop du bord de touche et ouvrir le score, 3-0.
Mais les Sud-Africains égalisent sur un essai de Butch Lochner, 3-3.
Plus rien ne sera marqué, malgré une magnifique occasion

Jean Barthe, le troisième ligne centre tricolore, tente d'échapper à deux Springboks : un combat, vraiment.

pour les Français en fin de match. Sixième rencontre dès le mercredi suivant, le 30 juillet, et une lourde défaite pour des Bleus fatigués et diminués (le talonneur Robert Vigier est obligé de jouer en numéro 9 !), balayés 38-8 par une sélection de trois provinces. Et encore une défaite le 2 août devant les Springboks juniors, 9-5, au terme d'une partie houleuse émaillée de scandaleuses décisions d'arbitrage. Lucien Mias menace même d'arrêter la tournée si les brutalités non sanctionnées ne cessent pas. Le patron du rugby sud-africain, Danie Craven, intervient à temps pour calmer les esprits. Le 6 août, les Français s'imposent 16-9 devant une sélection de provinces. Puis de nouveau le 9 août devant les universitaires, 32-16. Reste le sommet, le 16 août 1958 à l'Ellis Park de Johannesburg, second test-match contre l'Afrique du Sud, qui n'a jamais perdu une tournée chez elle depuis 1896. Il ne reste plus que dix-huit joueurs valides chez les Français, et encore, certains sont sur une jambe, comme l'arrière Lacaze, ou carrément malades, comme Vigier au talon et Barthe en troisième ligne. « Le sang coulera samedi à l'Ellis Park », a écrit un quotidien de Jo'burg, comme pour prévenir les Français. Mais, d'entrée de match, les Bleus résistent aux provocations et ouvrent même le score sur une pénalité de Lacaze. Grâce à un essai transformé, les Boks reprennent vite l'avantage, 5-3 à la mi-temps. Après la pause, la France oppose une résistance héroïque, sauvant par Barthe puis Marquesuzaa et Stener deux énormes occasions d'essai sud-africaines. Puis, peu à peu, inusables, les Bleus se rapprochent des poteaux adverses. Et, dès qu'il en voit l'occasion, Lacaze passe un drop, 6-5. Puis 9-5 à la 70e minute, après un second drop, du centre Roger Martine cette fois. Ils l'ont fait ! Ils ont battu les Sud-Africains sur leurs terres. Dans leur stade. « Un match comme on n'en joue qu'un dans une vie », écrit Lalanne en parlant de Mias, promu capitaine après la blessure de Celaya et symbole de cette victoire historique. Qui, plus de soixante ans après, fait de ces quinze d'inoubliables héros du rugby français. Du numéro 15 au numéro 1 : Lacaze, Dupuy, Marquesuzaa, Martine, Stener, Haget, Danos, Barthe, Carrère, Moncla, Mommÿjat, Mias, Roques, Vigier, Quaglio.

Le capitaine Christian Carrère est porté en triomphe en 1968 par Walter Spanghero et Élie Cester, aux côtés de Claude Lacaze.

DE 1968 À 2010, LES NEUF GRANDS CHELEMS

Le rugby français a attendu cinquante-huit ans pour connaître le bonheur d'un Grand Chelem dans le Tournoi : quatre (cinq depuis 2000) victoires la même année. C'est en 1968 que les Bleus y parviennent enfin, alignant des succès en Écosse, contre l'Irlande, devant l'Angleterre et au pays de Galles. Sept essais marqués, deux encaissés, le plus dur étant finalement de s'imposer à Murrayfield (8-6), avec deux essais de Bernard Duprat et André Campaes et une transformation de Guy Camberabero. Mais la victoire finale à Cardiff, 14-9 (8 points au pied de Guy, un essai de son frère Lilian et un autre du capitaine Christian Carrère), n'a pas été simple non plus. Vingt-sept joueurs participent à cet exploit, dont les frères « Cambé », Pierre Villepreux, Jo Maso, Jean Trillo, Walter Spanghero, Élie Cester, Benoît Dauga ou encore Aldo Gruarin. Après le Grand Chelem réussi à quinze joueurs en 1977 (voir double page suivante), les Bleus en réalisent un troisième en 1981. Un Chelem des années impaires, avec une victoire sur l'Écosse, un voyage réussi en Irlande, une victoire contre Galles et un exploit à Twickenham, où le grand Pierre Lacans, fameux troisième ligne trop tôt disparu dans un accident de la route, et l'inimitable « Lolo » Pardo, fantasque ailier, marquent les deux essais de la victoire française (16-12), Guy Laporte ajoutant tous les points au pied. Vingt joueurs participent à ce Grand Chelem sous le capitanat de Jean-Pierre Rives. Les Français remettent cela en 1987, avec une nouvelle victoire décisive en Angleterre (et un incroyable essai de Philippe Sella) et un dernier match en Irlande, où Éric Champ signe deux essais et où Philippe Bérot marque onze points au pied pour une belle victoire (19-13). Dix-sept joueurs seulement participent à cette conquête sous le capitanat de Philippe Dubroca, le talonneur agenais, et la conduite d'une charnière Berbizier-Mesnel au sommet de son art, devant la paire de centres Sella-Charvet, sans oublier monsieur Blanco à l'arrière.

Tour d'honneur pour les « Chelemards » de 2010. Au premier plan, de gauche à droite : Pierre, Palisson, Servat et Bastareaud.

Les Bleus alignent ensuite deux Chelems de suite, en 1997 et en 1998. Lors du premier, sous le capitanat d'Abdel Benazzi, le match clé est le troisième, disputé à Londres et gagné 23-20, alors que les Français étaient menés 20-6 à vingt minutes de la fin. Deux essais des trois-quarts Laurent Leflamand et Christophe Lamaison, deux transformations et un but de Lamaison (18 points à lui seul) font basculer le match. Vingt-huit joueurs participent à ce cinquième Chelem, mais on n'en retrouve que onze parmi les vingt-trois de celui de l'année suivante, en 1998. Après un rude combat contre l'Irlande (18-16) au Stade de France, les joueurs du capitaine Raphaël Ibañez terminent par un époustouflant 51-0 à Cardiff. Viennent ensuite les trois Grands Chelems du XXIe siècle, ceux à cinq victoires, en 2002, 2004 et 2010. En 2002, le succès à Cardiff, 37-33, puis celui contre l'Angleterre, 20-15 (grâce notamment à 15 points de Gérald Merceron, meilleur marqueur de cette édition avec 80 points !), sont les temps forts d'une réussite due à pas moins de trente-trois joueurs, trois portant tour à tour le brassard de capitaine (Ibañez, Magne, Galthié). En 2004, malgré un match difficile à Cardiff (29-22), c'est la cinquième rencontre, contre l'Angleterre au Stade de France, qui est cruciale : les Bleus s'imposent 24-21 grâce à dix-neuf points (dont un essai) de Dimitri Yachvili et à un essai d'Imanol Harinordoquy. Parmi les vingt-huit joueurs qui participent à cette campagne, Fabien Pelous (le capitaine) et Olivier Magne remportent leur quatrième Grand Chelem, un record. Neuvième épisode, enfin, en 2010. Là encore, après un combat à Cardiff (26-20), le « Crunch » final (cinquième match) est décisif. Les Français gagnent sans marquer d'essai, 12-10, avec trois buts de Morgan Parra et un drop de François Trinh-Duc. Sous le capitanat de Thierry Dusautoir, ils sont un nombre record, trente-sept, à boucler ce Chelem. On est loin des quinze héros de 1977.

1977 : LE CLUB DES QUINZE

C'est une histoire d'un autre âge. L'histoire d'un groupe de quinze joueurs, pas un de plus, qui a gagné un Grand Chelem à lui tout seul. L'histoire d'une phalange d'une cohésion sans égale qui n'a pas encaissé le moindre essai en quatre matchs. L'histoire d'une bande de copains soudés comme jamais, d'une équipe que son capitaine, Jacques Fouroux, réunit autour d'un (long) déjeuner dans un restaurant proche de la Bastille tous les jeudis midi, avant que les quinze se rendent tous ensemble à la convocation officielle, à 18 h 30, à la Fédération. L'histoire de quinze bonshommes dont aucun nom ne peut être oublié, du 1 au 15 : Gérard Cholley, Alain Paco, Robert Paparemborde, Jean-François Imbernon, Michel Palmié, Jean-Pierre Rives, Jean-Claude Skrela, Jean-Pierre Bastiat, Jacques Fouroux, Jean-Pierre Romeu, Jean-Luc Averous, François Sangalli, Roland Bertranne, Dominique Harize, Jean-Michel Aguirre. Tout commence au Parc, le 5 février. La revanche contre des Gallois qui les ont privés du Chelem l'année précédente. Le jeudi, Guy Novès, cheville blessée, laisse sa place à Averous… Victoire 16-9, deux essais de Harize et Skrela, huit points au pied de Romeu. Le 19 février, à Twickenham, l'essai de Sangalli permet d'assurer un succès, 4-3, qui tient du miracle au terme d'un furieux combat. Troisième match le 5 mars. « La machine à Fouroux a laminé l'Écosse » titre le quotidien *Sud-Ouest*. Quatre essais (Paco, Harize, Paparemborde et Bertranne) et sept points au pied de Romeu qui font 23-3 ! Mais le match est rude, et Fouroux sort en sang du terrain. Le 19 mars, enfin. Le samedi précédent, Paco a été transporté à l'hôpital de Béziers. Crise d'appendicite. Mais il insiste pour aller jouer à Dublin. Opéré trois mois plus tard, en urgence, il avouera : « Là, j'ai vraiment failli mourir. » Un essai de Bastiat, un but de Romeu et huit points au pied d'Aguirre assurent la victoire, 15-6, d'un groupe unique dans l'histoire.

Debout, de gauche à droite : Paco, Paparemborde, Rives, Skrela, Cholley, Imbernon, Palmié, Bastiat. Assis, de gauche à droite : Harize, Bertranne, Aguirre, Fouroux, Romeu, Sangalli, Averous.

PAYS DE GALLES
197

1979 : SACRÉ 14 JUILLET

La huitième tentative fut enfin la bonne. Un 14 juillet, qui plus est ! Depuis leur première tournée en Nouvelle-Zélande, en 1961, jamais les Bleus n'avaient réussi à s'imposer chez les Blacks, jusqu'à cet été 1979. Leur tournée dans le Grand Sud commence par une victoire à Suva, contre les Fidji, puis la France dispute cinq matchs préparatoires contre des équipes néo-zélandaises et en remporte quatre, débuts plus que probants pour la bande du capitaine Jean-Pierre Rives. Qui prend pourtant l'eau lors du premier test à Christchurch, où le pack français – dont Rives et Paparemborde sont les seuls « survivants » valides du Grand Chelem de 1977 – explose (23-9) face à la meute noire emmenée par le fantastique Graham Mourie. Entre les deux tests, les Français embarquent pour unc nouvelle galère à l'extrême sud du pays, à Invercargill, contre le Southland, vainqueur 12-11. Mauvais augure, se dit-on. Pour le second test, à l'Eden Park d'Auckland, l'équipe est sérieusement remaniée. Gallion revient à la mêlée et Maleig en deuxième ligne. Dubroca honore sa première sélection au talon et Codorniou sa deuxième au centre. Une équipe que le capitaine Rives parvient à sublimer. À la mi-temps, les Français mènent 11-7, grâce à un but d'Aguirre et deux premiers essais de Gallion et Caussade. Les Néo-Zélandais reviennent à 11-10 dès la 41e minute, mais les Français enchaînent alors un gros quart d'heure de folie, inscrivant un essai par Averous, un drop par Caussade et un quatrième essai par « Codor », transformé par Caussade. 24-10 à la 59e minute ! Les Blacks reviennent à 24-19, mais pas plus loin. « Pour surmonter un K-O comme celui que nous avons subi à l'occasion du premier test, il fallait d'énormes qualités morales. L'expérience des anciens et l'enthousiasme des jeunes y ont contribué. C'est la victoire de tout le monde », confie le capitaine Rives. Une vraie fête nationale.

Deux immenses capitaines, Graham Mourie et Jean-Pierre Rives, entrent avec leurs hommes dans l'Eden Park.

JEAN-PIERRE RIVES

Dans le quintette magique du sport français des années 1970-1980, il incarne à merveille le rugby, par son jeu mais aussi par son personnage, fait de vaillance et de charme.

C'est une image qui raconte tout le personnage, avec sa crinière blonde, cheveux au vent, forcément en désordre, une silhouette à nulle autre pareille qui lui valut le beau surnom de « Casque d'or » de la part de Roger Couderc, l'emblématique commentateur du rugby à la télévision, toujours admiratif devant un tel joueur. La blondeur d'une chevelure et la rougeur d'un maillot, bleu ou blanc en début de match mais régulièrement rougi par les traces de sang. À un journaliste gallois qui lui fit remarquer un jour que cela lui arrivait quand même très (pour ne pas dire trop) souvent, il répondit par un fameux : « C'est vrai, j'ai souvent du sang sur mon maillot. Mais c'est toujours le mien ! » Le sang de son engagement, le sang de sa fougue, le sang de sa vaillance. Car Jean-Pierre Rives, rugbyman hors pair, d'une générosité de tous les instants, était un irréductible combattant. Que rien ne parvenait jamais vraiment à faire plier. Malgré un physique presque ordinaire – 1,81 m et à peine plus de 80 kilos –, il reste le symbole de l'infatigable et vaillant flanker idéal, sans cesse en mouvement, plaqueur inlassable mais également très performant ballon en mains. Indispensable, en défense comme en attaque. Et Jean-Pierre Rives était un peu plus encore qu'un grand joueur de rugby. Au carrefour des années 1970-1980, alors que le sport français connaît un âge d'or, il forme avec Platini, Noah, Hinault et Prost une génération exceptionnelle de champions, tous appelés à devenir de véritables stars, bien au-delà des seules frontières de leurs sports. Oui, « le Blond », comme on aimait aussi à le surnommer, fut une vraie star. Coqueluche des médias, personnage des nuits parisiennes, icône d'une certaine masculinité, irréprochable tant il savait afficher dans la vie une forme de douceur naturelle évidente.

Un duo mythique

Après de brefs passages sous le maillot du Toec, l'autre club toulousain, en juniors, puis avec l'équipe de Beaumont-de-Lomagne, dans le Tarn-et-Garonne, il arrive au Stade Toulousain en 1974, où il forme avec Jean-Claude Skrela une redoutable paire de troisièmes lignes aile dont l'équipe de France ne tarde pas à faire son duo mythique. Dès 1975, Rives débute sous le maillot bleu. Il va y enchaîner 59 sélections en dix saisons, remportant notamment deux fois le Grand Chelem, celui de 1977, ô combien fameux, et celui de 1981, dont il est le capitaine. Venu vivre à la capitale, il choisit en 1982 de jouer au Racing Club de France, mais les transferts de joueurs étant à l'époque très réglementés – ou, pour tout dire, quasiment impossibles –, il est placé sous « licence rouge » pendant une saison et ne peut pas s'aligner dans l'équipe première du club parisien. Mais le joueur est si indispensable qu'il conserve sa place en équipe de France malgré cette année de pénitence. Jean-Pierre Rives prend sa retraite sportive en 1986, et une tout autre vie commence alors pour lui. Un temps acteur, il devient, au contact du grand artiste Albert Féraud, un sculpteur reconnu et coté.

59

C'est le nombre de sélections de Jean-Pierre Rives, 59 matchs qu'il a joués dans leur intégralité – sans rater la moindre minute –, malgré les coups, y compris ceux de fatigue, et les saignements qui ornaient si fréquemment son maillot.

- **Né le 31 décembre 1952** à Toulouse.
- **Poste :** troisième ligne aile.
- **Clubs :** Toec (1967-1972), Stade Beaumontois (1972-1974), Stade Toulousain (1974-1981), Racing Club de France (1981-1986). Finaliste du championnat de France avec Toulouse en 1980.
- **France :** 59 sélections (1975-1984), dont 34 comme capitaine ; 20 points inscrits. Vainqueur du Tournoi des Cinq Nations en 1977 (Grand Chelem), 1981 (Grand Chelem) et 1983.
- **Barbarians britanniques :** 6 invitations (1977-1980).

Jean-Luc Sadourny aplatit sous les yeux de Guy Accoceberry, à terre, et de Philippe Saint-André, qui a lancé l'action 80 mètres plus tôt.

1994 : L'ESSAI DU BOUT DU MONDE

Parfois, une action peut vous faire entrer au panthéon du rugby. Qui plus est quand elle assure une victoire historique, la seconde en une semaine des Bleus sur les All Blacks, et pas n'importe où, mais bien chez eux, en Nouvelle-Zélande. Deux tests perdus de suite, les Blacks n'avaient jamais subi un tel affront face aux Français jusqu'à ce fameux été 1994. Tout avait mal commencé pourtant pour les hommes de Pierre Berbizier, le sélectionneur du XV de France, défaits au Canada dans le premier test de ce tour du monde, 18-16 à Ottawa, « une vraie claque », raconte le troisième ligne Philippe Benetton. « Mais on a pris conscience qu'une remise en question était vitale. "Berbize" a remis tout le monde à niveau. Par chance, nous avions sept matchs avant les tests contre les Blacks, ça nous a permis d'être en rodage. » C'est donc fin prêts que les Bleus arrivent au rendez-vous de Christchurch le 26 juillet, pour le premier test. Une véritable démonstration tricolore, comme les Blacks en avaient rarement subie. Deux drops de Jean-Luc Sadourny et Christophe Deylaud, une pénalité de Thierry Lacroix, cela fait 9-3 à la mi-temps. Nouveau drop de Deylaud puis essai de Benetton transformé par Lacroix, qui ajoute encore une dernière pénalité. Score final, 22-8. Magistral. Mais les Blacks n'ont pas aimé. Et Fitzpatrick, leur capitaine talonneur, promet l'enfer aux Français le samedi suivant, à l'Eden Park d'Auckland. Le match est en effet plus équilibré, mais les Bleus mènent 13-9 à la mi-temps grâce

Autour de Philippe Sella, coiffé par Thierry Lacroix d'un casque de bobby néo-zélandais, les Bleus jubilent dans le vestiaire d'Auckland.

à deux buts de Lacroix et un essai d'Émile Ntamack, transformé par l'inévitable Lacroix. À la 75e minute, Fitzpatrick inscrit un essai qui semble décisif, 20-16 pour les Blacks. Mais, trois minutes plus tard, le monde du rugby bascule dans la folie de ce que les Anglo-Saxons vont qualifier de *try of the century*, et que nous aimons plutôt appeler « l'essai du bout du monde ». Une épopée de 80 mètres qui mérite d'être racontée sans oublier aucun de ses acteurs : Philippe Saint-André récupère acrobatiquement le ballon dans ses 22 mètres sur un long dégagement au pied de l'ouvreur adverse et relance à la main avec Jean-Luc Sadourny à ses côtés. Il s'enfonce dans la défense adverse jusqu'à sa ligne des 40 mètres, passe au sol mais transmet dans le mouvement à Jean-Michel Gonzalez, pilier en position de demi de mêlée, qui ouvre sur Christophe Deylaud, puis Abdel Benazzi, qui franchit la ligne médiane, transmet à Émile Ntamack, lequel repique vers l'autre côté du terrain et donne à Laurent Cabannes, qui entre dans les 22 mètres néo-zélandais et croise avec Yann Delaigue, qui sert Guy Accoceberry. Lancé à gauche, le numéro 9 français semble parti vers l'en-but mais il est rattrapé par deux défenseurs, et il offre le ballon d'essai à Sadourny à 2 mètres de la terre promise. Avec la transformation de Deylaud, cela fait 23-20 pour les Bleus, qui remportent le second test de leur tournée. Un essai de légende pour un exploit historique. C'était vraiment le bout du monde.

DANS LA LÉGENDE

FRANTZ REICHEL (1871-1932)

Il fut le capitaine du Racing – premier champion de France en 1892 – et de la sélection qui disputa les premiers matchs en Angleterre, en 1893. Athlète émérite, il représenta la France aux Jeux d'Athènes de 1896 sur 110 mètres haies, mais il brilla également en cross, en football, en escrime, en lutte…

HENRI AMAND (1873-1967)

Il fut capitaine de la première équipe de France « officielle », qui rencontra la Nouvelle-Zélande le 1er janvier 1906. Il disputa aussi neuf finales du championnat avec le Stade Français.

MARCEL COMMUNEAU (1885-1971)

Cet athlète solide devint l'avant vedette du Stade Français. Homme de base du pack français de 1906 à 1913, il connut 21 sélections, dont 18 comme capitaine.

JULES CADENAT (1885-1966)

Ce colosse biterrois surnommé « la Rafale » fut un animateur incomparable sur le terrain et en dehors. Devenu sélectionneur de l'équipe de France, il n'oublia jamais, dans ses bagages, son tonneau de vin peint en tricolore !

MAURICE BOYAU (1888-1918)

Il fut le plus rayonnant des avants de la grande équipe bordelaise d'avant la guerre, et un buteur hors pair. Devenu pilote de chasse, il mourut en mission à quelques jours de l'armistice de 1918. Il connut 6 sélections avec les Bleus, de 1912 à 1914.

GÉO ANDRÉ (1889-1943)

Surnommé « le Bison », il participa à quatre JO, de 1908 à 1924. Fameux journaliste sportif et pilote de chasse, il s'engagea avec les Français libres en 1940 et mourut lors de la reconquête de Tunis en 1943. Il connut 7 sélections en équipe de France de rugby.

JEAN SÉBÉDIO (1890-1951)

Surnommé « le Sultan », ce personnage hors normes connut 9 sélections de 1913 à 1923. Devenu entraîneur, il mena l'équipe de Lézignan au titre de champion de France en 1929.

ADOLPHE JAURÉGUY (1898-1977)

La première star du rugby français. Attaquant vedette de Toulouse dans les années 1920, grand marqueur d'essais, il connut 31 sélections de 1920 à 1929, avant de devenir un dirigeant de premier plan du rugby national.

RENÉ CRABOS (1899-1964)

Inspirateur du premier jeu d'attaque à la française, il connut 17 sélections de 1920 à 1924 (dont 15 comme capitaine) et forma avec François Borde une paire de centres légendaire. Devenu dirigeant, « le Crabe » fut à la tête de la FFR jusqu'en 1964.

YVES DU MANOIR (1904-1928)

Polytechnicien, aviateur, sportif accompli, il finit par choisir le rugby et devint l'ouvreur vedette du Racing dans les années 1920. Capitaine à 22 ans, il connut 8 sélections de 1925 à 1927. Il mourut en 1928 dans un accident d'avion.

JEAN GALIA (1905-1949)

Il fut l'un des artisans de la première victoire sur l'Angleterre, en 1927, et il connut 20 sélections jusqu'en 1931. Capitaine-entraîneur de Quillan, suspendu pour avoir payé un joueur en 1933, il prit la tête du XIII de France quand le XV fut exclu du Tournoi par les Britanniques.

MAX ROUSIÉ (1912-1959)

Peut-être l'un des plus grands joueurs de l'histoire ! Il débuta à 18 ans mais s'arrêta à 4 sélections, car l'équipe de France fut exclue du Tournoi. Ce phénomène bascula alors vers le XIII, dont il devint la star jusqu'à la Seconde Guerre.

Page de droite, en haut : parmi les quinze joueurs sélectionnés pour affronter l'Écosse lors du Tournoi 1920, on reconnaît notamment Jean Sébédio (debout, quatrième joueur en partant de la gauche), René Crabos (rang du milieu, deuxième en partant de la gauche) et Adolphe Jauréguy (rang du milieu, à l'extrême droite).
Page de droite, en bas : Max Rousié ballon en mains face à l'Allemagne, en 1931.

FRANCE
ECOSSE
1920

LE GÉNIE SACRIFIÉ

Jean Dauger (1919-1999). Il a subi l'exclusion du rugby français dans les années 1930, les tourments de la guerre puis les foudres de l'orthodoxie britannique pour avoir joué quelque temps à XIII… Revenu au XV en 1941, lorsque le régime de Vichy interdit la pratique du XIII, le jeune prodige s'impose comme un trois-quarts centre de génie. Champion de France en 1943 avec Bayonne, il est sélectionné en équipe de France dès sa renaissance, en 1945, mais, sous la pression des nations britanniques, il vit près de dix ans de mise à l'écart internationale, restant à 3 sélections qui disent peu de l'immense talent de celui qui a inspiré des générations de centres français, de Maurice Prat aux frères Boniface. Devenu journaliste (de talent), il invente notamment l'expression « gros pardessus » pour désigner les dirigeants fédéraux, avant de devenir un temps cosélectionneur du XV de France.

TOUT-PUISSANT

Guy Basquet (1921-2006). Monté à la capitale pour un stage de charcutier, ce fils d'agriculteurs lot-et-garonnais découvre le rugby au Racing et signe à Agen dès son retour au pays. Il y fait toute sa (brillante) carrière de joueur. Champion de France en 1945, ce troisième ligne de 1,82 m et 100 kilos de muscle, irrésistible dans ses percussions, connaît 33 sélections en équipe de France de 1945 à 1952 (24 comme capitaine). On se souvient notamment de ses deux essais en force contre les Australiens le 11 janvier 1948, qui assurent aux Bleus leur première victoire sur les Wallabies. Après sa retraite, ce leader naturel connaît une grande carrière de dirigeant en assurant la vice-présidence de la FFR, aux côtés d'Albert Ferrasse, pendant près de vingt-cinq ans.

AVANT ET BUTEUR

Jean Prat (1923-2005). C'est le joueur clé des grandes premières : premier triomphe du XV de France chez les Anglais (1951), premier succès sur les Blacks (1954), premières victoires finales de la France dans le Tournoi (1954 et 1955). Troisième ligne aile doté d'un sens du jeu digne d'un trois-quarts centre, il est aussi un buteur qui inscrit 145 points en 51 sélections avec les Bleus, un record à l'époque ! Ajoutez-y la bagatelle de neuf finales et six titres en championnat sous le maillot de son club de toujours, le FC Lourdes, et vous avez une idée plus précise de l'énormité de sa carrière, pleine d'exploits inoubliables. Devenu entraîneur de l'équipe de France dans les années 1960, il y est le chantre d'un rugby offensif enchanteur.

LE BON DOCTEUR

Lucien Mias, né le 29 septembre 1930, répond au « doux » surnom de « Docteur Pack ». Tout un programme. Médecin, il l'était, quasiment obligé d'interrompre sa carrière rugbystique de 1955 à 1957 pour finir ses études ; monumental, il l'était aussi, une sorte de pack à lui tout seul, si costaud (1,87 m, 100 kg), si solide, si vaillant et si entreprenant ballon en mains. Il ne dispute qu'une seule finale du championnat, en 1958, sous le maillot de son « petit » club de Mazamet, mais il accumule les exploits sous le maillot national au fil de ses 29 sélections, menant notamment les Bleus à une victoire historique en Afrique du Sud en 1958 (si bien racontée par Denis Lalanne dans son fameux *Grand Combat du XV de France*) et à la première place (non partagée) dans le Tournoi 1959. Un sacré bonhomme.

CLASSÉS MONUMENTS ROMANTIQUES

Foutu réveillon ! L'année 1968, dont personne ne sait encore tout ce qu'elle nous réserve d'historique, commence bien mal. Par un accident de voiture, dans la nuit du réveillon, sur une petite route des Landes, près d'Hagetmau, alors que Guy Boniface rejoignait son frère pour fêter la nouvelle année. Après dix-sept heures de combat à l'hôpital où il a été transporté, le cadet des « Boni » s'éteint à 30 ans. Laissant son frère André inconsolable, seul témoin de la classe d'un duo de trois-quarts inoubliable, d'une paire de centres classée monument romantique.

Il y avait l'aîné, André (né en 1934), le plus costaud, 1,80 m et 85 kilos, la tête toujours haute, un port de prince et un talent inouï, au centre comme à l'aile. Et le « gamin », Guy (1937-1968), plus petit format, 1,75 m et 75 kilos, un peu moins doué peut-être mais si combatif, si vif, si judicieux. Et il y avait, surtout, les « Boni », comme une marque, un compliment, une promesse de rugby d'inspiration, ce fameux « French flair » qui a tant épaté les Britanniques, rarement disposés à s'incliner devant des Français.

André débute en équipe de France dès 1954, Guy six ans plus tard. Le premier compte 48 sélections, le second 35, mais leur indépendance d'esprit et leur attachement à un rugby d'attaque et de panache leur valent d'être (trop) souvent oubliés par les entraîneurs. Malgré leurs exploits. Comme ce match de 1963 en Irlande, où André affole la défense adverse et envoie trois fois de suite son ailier Christian Darrouy à l'essai dans le dernier quart d'heure. Ou encore les deux essais marqués par Guy lors d'une victoire mémorable en 1965 sur le pays de Galles.

Puis vient le 26 mars 1966 : « finale » du Tournoi à Cardiff, victoire des Gallois après une interception assassine de Stuart Watkins sur une passe de Jean Gachassin aux « Boni ». Une seule passe ratée après tant d'autres réussies, un essai encaissé après tant d'autres marqués, qui valent à Gachassin et aux Boniface d'être exclus d'une équipe de France où on ne les reverra plus.

Unis en Bleu, les « Boni » l'étaient aussi en club, au Stade Montois, comme en témoigne cette photo complice où André (à droite) aide son frère à ajuster son maillot jaune et noir. Ils y connaissent en 1963 le bonheur d'un titre de champion, après avoir disputé une première finale ensemble en 1959 (André avait déjà joué une finale en 1953). Aujourd'hui, le stade de Mont-de-Marsan porte le nom du cadet de ces deux frères dont la ville entretient joliment la mémoire.

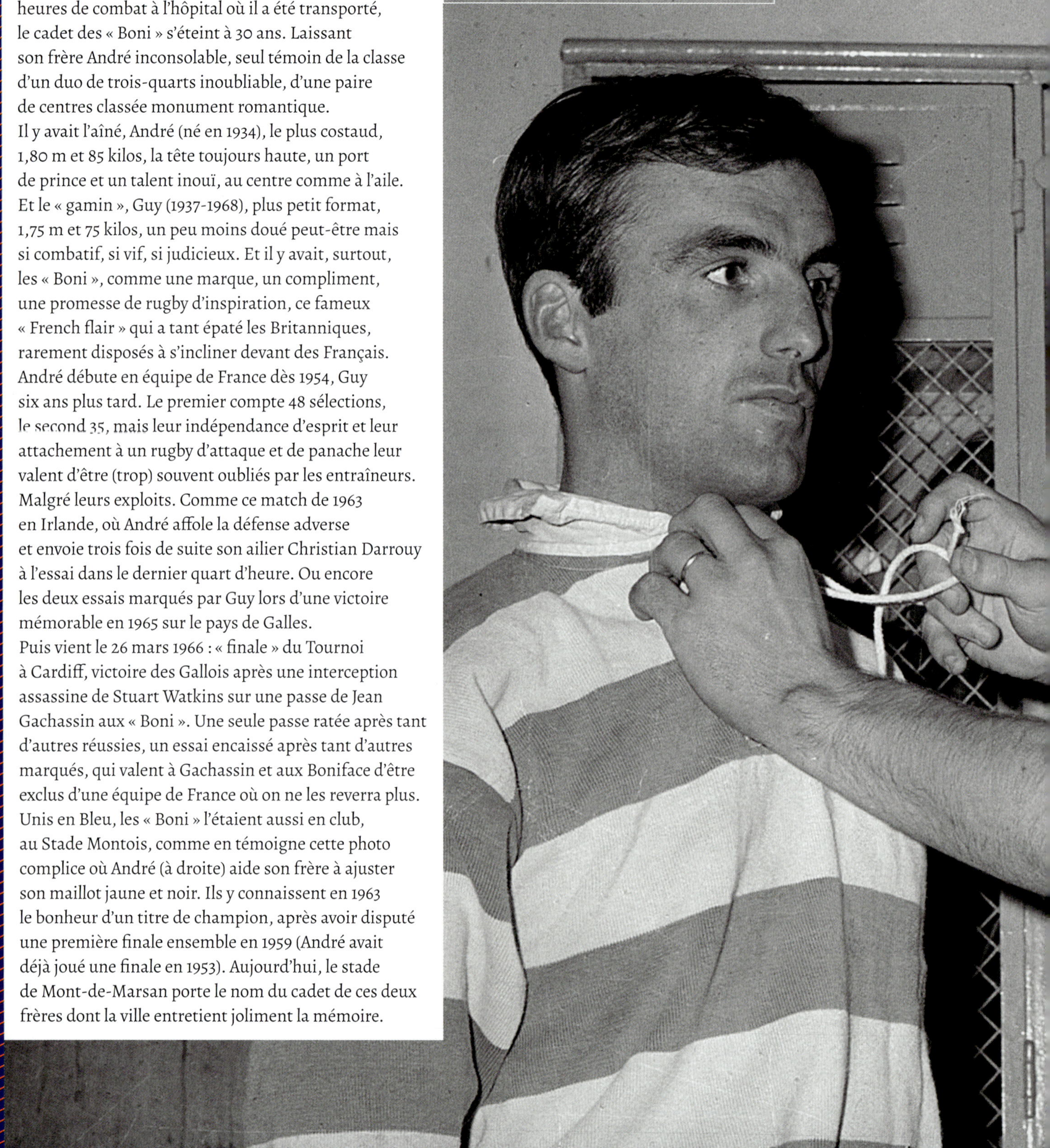

GUY BONIFACE
Né en 1937, mort en 1968, 35 sélections avec l'équipe de France (1960-1966).

ANDRÉ BONIFACE
Né le 14 août 1934, 48 sélections avec l'équipe de France (1954-1966).

« La célèbre passe croisée, que les deux frères illustrèrent sur toutes les pelouses du monde et portèrent à sa plus ample perfection, était entre leurs mains la passe d'un croisé à l'autre. La Terre sainte, ainsi appelle-t-on l'en-but adverse, n'était pas chez eux un vain mot. »

Antoine Blondin

L'AMOUR DU JEU

Pierre Albaladejo, né le 14 décembre 1933, c'est « Monsieur Drop ». Fidèle à son club de Dax durant toute sa carrière, ce Landais dispute quatre finales de championnat entre 1956 et 1966 (toutes perdues, hélas) et illumine le jeu de l'équipe de France au début des années 1960. Après un premier passage chez les Bleus au poste d'arrière en 1954, il ne fait son retour qu'en 1960, en demi d'ouverture. Mais quel retour ! Malheureusement, un drame familial et le besoin de tourner la page lui font renoncer à sa carrière internationale après 30 sélections, 104 points marqués (tous au pied) et 4 Tournois remportés. Devenu le premier consultant régulier de l'histoire de la télé française, aux côtés de Roger Couderc, « Bala » va y laisser, par la clarté de son verbe et son amour si bien exprimé du jeu, une seconde trace, quasiment aussi indélébile que celle de sa carrière de joueur.

LE GRAND MONGOL

Michel Crauste (1934-2019). Encore un Landais ! Et de quelle trempe, celui-là aussi, doté d'une énergie et d'un esprit de combat exceptionnels. Comptabilisant 63 sélections (22 comme capitaine) et 44 matchs consécutifs de 1960 à 1966, il force les portes de la légende le 24 février 1962 en inscrivant trois essais aux Anglais, balayés 13-0, dont une merveille absolue sur un mouvement d'anthologie qu'il conclut d'une chevauchée irrésistible. Surnommé « le Mongol » ou « Attila », il forme au Racing une troisième ligne dévastatrice avec François Moncla – les deux hommes parlaient joliment d'une « mutuelle de protection » – et remporte le titre en 1959 puis en glane deux autres avec Lourdes, en 1960 et en 1968. Celui qui inventa la fameuse phrase « On va faire de vilains vieux » raccroche les crampons en 1972, à 38 ans, à la suite d'un terrible accident. Même une fois sa célèbre moustache devenue blanche, il a continué d'incarner longtemps une certaine idée du rugby français.

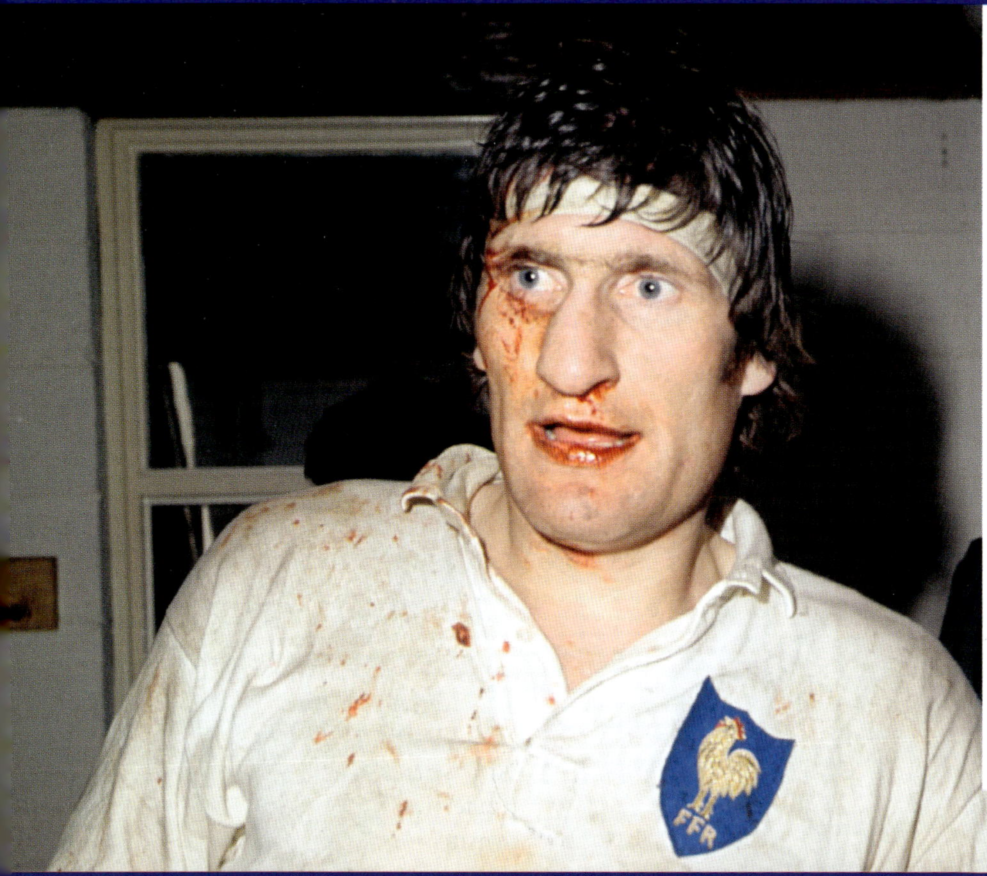

SACRÉ WALTER

Walter Spanghero, né le 21 décembre 1943, est un colosse – 1,87 m, plus de 100 kilos –, une force de la nature d'une générosité folle et d'une puissance dévastatrice. Issu d'une fratrie de six garçons (son frère Claude sera également international), d'une famille italienne venue s'installer dans une ferme de Payra-sur-l'Hers, dans l'Aude, il ne découvre le rugby que tardivement, à Narbonne. Deuxième ligne, numéro 8 ou même avant aile, il compte 51 sélections de 1964 à 1973 et participe notamment au Grand Chelem de 1968 et à quelques fameuses tournées, comme celle de 1964 en Afrique du Sud, avec un terrible groupe d'avants bientôt dénommé « le Pack des bestiaux ». Il y gagne lui-même le surnom d'« Iron Man », (l'« homme de fer »), offert par des Springboks qui s'y connaissent sacrément en la matière.

À LA HACHE !

Benoît Dauga, né le 8 mai 1942, est lui aussi landais ! Ce gaillard de 1,95 m commence par le basket, y travaillant une détente qui va faire de lui un sacré preneur de ballons en touche à une époque où il faut aller les gagner seul. En rejoignant le Stade Montois, il ajoute à sa vitesse une puissance d'athlète complet. Considéré par les Anglo-Saxons comme l'un des meilleurs deuxièmes lignes de tous les temps, il compte 63 sélections de 1964 à 1972 (9 comme capitaine) et participe à tous les exploits du XV de France durant cette période, mais il doit mettre un terme à sa carrière après un grave accident survenu lors d'un match à Dijon. Il est surnommé le « Grand Ferré », en référence à un héros légendaire du XIVe siècle qui, à coups de hache, avait terrassé quatre-vingt-cinq Anglais…

PHILIPPE SELLA

C'est une gigantesque carrière que celle du trois-quarts centre agenais, qui a battu tant de records et surtout marqué tant d'essais légendaires pour le XV de France.

Monumental ! Tout, quand on repense à la carrière de ce joueur, nous ramène à cet adjectif. Les chiffres, les images, les souvenirs, les récits, tout est monumental avec l'Agenais. Et, d'abord, ce simple rappel : il est le premier joueur de l'histoire du rugby, toutes nations et générations confondues, à avoir atteint les 100 *caps*, 100 sélections avec son équipe nationale. Avant de porter son total à 111, record de France que seul Fabien Pelous a depuis dépassé, même si la multiplication des compétitions rend désormais ce seuil moins compliqué à atteindre. Pendant plus de dix ans, Philippe Sella a incarné l'excellence à ce poste de trois-quarts centre où, pourtant, les Français ne manquaient pas de magnifiques références. Né à Tonneins, dans le Lot-et-Garonne, au nord d'Agen, il découvre le rugby au club de Clairac. Venu « en ville » au lycée, il se retrouve forcément très vite au SU Agen, le club emblématique de la préfecture, déjà six fois champion de France depuis 1930. Il va très vite s'y imposer par son punch, sa générosité, son allant. Compromis idéal entre vitesse et puissance, habile avec les mains et les pieds, Sella est capable de jaillissements fulgurants en attaque comme de combats féroces en défense. Champion national dès ses 20 ans, en 1982, il débute au mois d'octobre suivant sous le maillot bleu, contre la Roumanie. La première d'une très longue liste de rencontres internationales qui le mèneront jusqu'en juin 1995 et un dernier match contre l'Angleterre, trente essais plus loin. Ses essais, justement... Comment ne pas évoquer par exemple celui du Tournoi 1986, contre l'Irlande au Parc, une phase de jeu de quatre-vingt-dix secondes où tous les joueurs touchent le ballon au moins une fois, « l'essai aux mille passes » a-t-on dit (plutôt une trentaine, en réalité), avec cinq renversements de jeu complets de Jean-Baptiste Lafond à Patrick Estève, les deux ailiers, en repassant par Guy Laporte, l'ouvreur, et Pierre Chadebech, l'autre centre, mais aussi par tous les avants ? Une action que Sella va conclure dans un rush irrésistible sur une dernière passe de Pierre Berbizier. Époustouflant. Et que dire de son essai contre l'Angleterre l'année suivante, le 21 février 1987 à Twickenham ? Le match est très serré, mais les Anglais, féroces, se détachent, 12-3, avant qu'Éric Bonneval inscrive un premier essai superbe avec l'aide de Franck Mesnel. 12-12 à l'heure de jeu...

Un essai par match

« Les Anglais jouent autour d'une mêlée puis au large, mais j'anticipe », raconte Sella. Et il intercepte la passe de Hill à Andrew, l'ouvreur adverse. La chevauchée fantastique commence : il reste plus de 60 mètres jusqu'à l'en-but anglais. « Devant moi, il y a l'arrière, Marcus Rose, et, surtout, derrière, les ailiers Underwood et Harrison. C'est pour ça que j'ai avancé si vite, j'avais des flèches derrière moi... Je suis allé sur la droite, vers l'arrière, pour leur faire faire le plus de chemin possible. J'ai changé le sens de ma course et, du coup, ils ont perdu de la vitesse. Ça a fait la différence. » Comme celle qu'il fait tout seul face à Rose, qu'il balade de gauche à droite avant de le planter dans le gazon de Londres sur un dernier crochet. « "C'est un rêve, c'est un rêve !" C'est ce que j'ai dit tout de suite après à Éric Bonneval », conclut Sella. Un vrai rêve, absolument. Essai sous les poteaux. La France gagne ce match, 19-15, et se lance vers un superbe Grand Chelem conclu un mois plus tard à Dublin contre l'Irlande, 19-13. L'année précédente, Sella avait réussi l'exploit de marquer un essai lors de chacun des quatre matchs du Tournoi. En 1987, il fait le Grand Chelem, le vrai, et, celui-ci, l'équipe de France le lui doit énormément. L'Agenais est encore là quelques mois plus tard pour marquer un autre essai crucial, une percée magnifique entre les deux centres australiens, en demi-finales de la Coupe du monde. Tant d'exploits ont fait de ce joueur un authentique monument du rugby français.

13

C'est le nombre de participations consécutives de Sella au Tournoi des Cinq Nations (de 1983 à 1995, sans jamais quitter l'équipe de France), où il a disputé 50 matchs, un autre record national (un match de plus que Fabien Pelous).

- **Né le 14 février 1962** à Tonneins.
- **Poste :** trois-quarts centre.
- **Clubs :** SU Agen (1980-1996), Saracens (1996-1998). Champion de France en 1982 et en 1988, finaliste en 1984, 1986 et 1990.
- **France :** 111 sélections (1982-1995), dont 3 comme capitaine ; 30 essais inscrits, dont 14 dans le Tournoi (meilleur total national). Vainqueur du Tournoi des Cinq Nations en 1983, 1986, 1987 (Grand Chelem), 1988, 1989 et 1993 ; finaliste de la Coupe du monde en 1987.
- **Barbarians britanniques :** 2 invitations (1991-1996).

LE PETIT PRINCE

Didier Codorniou, né le 13 février 1958, incarne à lui seul toute une tradition. Celle qui, de Jean Dauger à Jo Maso en passant par les frères Boniface, illumine à chaque époque ces trois-quarts centre dont le rugby français a longtemps eu le secret. C'est justement auprès de Maso et de son compère François Sangalli que « Codor » se révèle à Narbonne. Champion de France en 1979 sous le fameux maillot orange, il débute en bleu lors du succès historique en Nouvelle-Zélande le 14 juillet 1979, où il inscrit notamment le dernier essai tricolore. Mais « le Petit Prince » n'est pas dans le moule du rugby « physique » que Jacques Fouroux veut imposer lorsqu'il prend la tête du XV de France. Exit donc le génial centre, 32 sélections seulement, qui ne découvrira pas la Coupe du monde, lui qui fut pourtant encore champion de France en 1989, avec Toulouse. Sa première carrière fut toutefois bien remplie, tout comme la seconde, en politique, qui le mena à la mairie de Gruissan, sa ville, et à la vice-présidence de la région Occitanie.

CAPITAINE ABDEL

Abdelatif Benazzi, né le 20 août 1968, est un symbole. Né et élevé au Maroc, il découvre le rugby tardivement, vers 15 ans, mais il s'y révèle immédiatement. De quoi attiser l'intérêt des clubs français. Cahors d'abord, où il débarque en 1988, puis Agen, qui le récupère dès la saison suivante. Il va y passer douze ans – il finira sa carrière aux Saracens de Londres –, s'imposant, en deuxième ligne ou en numéro 8, comme un avant d'exception, à l'activité incessante et à l'impact dévastateur. Appelé en équipe de France en 1990 – après une première sélection pour le Maroc –, il porte le maillot bleu soixante-dix-huit fois, jusqu'en 2001. Héros malheureux de la demi-finale du Mondial 1995 face aux Springboks, où son essai décisif est injustement refusé, il atteint quatre ans plus tard la finale. Apothéose d'une carrière qui le voit devenir capitaine des Bleus. Capitaine Abdel !

HORS NORMES

Fabien Pelous, né le 7 décembre 1973, est l'homme de tous les records. Record de sélections d'abord, 118 de 1995 à 2007, dont 42 comme capitaine (seul Dusautoir a fait mieux depuis). Record de victoires également, avec quatre Grands Chelems à son actif, entre 1997 et 2004, un exploit qu'il partage avec son troisième ligne Olivier Magne. Sans parler de ses cinq finales du championnat avec Toulouse, dont trois remportées (1999, 2001, 2008), de ses onze Tournois consécutifs (il ne rate qu'un seul match en 1999), de ses trois demi-finales successives de Coupe du monde, de sa participation à douze Coupes d'Europe d'affilée (il gagne deux fois). Mais même ce palmarès hors normes ne dit pas tout de cet homme, deuxième ligne à l'activité débordante, premier prototype français à ce poste du joueur moderne, leader naturel en club comme en équipe de France…

TOUTE UNE ÉPOQUE

Frédéric Michalak, né le 16 octobre 1982, incarne le rugby français des deux premières décennies professionnelles. Il y a d'abord son bilan chiffré, exemplaire : triple champion de France (deux fois avec Toulouse, une fois avec Toulon), vainqueur de la Currie Cup et finaliste du Super 15 avec les Sharks, sextuple vainqueur de la Coupe d'Europe, fait unique, avec Toulouse (3) puis Toulon (3), 77 sélections en équipe de France et 436 points marqués, un record national. Édifiant ! Mais il y a aussi ce que son parcours, de 2001 à 2018, raconte du nouveau rugby, l'alternance des clubs, le Stade Toulousain, les Sharks de Durban (avec deux allers-retours), Toulon et enfin le LOU, le grand club lyonnais. Une nouvelle époque, vraiment… Et puis il y a le souvenir d'un pur joyau à la main comme au pied, dont certains regretteront parfois qu'il n'ait pas donné tout ce dont on pouvait rêver (à cause de blessures, notamment), mais qui a indiscutablement marqué son époque.

LA PLANÈTE OVALE

Depuis qu'il s'est levé, le 21 mars 1871 à Édimbourg, pour illuminer le premier match international entre Écossais et Anglais, le soleil ne s'est plus jamais couché sur la planète ovale. De deux au départ, les nations qui pratiquent ce sport sont aujourd'hui près de cent vingt, réparties sur les cinq continents, à être affiliées à World Rugby. Et de Yokohama – où s'est déroulée la finale de la dernière Coupe du monde – à Johannesburg, d'Auckland à Toulouse et de Leicester à Buenos Aires, les gamins ne manquent pas, qui rêvent d'être les Kolisi, Carter, Dusautoir, Wilkinson ou Pichot de demain.

WORLD RUGBY

AFRIQUE (21)

Membres de plein droit : Afrique du Sud, Botswana, Burundi, Côte d'Ivoire, Ghana, Kenya, Madagascar, Mali, Maroc, île Maurice, Namibie, Nigeria, Ouganda, Rwanda, Sénégal, Swaziland, Tanzanie, Togo, Tunisie, Zambie, Zimbabwe

AMÉRIQUE DU NORD ET CARAÏBES (13)

Membres de plein droit : Bahamas, Barbade, Bermudes, îles Caïmans, Canada, États-Unis, Guyana, Jamaïque, Mexique, Sainte-Lucie, Saint-Vincent et les Grenadines, Trinité-et-Tobago, îles Vierges britanniques

AMÉRIQUE DU SUD (9)

Membres de plein droit : Argentine, Brésil, Chili, Colombie, Costa Rica, Paraguay, Pérou, Uruguay, Venezuela

ASIE (22)

Membres de plein droit : Brunei, Chine, Corée du Sud, Émirats arabes unis, Guam, Hong Kong, Inde, Indonésie, Iran, Japon, Kazakhstan, Kirghizistan, Laos, Malaisie, Mongolie, Ouzbékistan, Pakistan, Philippines, Singapour, Sri Lanka, Taïwan, Thaïlande

EUROPE (40)

Membres de plein droit : Allemagne, Andorre, Angleterre, Autriche, Azerbaïdjan, Belgique, Bosnie-Herzégovine, Bulgarie, Chypre, Croatie, Danemark, Écosse, Espagne, Finlande, France, Géorgie, Grèce, Hongrie, Irlande, Israël, Italie, Lettonie, Lituanie, Luxembourg, Malte, Moldavie, Monaco, Norvège, Pays-Bas, pays de Galles, Pologne, Portugal, République tchèque, Roumanie, Russie, Serbie, Slovénie, Suède, Suisse, Ukraine

OCÉANIE (12)

Membres de plein droit : Australie, îles Cook, Fidji, Niue, Nouvelle-Zélande, Papouasie-Nouvelle-Guinée, îles Salomon, Samoa, Samoa américaines, Tahiti, Tonga, Vanuatu

Données recueillies sur le site officiel de World Rugby (https://www.world.rugby/member-unions)

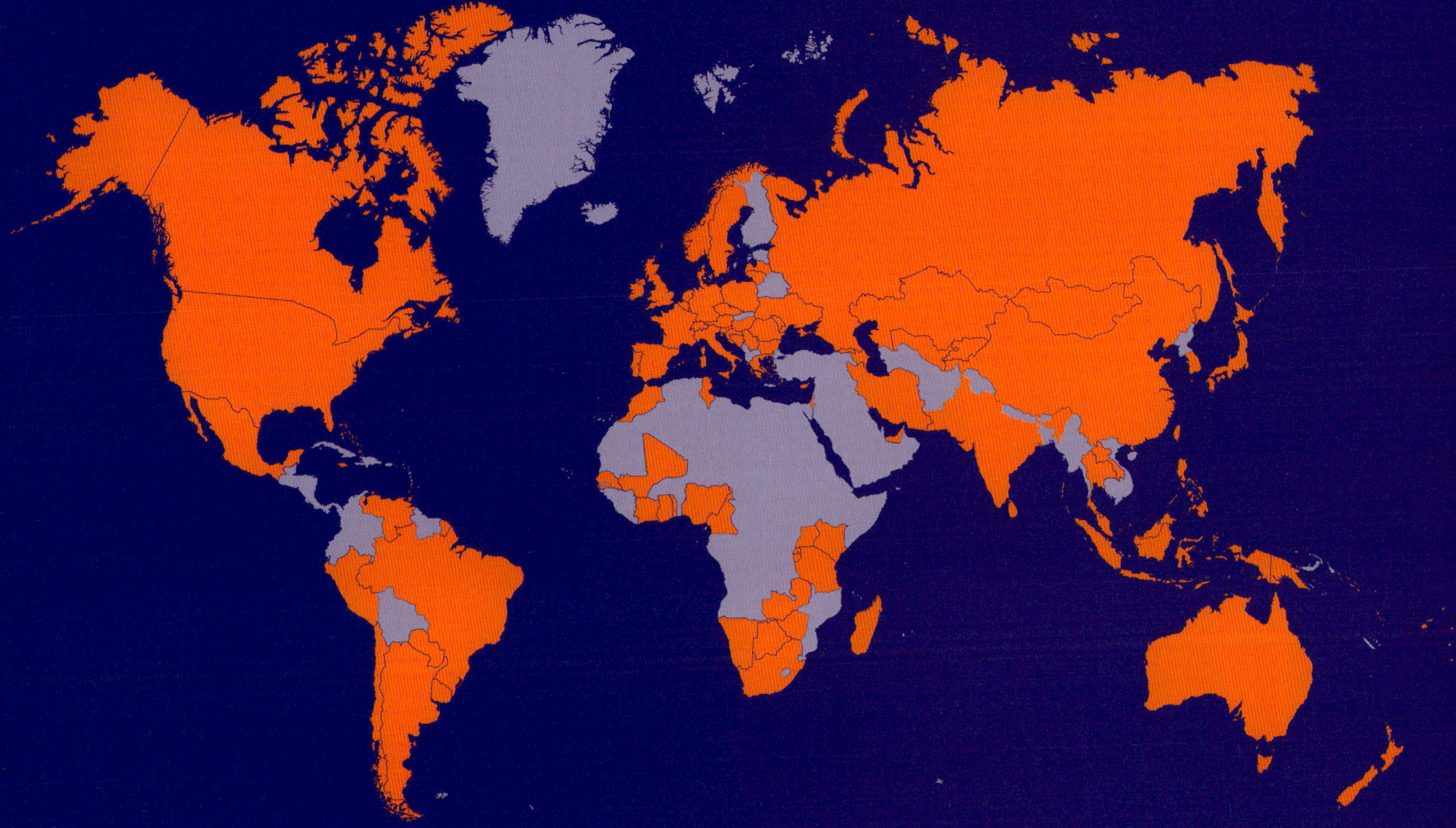

LE PATRON, C'EST BEAUMONT

Fondé en 1886 par les Écossais, les Gallois et les Irlandais pour codifier ce nouveau sport, l'International Rugby Football Board a accueilli les Anglais quatre ans plus tard puis les Australiens, les Néo-Zélandais et les Sud-Africains en 1949, avant d'ouvrir sa porte aux Français en 1978. Ce n'est qu'à partir de 1987 que d'autres fédérations ont commencé à être cooptées par ces huit nations qui, au sein de cette institution – devenue International Rugby Board (IRB) en 1998 puis World Rugby le 19 novembre 2014 –, se définissent au demeurant comme étant les *Foundation Unions*. Avec tout le poids de l'histoire que cela signifie. Pendant très longtemps, ce club très fermé des pères fondateurs resta sans domicile fixe, et, deux fois l'an, ses seize membres – deux par fédération – se réunissaient au gré de l'invitation lancée par l'un d'eux. Même si, à Londres, il avait un salon réservé – la « Rugby Room » – au très chic East India Club, à St James's Square…
Dès lors que « le Board » a commencé à s'étoffer et à gérer des dossiers autrement plus lourds que ceux inhérents aux « grands principes » – professionnalisme, sponsoring, marketing, droits télé… –, il s'est installé à Dublin, où les choses se sont beaucoup professionnalisées. Présidé depuis le 11 mai 2016 par l'ancien international anglais (1975-1982) William Blackledge « Bill » Beaumont *, élu pour quatre ans (renouvelables sans limitation de mandats), le Conseil en est l'autorité suprême et siège, lui aussi, deux fois par an. Hormis Beaumont et le vice-président – l'ancien Puma (1995-2007) Agustín Pichot –, il est composé des représentants des *Foundation Unions*, de l'Argentine, de l'Italie, du Canada, de la Géorgie, de la Roumanie, du Japon, des États-Unis, des Tonga, des Fidji ainsi que des six associations continentales **. Il compte quarante-neuf membres (dont 35 % de femmes) et ratifie par un vote, généralement sans surprise, les propositions faites par son émanation, le Comité exécutif ***, qui détient le véritable pouvoir.

** Il a succédé à Bernard Lapasset (2008-2016).*

*** Afrique, Amérique du Nord et Caraïbes, Amérique du Sud, Asie, Europe, Océanie.*

**** Composé, en plus de Beaumont et de Pichot, du directeur général de World Rugby, de sept membres issus du Conseil et de deux personnalités indépendantes proposées par le président.*

DES CHIFFRES ET DES HOMMES

15

C'est le rang du Français le mieux classé dans la liste des internationaux les plus capés : Fabien Pelous, 118 sélections (1995-2007).

16

16 ans et 142 jours : c'est l'âge du plus jeune international de l'histoire, le Russe Sergueï Belousov en 2006.

17

C'est le nombre record de test-matchs disputés par un joueur sous le maillot des Lions britanniques et irlandais : l'Irlandais Willie-John McBride (1962-1974).

22

C'est le nombre record de défaites subies d'affilée par un pays : Singapour, du 24 novembre 1986 au 16 juillet 1997. La France suit avec 18 défaites, du 29 janvier 1911 au 17 février 1920.

24

C'est le nombre record de victoires consécutives obtenues par un pays : Chypre, du 29 novembre 2008 au 15 novembre 2014. La Nouvelle-Zélande suit avec 18 victoires, du 18 août 2015 au 22 octobre 2016.

27

C'est le nombre record d'essais marqués dans un match international : Hong Kong-Singapour, 164-13 le 27 octobre 1994.

30

C'est le nombre record de matchs disputés par un joueur sous le maillot des Barbarians britanniques : l'Irlandais Tony O'Reilly (1955-1963).

36

C'est le nombre record de drop-goals réussis par un joueur en matchs internationaux : l'Anglais Jonny Wilkinson.

46

46 ans et 60 jours : c'est l'âge de l'international le plus âgé de l'histoire, le pilier Brett Bowie, représentant les Émirats arabes unis en 2013.

60

C'est le nombre record de points marqués par un joueur dans un match international : le Japonais Tōru Kurihara contre Taïwan en 2002.

66

C'est le nombre de joueurs ayant disputé des matchs internationaux avec deux pays différents.

69

C'est le nombre record d'essais marqués par un joueur dans des rencontres internationales : le Japonais Daisuke Ohata, en 58 matchs (1996-2006). Il devance le Sud-Africain Bryan Habana, 67 essais en 124 matchs (2004-2016), et l'Australien David Campese, 64 essais en 101 matchs (1982-1996).

77

C'est le pourcentage record de victoires (77,41 %, très précisément) établi par les All Blacks en 586 test-matchs disputés entre 1903 et fin 2018.

148

C'est le nombre record de sélections obtenues par un joueur : le Néo-Zélandais Richie McCaw. Il devance l'Irlandais Brian O'Driscoll, 141 (Irlande et Lions), et l'Australien George Gregan, 139.

152

C'est le nombre record de points d'écart dans un match international : Japon-Taïwan, 155-3 (2002), et Argentine-Paraguay, 152-0 (2002).

177

C'est le nombre record de points marqués dans un match international : Hong Kong-Singapour, 164-13 (1994).

1598

C'est le nombre record de points marqués par un joueur en matchs internationaux : le Néo-Zélandais Dan Carter, 112 matchs (2003-2015), 29 essais, 293 transformations, 281 pénalités, 8 drops.

109 874

C'est le nombre record de spectateurs ayant assisté à un match international : Australie – Nouvelle-Zélande (35-39), le 15 juillet 2000 au stade olympique de Sydney.

La Nouvelle-Zélande

Dès leur première tournée en Europe, de septembre 1905 à janvier 1906, les All Blacks ont développé un jeu qui… n'a pas pris une ride depuis.

Page de gauche
Comme c'est la coutume, un Maori mène la danse lors du haka : ici, Piri Weepu en 2012, face aux Springboks à Johannesburg.

Double page suivante
Le capitaine Brian Lochore, suivi de Tremain et Muller (au premier plan) ainsi que de Meads, Strachan, Gray et Laidlaw (au second plan), mène la charge lors de la tournée des All Blacks en Europe, à l'automne 1967.

Pris pour des ploucs à leur arrivée en Grande-Bretagne* le 8 septembre 1905, les premiers All Blacks – « The Originals » – quittèrent le Royaume le 30 décembre à la tête d'un si ahurissant capital – trente et une victoires, une défaite** – que la très snob institution rugbystique britannique en fut sonnée.

Ces garçons venus du bout du monde n'étaient en effet pas tombés de la dernière pluie. Car si la New Zealand Rugby Football Union – devenue plus tard la NZRU – ne fut fondée qu'en 1892, des embryons de fédérations s'étaient montés dans plusieurs provinces dès la fin des années 1870 et avaient mis en commun leurs forces en 1884 pour tenter l'aventure en Nouvelle-Galles du Sud (Australie), même s'il fallut attendre le 15 août 1903 pour qu'un Australie – Nouvelle-Zélande (3-22) voie enfin le jour à Sydney, suivi, un an plus tard, d'un deuxième test remporté par les Néo-Zélandais, cette fois contre les Lions en tournée (9-3).

Au-delà de leurs performances chiffrées, « The Originals » – emmenés par Dave Gallaher, mort au champ d'honneur en 1917 en Belgique, à l'âge de 44 ans – sont aussi restés mythiques parce que le rugby qu'ils développèrent était totalement innovant. Tout ce qui fait aujourd'hui la force des All Blacks était déjà présent : vitesse de mouvement et rapidité d'exécution, maniement aussi pointu du ballon par les premières lignes que par les lignes arrière.

Le haka, qui décontenança tant les adversaires, contribua aussi à la légende. À tel point que, pour s'en « prémunir », avant le test-match à l'Arms Park en 1905, les quinze Gallois entonnèrent *Land of My Father*, aussitôt repris par les quarante mille spectateurs. Pour la première fois de l'histoire du sport, un hymne national entra ce jour-là dans un stade.

ALL BLACKS DEPUIS… 1889

Billy Wallace, l'arrière des « Originals », expliqua en 1955 que l'origine du nom « All Blacks » participait d'une erreur typographique. Selon lui, pour justifier la raclée reçue un jour par les joueurs d'Hartlepool (63-0), un reporter londonien écrivit que leurs adversaires « jouaient tous comme des arrières [*backs*] », mot qui serait devenu « blacks » le lendemain par la faute d'un linotypiste. Mais les historiens n'ayant pas trouvé trace de ce « l » parasite dans les archives du journal en question, cette version a été abandonnée. Une autre source révéla plus tard que c'est le coloris de l'équipement qui serait en fait à l'origine de cette appellation. Venu accueillir les Néo-Zélandais à Plymouth, un correspondant du *Daily Mail* demanda ainsi à l'un d'eux quelle était la couleur de leur maillot. « Noir », répondit-il. Et celle des culottes, des chaussettes ? « Noir », dit-il encore, avant de conclure : « Nous sommes tout noirs. » Le journaliste titra alors son article : « Les tout noirs sont là ! » Au fil de ses recherches, la Fédération a néanmoins découvert un passé plus ancien à ce label. Dans le *New Zealand Herald* du 16 juillet 1888, le compte rendu d'une rencontre de préparation usa déjà de l'expression « the Blacks » pour qualifier une formation évoluant avec un maillot noir frappé d'une fougère argentée qui allait s'embarquer pour représenter la Nouvelle-Zélande lors d'une tournée « pirate »* dans l'hémisphère Nord. À son retour, un an plus tard, elle sera surnommée pour la première fois « All Blacks » dans les colonnes de l'*Evening Post* de Wellington, alors que sa tenue… n'était pas uniformément noire. Elle ne le deviendra qu'en 1901.

** Cette première tournée, qui a eu lieu en 1888-1889, n'a jamais été reconnue par la New Zealand Rugby Union, car elle a été organisée grâce à des fonds privés.*

adidas
ALL BLACKS

Jusqu'en 1969, une multitude de joueurs d'exception, tels Don Clarke, Wilson Whineray et Brian Lochore, vont remporter 82 % de leurs cinquante-cinq test-matchs. Celui contre la France, en août 1961 à Christchurch (31-3), amènera Whineray, seigneur, à assurer que « les grandes équipes ne meurent jamais ».

À cause de la Grande Guerre et de l'éloignement, les Néo-Zélandais vont durant quinze ans devoir se contenter d'échanges réguliers, mais peu enrichissants, avec leurs voisins australiens pour tenter de progresser. Jusqu'à ce que les Springboks – qui, eux, ont remporté en deux tournées européennes (1906, 1913) huit de leurs dix tests, et trois autres en recevant les Lions (1903, 1910) – leur rendent visite en 1921. Les All Blacks vont découvrir à cette occasion un rugby dont ils n'ont pas idée, où la puissance et le sens du combat les disputent à l'ordre et à la discipline. Et ces trois confrontations*** vont fixer l'ordre du rugby mondial pendant près de soixante ans. En clair, il y aura, d'un côté, le « reste du monde », et, de l'autre côté, les Boks et les Blacks, qui vont, chacun à leur tour, mettre la main sur la planète ovale jusqu'en 1981.

Des générations de géants

Les Néo-Zélandais d'abord : « The Invincibles », illuminés en 1924-1925 par leur prodigieux arrière maori George Nepia, remporteront leurs trente matchs sur le Vieux Continent, et ils auraient probablement réussi le Grand Chelem si l'Écosse ne leur avait claqué la porte au nez pour une histoire de gros sous. Les deux décennies qui suivront seront toutefois moins brillantes. Les défaites récoltées dans les années 1935-1936, à Cardiff et à Londres, ne vont ainsi pas plaire au pays, pas plus que celles subies à l'Arms Park (encore !) et à Colombes (3-0 contre la France) en 1953-1954. Mais ce sont surtout deux humiliations face aux Sud-Africains – une série perdue 2-1 à domicile (1937) suivie d'un épouvantable 4-0 rapporté d'Afrique australe (1949) – qui vont faire tache.
Tout va changer à partir de l'été 1956, avec la revanche prise face aux Boks, trois tests à un. Jusqu'en 1969, une multitude de joueurs d'exception – au premier rang desquels Don Clarke**** – dirigés par deux capitaines au charisme hors normes – Wilson Whineray puis Brian Lochore – vont alors remporter 82 % de leurs cinquante-cinq test-matchs, dont un, contre la France au mois d'août 1961 à Christchurch (31-3), amènera Whineray, seigneur, à assurer que « les grandes équipes ne meurent jamais ». Stoppé en 1970, cet état de grâce reviendra un instant en 1978, quand la « génération Mourie » sera la première à lever un Grand Chelem dans les îles britanniques et en Irlande.

Page de gauche, en haut
L'arrière Don Clarke (à gauche) et son capitaine Wilson Whineray apprécient leur bière après un engagement viril face aux Australiens.

Page de gauche, en bas
Keven Mealamu (à gauche) et Richie McCaw au coup de sifflet final du match Afrique du Sud – Nouvelle-Zélande, remporté par les All Blacks (32-16) le 6 octobre 2012 à Johannesburg.

Une sixième génération, coachée par Graham Henry puis Steve Hansen et dirigée par Richie McCaw, va grandir en beauté, établir un record de dix-huit victoires d'affilée qui n'est pas près d'être battu et s'approprier deux trophées William Webb-Ellis consécutifs (2011 et 2015), ce qu'aucune autre nation n'avait jusqu'alors réussi.

Deux événements vont dès lors profondément détériorer l'aura mondiale des All Blacks. En 1981 d'abord, quand, malgré l'opposition du pays entier, la NZRU accueille les Boks. Une tournée qui provoque de violentes manifestations d'Auckland à Dunedin, mais aussi devant beaucoup d'ambassades néo-zélandaises à travers le monde. Fidèle à ses principes et bien que capitaine, Mourie refusera de participer à la moindre rencontre.
Le second épisode survient cinq ans plus tard lorsque, répondant à titre privé à l'invitation des Sud-Africains, vingt-neuf All Blacks vont aller les affronter sous l'appellation de « Cavaliers ». Ils seront suspendus un an… pour la forme, car cette sanction sera vite ramenée à six mois, la Coupe du monde 1987 – organisée en Nouvelle-Zélande – se profilant à grands pas. Les Blacks la remporteront haut la main, avant d'être demi-finalistes et finalistes lors des deux éditions suivantes.
La NZRU est alors la première à comprendre que l'instauration du professionnalisme va complètement bouleverser le rugby. Et la création des Tri-Nations et du Super 12 offre à environ cent cinquante joueurs des contrats qui vont leur ôter toute envie d'aller faire fortune ailleurs, du moins jusqu'à leur retraite internationale.
Si cette politique porte ses fruits au niveau « régional » – seize Rugby Championships remportés, et autant de Super Rugby***** –, les résultats se feront attendre en Coupe du monde : demi-finales en 1999 et en 2003, quarts de finale en 2007, la « honte » !
Heureusement, après celles de Gallaher, Nepia, Whineray, Lochore et Mourie, une sixième génération de géants, coachée par Graham Henry puis Steve Hansen et dirigée par Richie McCaw, va grandir en beauté, établir un record de dix-huit victoires d'affilée qui n'est pas près d'être battu et s'approprier deux trophées William Webb-Ellis consécutifs (2011 et 2015), ce qu'aucune autre nation n'avait jusqu'alors réussi.

** L'Irlande faisait alors encore partie de la Grande-Bretagne.*

*** Une seule défaite, face au pays de Galles (3-0). Bob Deans (1884-1908) s'était vu refuser un essai par l'arbitre de cette rencontre, et la légende veut que les dernières paroles du Néo-Zélandais, sur son lit de mort, furent : « Je l'ai pourtant bien marqué. »*

**** Une victoire partout et un match nul (0-0).*

***** Clarke était surnommé « The Boot », tant son coup de pied était long et puissant. Le record de points – 781 – qu'il établira entre 1956 et 1964 ne sera battu qu'en 1988, par Grant Fox.*

****** Décompte arrêté à l'issue de la saison 2018.*

Ma'a Nonu file marquer le deuxième essai black contre l'Australie, le 31 octobre 2015 à Twickenham, lors de la finale de la Coupe du monde.

RUGBY WORLD CUP 2015

NEPIA, LA PREMIÈRE STAR

George Nepia (1905-1986), très costaud pour un arrière de son époque (1,75 m, 82 kg), se révéla à 19 ans dès le match d'ouverture de la tournée des « Invincibles » en venant systématiquement s'intercaler dans la ligne des trois-quarts. Une façon de jouer qu'il perpétua à chacune des vingt-neuf rencontres suivantes auxquelles il participa en Europe. Il est pour cela considéré comme le premier arrière moderne de l'histoire. L'enthousiasme qu'il provoqua auprès des foules lui offrit aussi le statut de première star mondiale de ce sport. Et s'il n'a en définitive disputé que neuf test-matchs entre 1924 et 1930, ce fut autant à cause de sa fragilité musculaire, qui lui valut de nombreuses blessures, qu'à sa condition de Maori, qui lui ferma les portes de l'Afrique du Sud en 1928, au même titre qu'à d'autres immenses All Blacks après lui – Nathan et Yates, par exemple.

MEADS, UN SYMBOLE

Sir Colin Earl Meads (1936-2017), deuxième ligne de 1,92 m à la carrure phénoménale et surnommé « The Pinetree » (« le Pin »), a été élu « rugbyman du siècle » en décembre 1999 par la NZRU. Il a disputé cinquante-cinq tests de 1957 à 1971, un nombre énorme pour l'époque, dont quatre en tant que capitaine. Malgré le poste qu'il occupait, il reste le prototype et le symbole de ce qu'a toujours été un All Black : joueur, intelligent, technique, rapide, loyal, courageux, obstiné, puissant voire… rugueux quand le besoin s'en fait sentir. Ce qui lui a parfois joué des tours. Notamment en 1967, lorsqu'il devint à Murrayfield, contre l'Écosse, le deuxième international de l'histoire à être expulsé. Quarante-deux ans après… son compatriote Cyril Brownlie.

BRAVE LOCHORE

Sir Brian James Lochore, né le 3 septembre 1940, disputa de 1964 à 1971 vingt-cinq test-matchs, dont la plupart en tant que troisième ligne centre. Fred Allen, l'un des plus grands coachs néo-zélandais de tous les temps, le désigna capitaine à l'occasion de la venue des Lions en 1966, alors qu'il disposait de joueurs – Colin Meads, Ken Gray, Kelvin Tremain – qui, contrairement à Lochore, étaient les patrons de leurs équipes de province. Ce choix se révéla pourtant être le meilleur, puisque Brian James, surnommé « Brave », ne perdit que trois des dix-huit tests où il fut à la tête des All Blacks. Et sa façon de mener les hommes durant son capitanat fut à ce point remarquable que la NZRU le choisit comme sélectionneur-manager-entraîneur de l'équipe nationale qui, en 1987, remporta la première Coupe du monde.

BARRETT : L'APRÈS-CARTER

Beauden John Barrett, né le 27 mai 1991, a été à partir de juin 2012, avec Colin Slade, l'un des remplaçants jokers de Dan Carter à l'ouverture chez les Blacks. Lorsque ce dernier a pris sa retraite internationale après la Coupe du monde victorieuse de 2015, Barrett s'est trouvé un instant en concurrence avec Aaron Cruden, mais une tournée des Gallois en Nouvelle-Zélande au printemps de l'année suivante a suffi pour qu'il s'impose. Moins efficace que Carter dans les coups de pied placés, il est plus tranchant dans le franchissement de la ligne d'avantage, et il est devenu un spécialiste de l'interception. Beauden Barrett a été élu « meilleur joueur du monde » en 2016 et en 2017.

DAN CARTER

Après avoir pris sa retraite internationale à l'issue de la Coupe du monde 2015, l'ancien demi d'ouverture des Canterbury Crusaders reste à son poste l'un des deux ou trois meilleurs joueurs de l'histoire.

Bien qu'il fût international depuis deux ans, c'est le 2 juillet 2005 que Daniel William Carter a véritablement jailli dans le paysage du rugby mondial. Pour ne plus jamais le quitter durant les seize saisons qui suivirent. Ce jour-là, à Wellington, il inscrivit à 23 ans 33* des 48 points que les All Blacks passèrent aux Lions britanniques et irlandais à l'occasion du deuxième test-match de leur tournée (48-18). Un coup d'éclat d'autant plus spectaculaire que le joueur de la province de Canterbury ne venait d'être titularisé à l'ouverture que pour la cinquième fois en vingt sélections. Le lendemain, un tabloïd du pays barra sur six colonnes sa une d'un titre ne prêtant à aucune contestation : « The Perfect Ten », que l'on pourrait traduire ainsi : « Dix sur dix. » Dans son autobiographie parue en 2016, Carter confie que, enfant, il imitait John Kirwan et Grant Fox, et que, adolescent, il avait pour idéal Andrew Mehrtens. ** Eh bien, ce samedi-là, il convoqua ses trois modèles au Westpac Stadium pour lui montrer la voie. Tout, en vérité, avait été mis en plan depuis sa naissance – à Southbridge, pas très loin de Christchurch – pour qu'un jour il en arrive là. « Dès que j'ai su marcher, explique-t-il, mon père a voulu que je tape dans un ballon de rugby. » Puis, comme cadeau d'anniversaire de ses 8 ans, ledit papa dressa devant la maison des poteaux, afin que son fils s'entraîne à taper des coups de pied de pénalité et des drops.

10 % des points des All Blacks

L'instinct d'attaquant qu'il avait aussi dans le sang s'est, lui, beaucoup développé dès lors qu'il a commencé à côtoyer Mehrtens aux Crusaders, à tout juste 20 ans. À partir de là, tout s'est emballé : première sélection à 21 ans et 108 jours, première victoire dans le Super 12 l'année suivante puis dans le Tri-Nations en 2003 et, huit semaines plus tard, une première participation à la Coupe du monde, en tant que doublure de Carlos Spencer. C'est une drôle d'histoire qu'a entretenue ce garçon avec cette compétition. Car si, entre eux, cela s'est terminé passionnément et en apothéose le 31 octobre 2015 à Twickenham ***, cela n'avait pas été la même chanson les deux fois précédentes. Ainsi en 2007, lorsque, après avoir ressenti une douleur au mollet, Carter fut obligé de laisser ses copains se débrouiller sans lui au bout d'une heure de jeu en quarts de finale, les All Blacks connurent l'un des plus grands désastres de leur histoire en se faisant éliminer par les Français (20-18). Ou encore quatre ans plus tard, quand, chez lui cette fois, ses adducteurs le lâchèrent après le troisième match de poule et qu'il dut se contenter ensuite d'assister des tribunes au triomphe final de ses partenaires. Des blessures auxquelles Dan Carter a parfois payé un pesant tribut. Comme à l'automne 2008 lorsque, venu découvrir le Top 14 à Perpignan, une rupture partielle du tendon d'Achille gauche le mit sur le flanc après quatre mois seulement. Ou encore ces lésions récurrentes qui polluèrent ses prestations parisiennes durant trois saisons...

Car, le traumatisme catalan ne l'ayant pas dégoûté de notre beau pays, quelques semaines après le titre mondial acquis à Londres, il y est en effet revenu. Pour, à 33 ans et demi, venir s'installer à Paris et y « développer un projet » au Racing, à raison de 1,2 million d'euros par an. Somme qui en fit alors le rugbyman le mieux payé de la planète, sans compter les revenus procurés par de juteux contrats publicitaires signés avec des groupes pesant très lourd. Si Carter – possesseur de la carte d'international numéro 1 034 – reste celui qui a marqué plus de 10 % des points inscrits en test-matchs dans toute l'histoire par les All Blacks, il est devenu aujourd'hui une « marque ». Qui vaut très cher.

** 2 essais, 4 transformations, 5 pénalités.*

*** Kirwan : 63 sélections (1984-1994), 35 essais ; Fox : 46 sélections (1985-1993), 640 points marqués au pied ; Mehrtens : 70 sélections (1995-2004), 967 points marqués à la main et au pied.*

**** Nouvelle-Zélande – Australie : 34-17 en finale.*

1598

C'est le nombre de points marqués par Dan Carter en 112 matchs internationaux, un total record qu'il a parachevé le 31 octobre 2015 en inscrivant 19 points en finale de la Coupe du monde.

- **Né le 5 mars 1982** à Southbridge (province de Canterbury, Nouvelle-Zélande).
- **Postes :** trois-quarts centre, demi d'ouverture.
- **Provinces, franchises, clubs :** Canterbury (2002-2014), Crusaders (2003-2015), USA Perpignan (2008-2009), Racing 92 (2015-2018), Kobelco Steelers (Japon, 2018). Vainqueur du Super 12/Super 14 en 2002, 2005, 2006 et 2008 ; champion de France en 2009 et en 2016.
- **Nouvelle-Zélande :** 112 sélections (2003-2015) ; 1 598 points inscrits. Champion du monde en 2011 et en 2015 ; vainqueur du Tri-Nations/Rugby Championship en 2003, 2005, 2006, 2007, 2008, 2010, 2012 et 2013.
- Élu **meilleur joueur du monde** en 2005, 2012 et 2015.

L'Angleterre

Sans le génie de William Webb Ellis et la vision de ses pairs durant les décennies qui ont suivi, le rugby n'aurait peut-être jamais existé.

De l'idée saugrenue jaillissant en 1823 dans le crâne d'un collégien de Rugby est né ce sport. Cela, tout le monde le sait. Ce que l'on sait peut-être moins est que la « nation mère » a aussi inventé… tout le reste. L'idée de club d'abord (dans les années 1840 -1850) puis celle d'un regroupement de ces structures au sein d'une Fédération – la Rugby Football Union (RFU) –, le 26 janvier 1871. Sur la lancée, elle érigea le concept de « match international » – le premier fut Écosse-Angleterre, moins de deux mois plus tard – et, dans l'élan, en juin, les règles fondatrices visant que, en matière de jeu, on parlât la même « langue » des Highlands au Kent. Ainsi furent rédigés cinquante-neuf « commandements », dont de nombreux – à l'exception du décompte des points, notamment – seront adoptés par l'International Rugby Football Board*, fondé en 1886 à l'initiative des Écossais, des Gallois et des Irlandais… que les Anglais finiront par rejoindre après les avoir boudés pendant quatre ans.

Dans l'esprit aussi, l'Angleterre insuffla un principe – suivi par l'Écosse – selon lequel une confrontation entre deux équipes de *public schools*, d'universités ou de clubs ne pouvait être qu'« amicale »; partant de là, son résultat ne devait avoir aucun caractère officiel. Ainsi, alors qu'en France un championnat fut instauré dès la fin du XIXe siècle et qu'au pays de Galles, à la même époque et sur des bases semblables, s'établit une hiérarchie plus ou moins officieuse, ce n'est qu'en 1972 qu'une Coupe d'Angleterre fut enfin brandie. Et, seulement seize ans plus tard, le pays eut enfin son champion, les Leicester Tigers. Quant à la Coupe d'Europe, tenue pour un tantinet « vulgaire », les Anglais commencèrent par la snober en ne s'inscrivant pas… Un jugement qu'ils ont revu depuis, puisqu'ils l'ont remportée sept fois.

Depuis le premier match international de l'histoire, en mars 1871, l'équipe d'Angleterre porte toujours la rose sur son cœur.

Le seul écart de conduite – pas mince, il est vrai – que s'autorisa en définitive pendant cent ans la RFU à l'endroit du « dogme » fut l'organisation à partir de 1889 d'un championnat des comtés**, mettant aux prises des formations constituées des meilleurs joueurs des « seigneuries » du royaume. Pourquoi ? Parce que, estimèrent les instances, ce n'était pas la même chose de se battre pour l'église de son village avec un trophée à la clé – et les risques de dérives populistes que cela comportait – que de défendre avec chevalerie les couleurs du château de la région.

La vénération du maillot et de la Rose

Il reste qu'au niveau international, « amicaux » ou non, dans l'« honneur » ou pas, les matchs opposant l'équipe d'Angleterre à celles des trois *Home Unions* ou des « mangeurs de grenouille » n'ont jamais été de doux moments pour leurs adversaires. Pas tant par la violence qui aurait pu suinter de ces face-à-face souvent « virils mais corrects » – la violence n'existait pas au temps jadis, et jamais, par exemple, les Anglais ne relevèrent une mêlée jusqu'au tournant des années 1960-1970 – que par l'épreuve de force que ces joueurs n'ont eu de cesse d'imposer pendant plus de cent vingt ans : le pragmatisme, avec ses corollaires rigueur et discipline – qui sont les valeurs cardinales de leur jeu –, ainsi que la vénération de leur maillot – blanc dès le premier jour, et frappé sur le cœur de la rose des Tudors, emblème depuis plus de cinq siècles de la maison d'Angleterre ; le prince Harry est d'ailleurs le *patron* (un titre en anglais dans le texte) de la RFU, c'est-à-dire le premier dans l'ordre de préséance à la Fédération.

Pour peu qu'apparût par-dessus le marché un joueur au talent, à l'intelligence et au charisme flamboyants, alors le XV de la Rose, sûr de lui et dominateur, devenait irrésistible. C'est arrivé à quatre ou cinq reprises, dont la première – de 1910 à 1928 – n'a été répétée qu'une fois par les Gallois durant les seventies : sous les ordres de Norman Wodehouse avant la Grande Guerre puis sous ceux de William Wavell Wakefield juste après, l'Angleterre remporta neuf des quatorze Tournois disputés durant cette période, avec en prime sept Grands Chelems. Trois décennies après cet « âge d'or », une autre génération, avec à sa tête « Dickie » Jeeps, en imposa un nouveau durant quatre saisons,

Page de droite, en haut
Les Anglais posent le 8 février 1908 à Richmond avant un match du Home Nations Championship, qu'ils vont remporter (13-3) face aux Irlandais.

Page de droite, en bas
Une rencontre à Rugby, amicale, forcément, au tournant des années 1890-1900.

CALCUTTA CUP : EN SOUVENIR DE L'EMPIRE

Ce trophée, remis chaque année depuis le 10 mars 1879 à l'issue du match opposant l'Angleterre à l'Écosse, est la récompense attribuée au vainqueur de ce qui est – après la Coupe de l'America en voile, fondée en 1851 – la deuxième plus ancienne compétition de l'histoire du sport moderne. Cette initiative est à mettre au crédit de « gentlemen » pratiquant le rugby aux Indes, qui créèrent en janvier 1873 le Calcutta Football Club. Lorsque plusieurs membres fondateurs décidèrent de se séparer quelques années plus tard, ils retirèrent de la banque les fonds qu'ils y avaient déposés à la création du club – des roupies en argent – et les remirent à un artisan indien pour qu'il les fonde, aux fins de réaliser un objet d'art qui perpétuerait le nom de leur « institution ». Cette coupe à trois anses représentant des cobras royaux fut ensuite donnée en 1878 à la RFU, qui décida de sa destination en la remettant à partir de cette date-là au vainqueur de la rencontre entre les deux nations. La première édition de ce qui fut alors appelé « Calcutta Cup » s'étant soldée par une égalité à Édimbourg, c'est l'Angleterre, victorieuse un an après à Manchester, qui en devint la première détentrice. Cela se renouvela soixante-neuf fois ensuite, contre quarante succès écossais. Les seize matchs ayant débouché sur des « nuls » entraînant que le détenteur la garde une année supplémentaire dans sa vitrine...

LE PLUS FORT CHAMPIONNAT

Créé en 1987 et géré par la RFU jusqu'en mai 1996, le championnat d'Angleterre – représentant l'élite d'environ deux millions de pratiquants répartis en plus de deux mille clubs – est depuis la saison 1996-1997 – c'est-à-dire un an après l'avènement du professionnalisme – organisé sous l'égide de Premier Rugby Limited, qui regroupe les clubs pros et qui en a reçu la délégation. Jusqu'au printemps 2000, il s'est déroulé selon une formule de matchs aller-retour, à l'issue de laquelle le premier du classement était sacré « champion ». Depuis, cette saison régulière – dont le dernier est relégué en deuxième division, elle aussi professionnelle – existe toujours mais, pour l'attribution du titre, elle se poursuit par des demi-finales réunissant les quatre premiers des douze équipes ayant participé à la phase initiale et une finale qui se dispute à Twickenham. Bath – l'un des berceaux du rugby – a remporté six des douze championnats en mode première version (1987-2000). Depuis, les London Wasps, les Leicester Tigers et les Saracens ont posé leurs « pattes » sur la compétition sportivement la plus forte de l'hémisphère Nord.

Nourris dans leurs jeunes années par la bravoure et les prouesses de la meute de Will Carling, les rejetons de Martin Johnson finirent en 2003 par supplanter leurs maîtres en ramenant la Coupe du monde en Europe, ce qui n'était jamais arrivé en seize ans.

avant que ses héritières glissent à partir de 1964, petit à petit, dans un gouffre. « La perfide Albion » en toucha le fond en 1972, récoltant cette année-là une « cuillère de bois » – ce qui ne lui était plus arrivé depuis 1907 – puis une autre quatre saisons plus loin, ramassant au passage deux des trois plus mémorables déculottées de son histoire face à la France, 35-13 en 1970 et 37-12 deux printemps après.***

Hormis un Grand Chelem en 1980, les eighties ne furent guère plus somptueuses pour l'Angleterre, « petite » quart-de-finaliste lors de la première Coupe du monde, en 1987. Puis survint la bande de Will Carling – les Moore, Guscott, Ackford, Underwood, Leonard ou Back –, qui fit tout « péter », ne se gênant pas, elle, pour ouvrir la « boîte à gifles » au début de la décennie suivante, s'appropriant trois *Grand Slams* (1991, 1992, 1995). Elle fut seulement battue par l'Australie en finale du Mondial 1991 – année où *Swing Low, Sweet Chariot* enflamma pour la première fois Twickenham – puis en demies par la Nouvelle-Zélande quatre ans après.

Nourris dans leurs jeunes années par la bravoure et les prouesses de cette meute aux ordres de Carling, recordman des capitanats en sélection (59), les rejetons de Martin Johnson – Wilkinson, Tindall et Dallaglio, entre autres – finirent en 2003 par supplanter leurs maîtres en rapportant de Sydney la Coupe du monde en Europe, ce qui n'était jamais arrivé en seize ans. Durcis par quatre hivers de campagnes supplémentaires, la plupart d'entre eux faillirent même la garder bien au chaud près de leur propre feu, puisque seuls les pieds ensorcelés des Sud-Africains Montgomery et Steyn eurent leur peau en finale de l'édition 2007.

C'est désormais à la dernière couvée – dont Itoje, Lawes, Farrell ou Brown sont quelques-uns des plus beaux bébés – d'afficher ce dont cette équipe est capable. D'autant que, tout juste sortie du nid, elle a déjà montré quelques belles dispositions en réussissant le Grand Chelem en 2016…

Page de gauche, en haut
Le 19 octobre 1991, au Parc des Princes, Wade Dooley, Jason Leonard et Brian Moore (de gauche à droite) célèbrent l'essai marqué à la 80e minute par leur capitaine Will Carling (genou à terre), qui scelle définitivement la qualification anglaise pour les demi-finales de la Coupe du monde, aux dépens de la France.

Page de gauche, en bas
Le maul anglais emmené par Martin Johnson domine les Australiens à Sydney, au cours de la finale de la Coupe du monde 2003.

** Renommé International Rugby Board en 1998 puis World Rugby en novembre 2014.*

*** Ce championnat existe toujours, mais il n'est désormais ouvert qu'aux joueurs évoluant au troisième niveau anglais, ou en deçà.*

**** La troisième défaite date de 2006, 31-6 pour la France.*

JONNY WILKINSON

Le samedi 22 novembre 2003, à l'heure où d'ordinaire les pubs ouvrent en Angleterre, Jonathan Peter « Jonny » Wilkinson est, à 24 ans, passé en son pays du statut de petit génie à celui de héros national. Une poignée de secondes ont suffi.

À l'autre bout du monde, ce jour-là, on vivait au Telstra Stadium de Sydney la 99e minute, c'est-à-dire les derniers soubresauts dans la prolongation de la cinquième finale de la Coupe du monde. L'Australie et l'Angleterre étaient à égalité (17-17) quand une ultime incursion du pack anglais dans le camp retranché des Wallabies entraîna deux regroupements. À l'issue du second, le demi de mêlée Matt Dawson adressa une longue passe à Jonny Wilkinson, solidement planté trois ou quatre mètres derrière la ligne « des 22 », légèrement décalé sur la gauche par rapport aux poteaux. Une position parfaite pour taper un drop-goal, pour peu que l'on fût droitier… ce qui n'était pas le cas du demi d'ouverture de Newcastle. Eh bien, du pied droit, il tenta malgré tout sa chance ; avec une trajectoire parfaitement rectiligne, la balle s'éleva, passa très haut entre les « piquets », donna trois points supplémentaires à l'Angleterre et fit d'elle – après la Nouvelle-Zélande, l'Australie (deux fois) et l'Afrique du Sud – la quatrième nation championne du monde de l'histoire. Intuition absolue ? Prise de risque calculée ? Il y eut sans doute à cet instant un peu des deux dans ce geste extravagant qui résume au fond assez bien l'époustouflante carrière de Jonny, dont le jeu au pied – tactique et technique –, le sens de la stratégie, la noble humilité et l'instinct du placement ont fait l'un des rares joueurs « anoblis » à l'unanimité par son milieu, avant même d'être fait Commandeur de l'ordre de l'Empire britannique par Élisabeth II, en 2015. Ce qui n'est pas rien tant, au premier abord, peu de choses le destinaient, un jour, à « avoir la carte »…

Des statistiques astronomiques

Jonny Wilkinson n'eut pas le bonheur de voir la grâce illuminer son berceau – comme elle s'y employa pour deux Gallois géniaux, Cliff Morgan et Barry John, qui jouèrent au même poste – ou l'Esprit saint se répandre sur son enfance – comme il le fit, plus près de nous, sur les jeunes boucles brunes de Didier Codorniou. Il n'eut pas non plus les visions magiques d'un Dan Carter ni les fulgurances dans les jambes de l'Australien Stephen Larkham, dont les accélérations à la prise de balle provoquèrent tant et tant de brèches dans les défenses. « Wilko », c'est à la force des chevilles – comme d'autres à celle du poignet – qu'il s'est construit un destin : le travail, la persévérance, une capacité hors du commun à écouter les conseils – qu'il fût gamin ou une star mondiale établie –, une hygiène de vie exemplaire et une… insatisfaction maladive l'ont porté à la perfection, l'amenant à tenter en permanence de corriger son geste et la position de son corps, et à se remettre en question. Au couchant de sa carrière, il expliqua ainsi que, dès l'adolescence, en prévision de la quinzaine d'opportunités qui se présenteraient en match le week-end, il avait pris l'habitude de tirer plus de mille coups de pied dans la semaine. Cela ne l'a plus jamais quitté. Que ce fût avec Newcastle ou Toulon – les deux clubs de sa vie –, ou avec l'équipe nationale ou celle des Lions, il bombardait ainsi pendant près d'une heure durant les poteaux du terrain d'entraînement quand ses partenaires avaient depuis longtemps pris leur douche et étaient en train de siroter une Guinness au club-house ou à l'hôtel. Fatalement, cette exigence a débouché sur des statistiques astronomiques : 1 246 points en 97 matchs mais, surtout, un taux de réussite dépassant les 60 % – toutes rencontres confondues – et 12,9 points en moyenne avec l'équipe d'Angleterre, ce qui fait un joli petit matelas avant même que le coup d'envoi ait été sifflé. Ces données chiffrées eurent été encore plus surréalistes si son corps n'avait parfois lâché. Lassés d'être visés par les troisièmes lignes et « ouvreurs » adverses, ses genoux, épaules, plexus et adducteurs « mirent les pouces » durant trois années de rang – 2004, 2005, 2006 –, au cours desquelles il ne connut aucune sélection. Dix-sept blessures ont ainsi été autant de parenthèses dans une carrière longue de seize saisons (1998-2014) durant lesquelles – avec le Néo-Zélandais Jonah Lomu, décédé en 2015 à l'âge de 40 ans – Jonny Wilkinson a été le joueur ayant eu le plus d'impact sur le rugby mondial depuis l'instauration du professionnalisme, en 1996.

1246

C'est le nombre de points marqués par Wilkinson au cours de quatre-vingt-dix-sept rendez-vous internationaux (Coupes du monde, Tournois, test-matchs et tournées des Lions). Un total qui constitua un record du monde, avant que Dan Carter l'en dépossède le 30 juillet 2011.

- **Né le 25 mai 1979** à Frimley (comté du Surrey, Angleterre).
- **Postes :** trois-quarts centre, demi d'ouverture.
- **Clubs :** Newcastle (1997-2009), RC Toulon (2009-2014). Champion d'Europe en 2003 et en 2014 ; champion d'Angleterre en 1998 ; champion de France en 2014.
- **Angleterre :** 91 sélections (1998-2011) ; 1 179 points inscrits. Champion du monde en 2003, vice-champion en 2007 ; vainqueur du Tournoi des Six Nations en 2000, 2001, 2003 (Grand Chelem) et 2011.
- **Lions :** 6 tests (2001-2005) ; 67 points inscrits.
- Élu **meilleur joueur du monde** en 2003.

UN RÉVOLUTIONNAIRE... CONSERVATEUR

Sir William Wavell Wakefield, lord Wakefield of Kendal (1898-1983), est le premier rugbyman anglais dont la réputation a franchi le *Channel*, le premier aussi qui, en son pays, et ailleurs aussi notez bien, fut reconnu comme un maître du rugby. Brillant pionnier de la Royal Air Force lors de la Première Guerre mondiale, diplômé de Cambridge, licencié aux Harlequins londoniens puis député conservateur à partir des années 1930, il fut trente et une fois sélectionné entre 1920 et 1927, dont treize en tant que capitaine. Sept années durant lesquelles il révolutionna le jeu à son poste – troisième ligne côté « ouvert » –, n'hésitant pas ainsi à se détacher de la mêlée pour harceler la paire de demis adverse et venir en soutien de ses trois-quarts. Il fut président de la RFU durant la saison 1950-1951.

LE JEUNE ROI RICHARD

Richard Eric Gautrey « Dickie » Jeeps (1931-2016) est le plus grand demi de mêlée que l'Angleterre ait connu. Joueur de Northampton, il est le seul de l'histoire à avoir été sélectionné pour les Lions britanniques et irlandais – il fut ainsi titulaire en 1955 lors des quatre test-matchs disputés en Afrique du Sud – avant même de l'être pour son pays. Six mois plus tard, le XV de la Rose lui ouvrit enfin sa porte puis vingt-trois fois encore jusqu'en mars 1962. Tenu pour être un « rebelle », ce qu'il a toujours assumé, il a donné à sa fonction une dimension qui n'existait pas avant lui : par son charisme et le respect qu'il inspirait, il fut le premier à s'imposer à « ses » avants et à devenir le vrai patron de la mêlée.

PRAGMATIQUE ET SENSIBLE

Owen Andrew Farrell, né le 29 septembre 1991 à Wigan, est le fils d'Andy, ancien joueur de rugby à XIII et du XV d'Angleterre. S'il a débuté au centre dans l'équipe des Saracens à 17 ans et 11 jours en 2008 – ce qui, à l'époque, fit de lui le plus jeune professionnel de l'histoire du rugby anglais –, c'est à l'ouverture qu'il s'est définitivement installé depuis 2017 en équipe nationale. Il compte plus de soixante-dix sélections avec le XV de la Rose, pour lequel – plus pragmatique que créatif, de la lignée des Andrews et Wilkinson, en somme – il a marqué plus de huit cents points. Le signe qu'il effectue avec ses mains après chaque coup de pied réussi symbolisant deux « J » entremêlés est un soutien à Jack Johnson, un jeune garçon souffrant de la myopathie de Duchenne.

SUR LES SENTIERS DE LA GLOIRE

Oghenemaro Miles « Maro » Itoje, né le 28 octobre 1994 de parents nigérians dans la banlieue de Londres, est l'héritier des emblématiques deuxièmes lignes d'hier, les Beaumont (seventies), Ackford (eighties), Johnson (nineties et 2000), pour ce qui est du « devoir » au cœur des mêlées, des regroupements et des mauls. « Taulier » de l'équipe championne du monde des moins de 20 ans en 2014 puis champion d'Angleterre et d'Europe avec les Saracens, il compte plus de vingt sélections depuis la première, en 2016. Aux qualités de ses trois glorieux anciens il ajoute une mobilité et une rapidité qui font de lui l'un des meilleurs du monde à son poste, avec l'étoffe d'un futur capitaine.

Le pays de Galles

Ayant touché au rugby international plus de dix ans après les Anglais, les Gallois ont eu durant les seventies une génération bénie qui a constitué l'une des meilleures équipes de l'histoire de ce sport.

En migrant d'Angleterre vers le pays de Galles au milieu du XIXe siècle, ce n'est pas dans les collèges que le rugby a choisi de planter ses racines – d'autant qu'ils n'étaient pas nombreux – mais dans le sud de la principauté, sur le littoral industrieux des chantiers navals et de la sidérurgie ainsi que dans les terres minières de la vallée de Rhondda. C'est là – à Neath, Swansea, Cardiff, Llanelli, Newport, Pontypridd et Pontypool – que vont se monter des équipes véritablement structurées.

Après s'être frottés pendant une décennie aux universités ou aux comtés anglais, se sentant suffisamment au point, quatre de ces clubs fondateurs vont constituer une équipe formée de leurs meilleurs éléments et proposer à leur voisin d'organiser le premier Angleterre-Galles de l'histoire. Ce qui est fait le 19 février 1881 à Blackheath, gros bourg du sud-est de Londres transpercé par le méridien de Greenwich. Mais ceux qui se feront surtout embrocher ce samedi-là, ce sont les quinze malheureux qui se sont risqués en ces lieux. Une véritable déroute ! Sur un score qui, aujourd'hui, équivaudrait à… 82-0 ! L'un des humiliés de ce « baptême » confiera d'ailleurs un jour avec humour : « Encore heureux qu'il n'existait pas de décompte de points négatifs… »

La presse galloise va trouver cela beaucoup moins drôle et, sous sa pression, les représentants de onze clubs vont se réunir trois semaines après, histoire d'harmoniser leur manière de pratiquer le rugby. En commençant, le 12 mars 1881 à Neath, par… fonder une Fédération – la Welsh Football Union, qui deviendra Welsh Rugby Union (WRU) en 1934. Elle va vite adopter le rouge, couleur du dragon qui terrassa les Saxons dans la légende du roi Arthur, et les trois plumes d'autruche du prince de Galles Édouard de Woodstock, un blason remontant à la victoire, en 1346, de son père Édouard III sur le roi de France

Gareth Edwards (à gauche) et Barry John ont formé dans les années 1970 la plus belle paire de demis de tous les temps.

GUINNESS
SIX NATIONS
GRAND SLAM

Du 15 février 1890, quand les Gallois battent enfin les Anglais, au 23 février 2019, lorsque leur victoire face au « meilleur ennemi » pose la pierre initiale d'un Grand Chelem, la réaction dans les tavernes du pays a toujours été la même : *Well done guys!* (« Bien joué, les gars ! »).

Page de gauche, en haut
L'équipe du pays de Galles, avec l'une des premières stars de l'histoire, Arthur Gould (au deuxième rang, quatrième en partant de la gauche), pose en 1895 avant un match du Home Nations Championship.

Page de gauche, en bas
Les Gallois et leur capitaine Alun Wyn Jones (trophée en main) célèbrent leur victoire dans le Tournoi – agrémentée d'un Grand Chelem – après leur succès face aux Irlandais (25-7), le 16 mars 2019 à Cardiff.

Double page suivante, à gauche
Un trois-quarts gallois tente de déborder la défense française lors d'un match remporté par le pays de Galles (12-4) le 26 février 1921, à l'Arms Park de Cardiff.

Double page suivante, à droite
Pays de Galles-Uruguay (54-9), match de poule de la Coupe du monde 2015, au Millennium de Cardiff.

Philippe VI. Le poireau, l'autre emblème fameux, est certes moins officiel, mais il est très cher au cœur des supporters. Lié, comme le monstre crachant le feu, à la culture celtique, il s'est imposé au fil des siècles en hommage à saint David, patron du pays de Galles, qui demanda à ses hommes d'en porter afin de se reconnaître face à l'ennemi lors d'un combat – victorieux – dans un champ où poussait le légume en question.

À sa façon, la honte ressentie à Blackheath restera elle aussi à jamais imprimée dans la mémoire collective galloise. Ainsi, du 15 février 1890 – quand, emmenés par Arthur Gould*, les Gallois battent enfin les Anglais – au 23 février 2019 – lorsque leur victoire face au « meilleur ennemi » pose la pierre initiale d'un Grand Chelem –, la réaction dans les tavernes du pays a toujours été la même : *Well done guys!* (« Bien joué, les gars ! »).

Dieu sait pourtant si, depuis plus d'un siècle, les « Red Dragons » – comme on les appelle de l'autre côté du *Channel* – ont eu d'autres occasions de transporter d'enthousiasme leur peuple. Le 16 décembre 1905 par exemple, lorsqu'ils sont les seuls des quatre *Home Unions* à terrasser (3-0) les premiers All Blacks visitant l'Europe. Un triomphe qui ne tomba pas du ciel, car ils avaient parfaitement assimilé depuis des années une façon de jouer inventée par eux, qui consistait à spécialiser les joueurs à leur poste et à utiliser quatre trois-quarts, même si, à l'époque, cela semblait incongru à tout le monde.

De 1900 à 1911, le pays de Galles connaît ainsi son premier âge d'or. Il s'impose six fois à l'issue de dix Home Nations Championships** et de deux Tournois des Cinq Nations. Il bat aussi dix fois l'Angleterre et enlève trois *Grand Slams*. Au cours de cette période de grand luxe, les Gallois remportent 81 % des rencontres qu'ils disputent.

Les décennies qui suivent sont bien moins emballantes, même si, de passage à l'Arms Park, les Blacks tombent encore sur un os, battus 13-12 en 1935. Deux ans plus tard vient la première « cuillère de bois » : c'est dire si le XV du Poireau est alors dans les choux !

Une empreinte éternelle

La génération qui a grandi sous le régime des restrictions de la Seconde Guerre mondiale – celle des Bleddyn Williams (le « Prince des centres »), Clem Thomas, « Cliff » Morgan (dit « Morgan le Magnifique ») et Bryn Meredith – va toutefois remettre les

CUP 2015

Avec aux manettes Gareth Edwards – le plus grand demi de mêlée de tous les temps – et Barry John – son équivalent à l'ouverture –, dix-huit joueurs, pas un de plus, vont développer un rugby total, submergeant de 1969 à 1979 tous leurs adversaires européens et ne laissant en route que deux Tournois des Cinq Nations.

choses à leur place une fois le conflit terminé. Bilan ? Six Tournois victorieux entre 1947 et 1956 – dont deux en engrangeant le plein de victoires – et un troisième affront (13-8) fait aux All Blacks en 1953.

Au demeurant, tout cela participe de l'anecdotique au regard de l'empreinte éternelle que la génération suivante va laisser dans l'histoire du rugby mondial. Avec aux manettes Gareth Edwards – le plus grand demi de mêlée de tous les temps – et Barry John – son équivalent à l'ouverture –, dix-huit joueurs, pas un de plus, vont développer un rugby total, submergeant de 1969 à 1979 tous leurs adversaires européens et ne laissant en route que deux Tournois des Cinq Nations (1974 et 1977). La plupart de ces Gallois exporteront aussi leur science, puisqu'ils formeront en 1971 la colonne vertébrale des seuls Lions britanniques et irlandais ayant à ce jour remporté une série de test-matchs lors d'une tournée en Nouvelle-Zélande.

Après une telle hégémonie, ce que les Gallois ont montré ensuite est forcément un peu plus fade, voire parfois franchement pathétique : trois fois « fanny » dans le Tournoi (1990, 1995 et 2003), deux défaites contre... la Roumanie, un échec face au Japon. Et d'épouvantables raclées reçues entre 1998 et 2007 : 51-0 contre la France, 96-13 à Pretoria, 55-3 à Hamilton, 62-5 à Twickenham. D'autant qu'aucune Coupe du monde n'est venue rétablir l'équilibre en termes de performances. Car si les Gallois ont été deux fois demi-finalistes (1987 et 2011), ils ne sont pas sortis de la phase de poules en 1991, mortifiés à Cardiff par les Samoa, pas plus qu'en 1995 et en 2007.

Il a fallu attendre en définitive que des « sorciers » néo-zélandais se penchent sur ce grand corps malade pour qu'il reprenne vie. Un peu avec Graham Henry (1998-2002), qui a posé les fondations sur lesquelles s'est bâti le Grand Chelem 2005, beaucoup plus avec Warren Gatland, qui a notamment offert au pays de Galles trois Grands Chelems supplémentaires, en 2008, 2012 et 2019.

Des gamins s'affichent au tableau le 30 mars 2007, à Llanelli, avant le coup d'envoi du quart de finale de la Coupe d'Europe qui verra la victoire de leur équipe, les Scarlets, face au Munster (24-15).

** Arthur Gould a été sélectionné vingt-sept fois au centre, dont dix-huit fois en tant que capitaine.*

*** Épreuve mettant aux prises, de 1882 à 1909, l'Angleterre, le pays de Galles, l'Écosse et l'Irlande.*

SAUVETAGE DU CHEF-D'ŒUVRE EN PÉRIL

Des investissements financiers massifs dans les clubs pros de rugby à XIII du Yorkshire et du Lancashire, au début des années 1990, conjugués à l'instauration du professionnalisme dans le XV à partir de 1995 ont provoqué à ce moment-là un épouvantable appel d'air dans le rugby gallois. Des centaines de joueurs, dont beaucoup d'internationaux – en place ou en devenir –, se sont expatriés en Angleterre, en France voire en Italie pour aller y gagner (bien) leur vie. Une hémorragie de talents tout à fait préjudiciable pour l'équipe nationale dans ce « pays » ramassé sur lui (on comptait à l'époque à peine deux cents clubs et moins de quinze mille licenciés) qui, se fichant bien de l'amateurisme, avait inventé deux décennies auparavant le *squad system* en réunissant chaque saison, trois ou quatre fois par semaine, ses internationaux pour deux heures d'entraînement, de septembre jusqu'à la fin du Tournoi des Cinq Nations. Cette fuite des capitaux a provoqué de 1990 à 2004 une vraie catastrophe industrielle au niveau international. Pour tenter de sauver ce chef-d'œuvre en péril lorsqu'il a ramassé l'équipe dans le caniveau, Graham Henry a suggéré à la WRU de prendre sous contrat les meilleurs joueurs, comme cela se fait en Nouvelle-Zélande, et de les regrouper dans quatre ou cinq franchises régionales qui disputeraient la Ligue celtique et la Coupe d'Europe. Après de longues tractations entre les clubs et la Fédération, l'idée a fini par déboucher sur quelque chose de concret en 2003. En voyant le jour et en étant abondamment financés, les Cardiff Blues, Llanelli Scarlets, Neath-Swansea Ospreys, Newport Dragons et Celtic Warriors * ont alors entraîné un exode à l'envers des vedettes galloises. Puis une résurrection : Grands Chelems en 2005, 2008, 2012 et 2019.

** Cette dernière franchise a disparu dès 2004.*

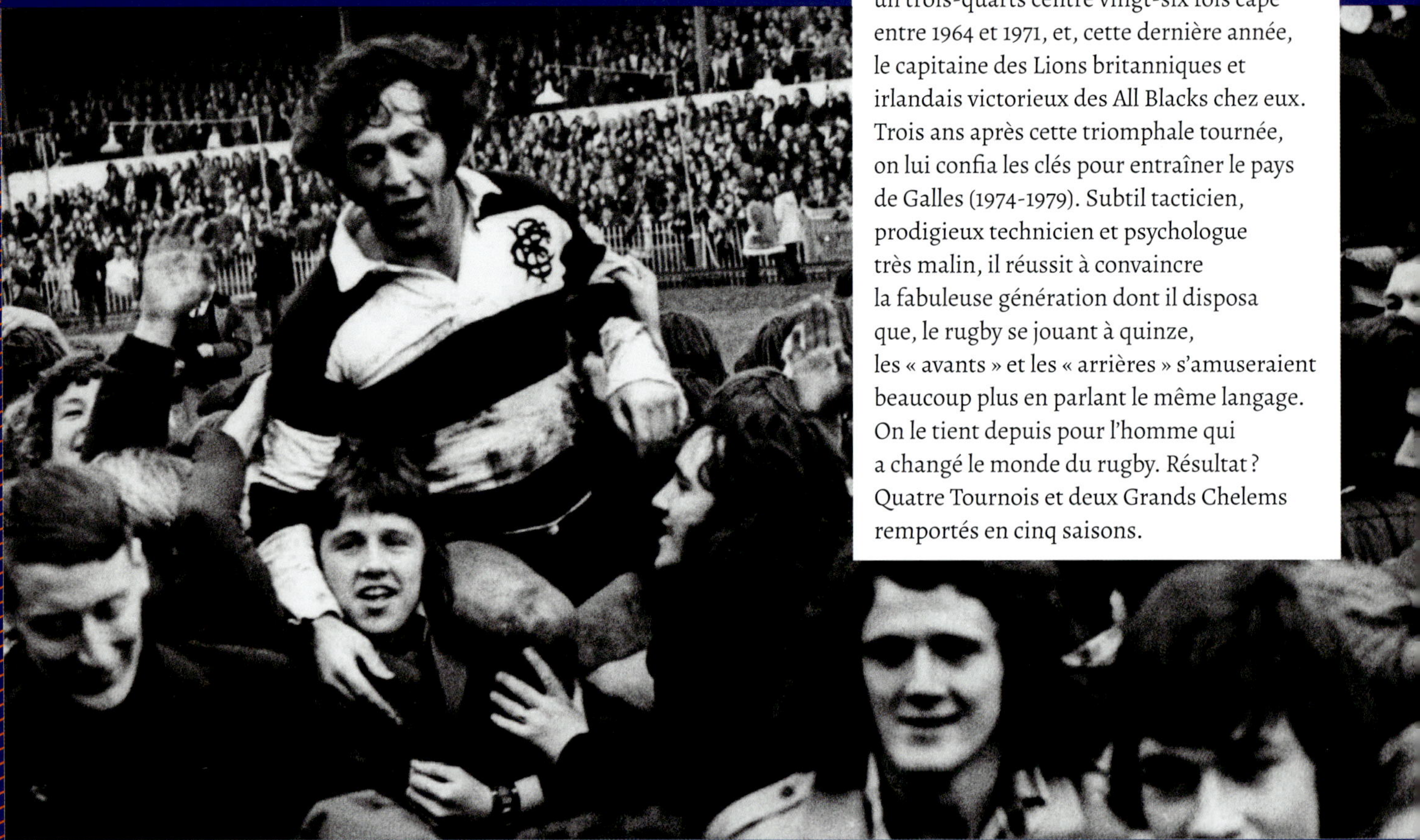

MAÎTRE DAWES

Sydney John Dawes, né le 29 juin 1940, fut un trois-quarts centre vingt-six fois capé entre 1964 et 1971, et, cette dernière année, le capitaine des Lions britanniques et irlandais victorieux des All Blacks chez eux. Trois ans après cette triomphale tournée, on lui confia les clés pour entraîner le pays de Galles (1974-1979). Subtil tacticien, prodigieux technicien et psychologue très malin, il réussit à convaincre la fabuleuse génération dont il disposa que, le rugby se jouant à quinze, les « avants » et les « arrières » s'amuseraient beaucoup plus en parlant le même langage. On le tient depuis pour l'homme qui a changé le monde du rugby. Résultat ? Quatre Tournois et deux Grands Chelems remportés en cinq saisons.

« JPR », LE TOM JONES DU RUGBY

John Peter Rhys « JPR » Williams, né le 2 mars 1949, aurait aussi bien pu être un tennisman de talent. Champion junior du pays de Galles, il laissa toutefois tomber sa raquette pour se consacrer uniquement au rugby lorsqu'il entreprit, à 18 ans, des études à la St Mary's Hospital Medical School de Londres, qui allaient en faire un chirurgien orthopédique reconnu. Mais, avant cela, ses jambes du tonnerre, ses rouflaquettes à la Tom Jones – un compatriote – et sa longue tignasse châtain ont enflammé les terrains des deux hémisphères à l'occasion des 63 sélections * où il a passé son temps, de 1969 à 1981, à relancer de son poste d'arrière d'improbables ballons, en déchirant les premier, deuxième voire troisième rideaux adverses.

** Avec le pays de Galles et les Lions.*

JENKINS LE MAL-AIMÉ

Neil Roger Jenkins, né le 8 juillet 1971, a été au départ l'antithèse absolue de ce que furent Cliff Morgan et Barry John. Sélectionné quatre-vingt-onze fois (1991-2002) avec les Red Dragons et les Lions pour ses qualités de buteur et son impressionnant jeu au pied, il fut longtemps rejeté par les « observateurs », tant son absence d'initiative balle en mains en fit le symbole d'un rugby se jouant à dix. Recordman du monde des points marqués en test-match (1 049) jusqu'en mars 2008, il fut aussi le premier à casser le symbolique « mur des 1 000 ». L'arrivée de Graham Henry à la tête du XV gallois, en 1998, a fait évoluer son jeu, au point de le rendre beaucoup plus... ouvert. Ce qui ne l'empêcha pas de devenir en 2006 le coach des buteurs de l'équipe nationale.

RESPECT, MISTER THOMAS

Gareth Thomas, né le 25 juillet 1974, est aujourd'hui le rugbyman gallois le plus respecté de l'histoire. Parce que sa carrière de trois-quarts centre et d'ailier a été exceptionnelle. Ses 100 sélections en équipe nationale (1995-2007) – dont 50 en tant que capitaine – en ont d'abord fait un recordman, jusqu'à ce que Stephen Jones le surpasse au début des années 2010, et ses quarante essais marqués le situent aujourd'hui encore à la deuxième place d'un classement dominé par Shane Williams. Mais ce qui lui vaut par-dessus tout l'admiration du rugby mondial, c'est le courage dont il fit preuve en révélant son homosexualité à l'automne 2009. Le nombre incalculable de témoignages de sympathie qui lui parvinrent du monde entier après l'insupportable agression dont il fut victime en novembre 2018 dit bien l'immense respect dans lequel la « famille » le tient.

L'Afrique du Sud

Depuis plus d'un siècle, l'Afrique du Sud est une nation majeure du rugby mondial. Si, longtemps, le ballon y eut de très mauvais rebonds et n'intéressa que la population blanche, depuis 1995, tout le pays vénère ses joueurs.

Le capitaine Avril Malan et ses partenaires – Lockyear, Claassen, van Zyl, Kuhn, Kirkpatrick, du Toit, « Abie » Malan, Hopwood (de droite à gauche) – écoutent les hymnes nationaux le 18 février 1961 à Colombes, avant leur match contre l'équipe de France (0-0).

C'est au Cap que débarquèrent en 1858 les premiers ballons ayant quitté l'Angleterre à la conquête des mers du Sud. La population blanche – en majorité d'origine britannique – qui administrait la colonie du Cap* leur fit bon accueil. D'autres ballons suivirent. Et remontèrent vers le nord à la rencontre des Boers**, qui avaient fondé l'État libre d'Orange en 1854 et la République du Transvaal en 1856. Trente et un ans plus tard, ces deux États indépendants et les trois provinces du sud gérées par la Couronne – Western Province, Griqualand West et Natal – constituèrent – bien que l'Afrique du Sud n'existât pas encore (sa création date de 1910) – le South African Rugby Board (SARB). Lequel, pour célébrer ça, invita les Lions britanniques en 1891. Bref, avant même que le siècle se fût éteint, le rugby était définitivement chez lui en ces terres lointaines.

Visités à nouveau par les joueurs des *Home Unions* en 1896 et en 1903, les Sud-Africains se décidèrent à venir en Europe en 1906. Ils battirent l'Irlande et le pays de Galles, perdirent en Écosse et à Londres. Mais ils gagnèrent une dénomination qu'ils vénèrent depuis. Redoutant d'être affublé par la presse anglaise d'un surnom ridicule, Paul Roos, le capitaine, réunit ses camarades sur le bateau afin d'en choisir un convenable. Leur jeu se singularisant à tous les postes par la rapidité et l'agilité, ils s'entendirent sur celui de « Springboks », du nom de ces gazelles pouvant atteindre 100 km/h et bondir jusqu'à trois mètres de hauteur dans le veld. Arrivés à Portsmouth, ils firent broder de fil doré une représentation de l'animal sur leurs maillots verts.

Toujours aussi remuants et virevoltants, ils repassèrent par le Vieux Continent en 1912 et y réussirent le premier de leurs quatre Grands Chelems (1912-1913, 1931-1932, 1951-1952, 1960-1961), quand les All Blacks attendront 1978 pour y parvenir.

Si les fameux Blacks virent bien arriver à Wellington, pour la première fois, quelques « Gazelles » en 1921, ils remarquèrent aussi de gros « bestiaux » les accompagnant. Car les Springboks avaient enfin eu l'idée d'intégrer dans leur pack les robustes avants du Transvaal, tout en conservant leurs fringants arrières du Cap. Le choc colossal sur lequel déboucha cette rencontre originelle, ainsi que la suivante, en 1928, en Afrique du Sud cette fois (un test pour chacune des deux équipes et un match nul en 1921, deux tests partout en 1928), aurait mondialement un impact considérable sur les six décennies qui allaient suivre. D'un point de vue sportif. Mais pas seulement.

Sous le regard de Walter Spanghero et de Frik du Preez (à gauche), le demi de mêlée Dawie de Villiers amorce un départ derrière un regroupement le 9 novembre 1968 à Bordeaux.

Une énorme pression internationale

Hormis lorsque les Lions contestèrent leur hégémonie (1955, 1974) et quand l'équipe de France fut la première à les vaincre chez eux à l'issue d'une série de tests (1958), les Springboks allaient en effet se partager à parts égales avec les All Blacks le gâteau du rugby planétaire jusqu'au début des années 1980. Grâce à de merveilleux joueurs – Bennie Osler (1928), Danie Craven (1937), Felix du Plessis (1949), Johan Claassen (1960), Dawie de Villiers (1970), Danie Gerber (1980) –, les Boks répandirent ainsi dans les deux hémisphères une parole qui souffrit rarement la contestation.

Mais, en 1985, cela cessa. Car si l'IRFB – contrairement à la FIFA et au CIO – n'avait jamais exclu l'Afrique du Sud, la pression internationale était devenue trop forte pour que le Board continue à cautionner des matchs impliquant les Springboks, à plus forte raison parce que l'apartheid instauré en 1948 interdisait, entre autres, la constitution d'équipes multiraciales au sein du pays et l'accueil de celles venant de l'étranger. Ce qui, au vrai, n'était pas nouveau.

Dès 1928, la politique ségrégationniste avait affiché ses tares quand les Blacks durent se déplacer sans leurs Maoris. Cela se répéta en 1949 et en 1960, et cela se serait renouvelé dix ans après si, « harcelé » par Craven (devenu président du SARB), le Premier ministre sud-africain John Vorster n'avait fini par céder et entrouvrir la porte. Ce qui eut pour effet de replier encore un peu plus la population blanche sur elle-même, tant le rugby et les Springboks étaient des symboles intouchables…

Page de droite
Frédéric Michalak embrasse le trophée de la Currie Cup après sa victoire en finale avec les Sharks, le 24 octobre 2008.

Hormis lorsque les Lions contestèrent leur hégémonie (1955, 1974) et quand l'équipe de France fut la première à les vaincre chez eux à l'issue d'une série de tests (1958), les Springboks allaient se partager à parts égales avec les All Blacks le gâteau du rugby planétaire jusqu'au début des années 1980.

L'Afrique du Sud devra attendre sept ans et la fondation de la multiethnique South African Rugby Football Union (SARFU, rebaptisée South African Rugby Union en 2005) pour réintégrer le concert des nations du rugby, en mars 1992. Neuf mois après l'abolition du régime inique. Les Boks, qui portent aussi désormais une fleur de *Protea* sur le cœur, se reconstruisirent et… remportèrent la Coupe du monde en 1995 et en 2007. Aujourd'hui, c'est toute l'Afrique du Sud qui est fière d'eux.

** Baptisée plus tard « province occidentale » (Western Province).*

*** Descendants des colons d'origines néerlandaise, allemande et française.*

LA CURRIE CUP… REINE DES BOERS

Tels le Bouclier de Brennus, mis en jeu depuis 1892, ou le Ranfurly Shield, datant de 1904 en Nouvelle-Zélande, la Currie Cup reste, en Afrique du Sud, le trophée que les supporters rêvent de voir brandi par le capitaine de leur province. Et cela même si le Super Rugby, qui met aux prises quatorze franchises de l'hémisphère Sud (et une japonaise), lui est sportivement supérieur. Cette compétition doit son nom à un Anglais, ce qui est somme toute singulier au pays des Boers. Lorsqu'en 1891 les Lions effectuèrent leur première tournée en Afrique australe, sir Donald Currie, le propriétaire de la compagnie maritime qui les achemina au Cap, leur remit une coupe, les chargeant de l'offrir à la formation qui leur aura le mieux résisté. Le Griqualand West en hérita et la donna au SARB, lequel l'offrit à partir de 1892 au vainqueur du petit championnat qu'il avait créé trois ans auparavant. Disputée plus ou moins régulièrement jusqu'en 1968, la « Currie » est devenue annuelle et ne concerne quasiment plus que les équipes B des meilleures franchises professionnelles, même si, à l'occasion, des joueurs disputant le Super Rugby et des internationaux participant au Rugby Championship viennent les renforcer à partir des demi-finales.

DANIE CRAVEN

Au-delà de la place considérable que ce joueur, ce coach et ce dirigeant a tenu en son pays pendant plus de six décennies, « The Doc » (son surnom) a été un personnage incontournable du rugby mondial durant près de quarante ans.

Dès le tournant des années 1960-1970, le discours que Daniël Hartmann « Danie » Craven commença à soutenir tenait en une phrase : « Nous pouvons changer l'Afrique du Sud sur le terrain de rugby. » Cela étonnait parfois car, ne s'étant jamais officiellement exprimé sur le sujet, il ne passait alors pas pour être abolitionniste. Il faut dire qu'il était parti de loin. Né en 1910 dans l'ultraconservateur État libre d'Orange et parlant l'afrikaans dans le privé, il fit ses humanités à l'université de Stellenbosch, qui ne brillait pas par son ouverture d'esprit. Il y décrocha trois doctorats, en anthropologie, en psychologie et en éducation physique. Il y joua aussi au rugby, si bien qu'il devint Springbok en 1931, avant même de représenter la province occidentale du Cap en Currie Cup. Un Springbok pas comme les autres au demeurant, car « The Doc » reste à ce jour le seul joueur de l'histoire – toutes nations confondues – à avoir disputé seize test-matchs en occupant quatre postes différents : ouvreur, centre, numéro 8, demi de mêlée. C'est toutefois dans ce dernier rôle qu'on le tient pour un expert, l'équivalent de ce que furent après lui le Gallois Gareth Edwards ou le Néo-Zélandais David Kirk. À son retour d'Europe après la Seconde Guerre mondiale, il devient professeur et coach de l'équipe de rugby à Stellenbosch, où ses méthodes d'entraînement révolutionnaires lui ouvrent en 1949 la porte des Boks avec qui, dès la première saison, il provoque un big bang en atomisant les All Blacks, quatre tests à zéro. En 1956, il prend la tête de la Fédération, gérée par (et pour) les Blancs.

L'influence d'Albert Ferrasse

Coopté par ses pairs des *Home Unions*, de la Nouvelle-Zélande et de l'Australie, il devient en 1959 membre de l'International Rugby Football Board (IRFB) – il en sera trois fois président* jusqu'à son départ de l'institution. C'est à partir de ce moment-là qu'il va monter un réseau qui fera de lui un personnage très influent du rugby mondial. La grande amitié qui le liera à Albert Ferrasse à partir de la fin des années 1960 – alors qu'il ne parlait pas un mot de français… pas plus que Ferrasse ne parlait l'anglais – sera à cet égard un élément prépondérant quant à l'intégration des Français à l'International Board en 1978. La fréquentation régulière à partir de 1967 du président de la FFR – qui honnissait l'apartheid – aura aussi une véritable influence sur l'évolution de sa mentalité. C'est son obstination, par exemple, qui oblige le gouvernement de Pretoria à recevoir en 1970 les Néo-Zélandais avec leurs Maoris. Puis l'équipe de France et son trois-quarts aile noir Roger Bourgarel, un an plus tard. Et c'est encore Craven qui permet en 1980 aux Sud-Africains de découvrir le génie de Serge Blanco et d'assister à trois matchs au cours desquels les Français rencontrent une équipe noire, une autre composée de *Coloured** et une troisième multiraciale. Il reste que ce ne sont que des gouttes d'eau dans l'océan d'intransigeance grondant au cap de Bonne-Espérance.

- **Né le 11 octobre 1910** à Lindley (État libre d'Orange, Afrique du Sud).
- **Décédé le 4 janvier 1993** à Stellenbosch (province occidentale, Afrique du Sud).
- **Postes :** demi de mêlée, demi d'ouverture, trois-quarts centre, troisième ligne centre.
- **Provinces :** province occidentale, Le Cap (1932-1934) ; province orientale, Port Elizabeth (1934-1938) ; Nord-Transvaal, Johannesburg (1938). Vainqueur de la Currie Cup en 1932.
- **Afrique du Sud :** 16 sélections (1931-1938), dont 4 comme capitaine ; 23 matchs (1949-1955) en tant que sélectionneur.

37

C'est, de 1956 à 1992, le nombre d'années que Danie Craven a passées à la tête du rugby sud-africain : trente-six comme président du SARB, une en tant que coprésident de la SARFU.

Le prestige planétaire de Craven ne va pas empêcher à terme le rejet des Springboks par la communauté internationale. L'organisation chez lui de la tournée « pirate » des « Cavaliers » néo-zélandais, visant en 1986 à renouer des relations avec l'extérieur, va d'ailleurs être si mal reçue par ses amis de l'IRFB qu'il en démissionnera aussitôt et n'y remettra plus jamais les pieds. Mais il persévérera et rencontrera – en se mettant hors la loi – des représentants de l'ANC *** à Harare en 1988, pour essayer de voir comment rugbymen noirs, métisses et blancs pourraient se réconcilier lorsque l'apartheid sera aboli, ce dont il ne doute plus. En mars 1992, quelques mois avant de s'éteindre, il deviendra, avec Ebrahim Patel, le fondateur et le premier coprésident de la SARFU.

** Il s'agit alors d'une présidence tournante.*
*** Désigne en Afrique du Sud les populations d'ethnies mélangées.*
**** Congrès national africain, le mouvement de Nelson Mandela, alors emprisonné.*

LE BOK DES BOKS

Frederick Christoffel Hendrik « Frik » du Preez, né le 28 novembre 1935 à Rustenburg, dans le nord-ouest du pays, est une légende pour le peuple sud-africain blanc. Fin 1999, le SARB l'a élu « joueur du siècle », car il personnifiait à merveille ce que devait être un Springbok au xxe. À la fois puissant et technique, physique et habile, rugueux et alerte, admiré et craint par ses adversaires, il montra en 38 sélections (1961-1971) – comme deuxième ligne et… buteur – ce qu'il savait faire. En 1971, la Fédération anglaise l'invita à fêter son centenaire en l'associant au All Black Colin Meads – « joueur du siècle » chez lui – à l'occasion d'un match de gala disputé à Twickenham. Ainsi fut constituée l'espace de quatre-vingts minutes la plus formidable deuxième ligne qu'on ait jamais vue.

TOBIAS, LA PREMIÈRE FISSURE

Errol George Tobias, né le 18 mars 1950 dans un township de la province du Cap, est le premier joueur non blanc à avoir enfilé – en 1981 ! – le maillot des Springboks. Cette sélection provoqua un immense chahut en Afrique du Sud. Dénoncé à la fois par les populations blanches et les populations de couleur – ces dernières voyant dans l'acceptation de l'ouvreur noir un acte de « collaboration » –, ce choix courageux du sélectionneur Nellie Schmidt fut avant tout motivé par des raisons sportives. Six fois sélectionné (1981-1984), Tobias, vif, électrique et offensif jusqu'au bout des ongles, était selon le coach le joueur parfait pour faire évoluer le jeu sud-africain vers plus… d'ouverture. Et, mine de rien, par ce geste « insensé », ces deux hommes venaient de provoquer une première fissure dans le mur de l'apartheid.

L'HONNEUR D'UN CAPITAINE

Morné du Plessis (fils de Felix, capitaine en 1949), né le 21 octobre 1949 dans le Transvaal, fut chez lui l'un des plus grands capitaines de l'histoire. Sous son autorité, les Springboks s'adjugèrent notamment les séries de tests lors des tournées des All Blacks (1976) et des Lions (1980). Ses qualités de numéro 8 et de meneur d'hommes étaient telles que le SARB lui confia à partir de 1975 le capitanat, alors même que, dès la première de ses 22 sélections, en 1971, du Plessis avait dénoncé ouvertement l'apartheid. Son prestige et son sens de la gestion humaine amenèrent la Fédération en janvier 1995 (cinq mois avant la Coupe du monde qu'elle allait organiser) à en faire le manager d'une équipe nationale en pleine galère, au sein de laquelle on ne se parlait quasiment plus. Et, le 24 juin suivant, les Boks battirent les Blacks en finale…

KOLISI, TOUT UN SYMBOLE

Siyamthanda « Siya » Kolisi, né le 16 juin 1991 dans un township de Port Elizabeth, dans la province du Cap-Oriental, est le premier joueur noir à être devenu capitaine des Springboks, après cent quarante-six années d'histoire. Ce qui est d'autant plus symbolique qu'il a vu le jour deux semaines exactement avant l'abolition de l'apartheid. Car si, depuis le premier, Errol Tobias en 1981, une soixantaine de Noirs et/ou de *Coloured* avaient porté ce maillot, aucun n'avait eu l'honneur de diriger l'équipe nationale avant le flanker de la Western Province, le 28 mai 2018. Une date que Bryan Habana tient pour être « l'une des quatre ou cinq plus importantes dans l'histoire du pays ». Par son talent, son charisme et sa loyauté, Kolisi est incontestable dans son rôle de « premier des Boks ».

adidas
AUSTRALIA
RUGBY

L'Australie

En termes de popularité, le rugby arrive loin derrière d'autres sports en Australie. Ce qui n'a pas empêché cette nation de remporter deux Coupes du monde !

Mark Ella, David Campese et Andrew Slack (de gauche à droite) après leur victoire sur l'Écosse (37-12), le 8 décembre 1984 à Murrayfield, qui permet à l'Australie de remporter son premier Grand Chelem lors d'une tournée en Grande-Bretagne et en Irlande.

Contrairement à l'Afrique du Sud, l'Australie n'était pas vierge quand le rugby choisit d'y prendre racine en 1864. Depuis cinq ans, en effet, s'était développé sur la côte est de l'île-continent, à l'initiative de Tom Wills, un jeu de balle s'inspirant à la fois du rugby (qu'il avait découvert lors de ses études en Angleterre, à la Rugby School), du football gaélique (qu'il avait approché durant un séjour en Irlande) et du marngrook, auquel s'adonnaient les aborigènes qu'il côtoyait dans le bush de l'État de Victoria. Ce jeu était déjà si implanté et collait tant à l'idée que les rudes et rustiques Australiens se faisaient d'eux-mêmes que, devenu l'Australian Rules Football, il compte aujourd'hui près de 1,5 million de pratiquants quand les rugbymen peinent à être cent mille.* Un nombre d'autant plus dérisoire que le rugby à XIII a débarqué au début du xxe siècle avec ses malles bourrées de livres sterling et n'a pas eu à attendre longtemps pour attirer les « clients ». Il rassemble désormais plus d'un demi-million de licenciés.

C'est dire si la vie n'a pas été facile pour le XV, même s'il n'y a pas non plus toujours mis du sien. Deux exemples sont édifiants. Il a d'abord fallu attendre 1949 pour qu'une Fédération soit fondée, l'Australian Rugby Football Union, rebaptisée Rugby Australia depuis 2017. Avant, chaque État** faisait ses petites affaires dans sa boutique. Ainsi, lorsque des invitations étaient lancées de l'étranger, c'est à la Fédé de Nouvelle-Galles du Sud qu'on les adressait. Idem lorsque le Board avait des instructions à faire passer. Et si les choses se sont régularisées depuis sept décennies, il a fallu patienter jusqu'en 2014 pour que l'Australie se décide à organiser des compétitions à l'échelon national, dont la plus importante, le National Rugby Championship, met aux prises huit équipes pros***, antichambres pour les joueurs des franchises participant au Super Rugby.

Le 15 juillet 2006 à Brisbane, Matt Giteau marque l'un des six essais australiens au cours d'un match du Tri-Nations, à l'issue duquel les Springboks vont subir l'une des plus mémorables défaites de leur histoire (49-0).

Il reste que, au regard de ces « soucis d'intendance », le rugby australien ne s'en est pas si mal sorti. Les échanges avec les Lions et son voisin néo-zélandais, entretenus depuis les années 1880-1890, l'ont aidé à grandir. Son premier voyage en Europe en 1908 – à l'occasion duquel les joueurs, craignant d'être surnommés « Rabbits » par la presse anglaise, choisirent celui de « Wallabies »**** –, qui se conclut par une victoire sur l'Angleterre et une défaite au pays de Galles, l'a persuadé de persévérer. Et sa première victoire sur les Blacks dans une série de tests en 1929 (3-0) l'a définitivement convaincu qu'il avait sa place dans le rugby mondial. C'est à cette occasion que la Nouvelle-Galles du Sud et le Queensland – l'autre grosse Fédération du pays – s'entendirent sur les couleurs que porterait désormais l'équipe nationale : vert et jaune, comme la fleur du mimosa doré, la plante emblème de l'Australie depuis sa fondation en 1901.

À partir de là, c'est à leur rythme que les Wallabies ont tracé leurs pistes dans les deux hémisphères. Balisées parfois de jolis résultats : une série perdue d'un rien en Afrique du Sud (3-2) en 1934, une première Bledisloe Cup en 1934, deux tests gagnés en 1949 en Nouvelle-Zélande. Mais souvent semées aussi de dangereux pièges, avec notamment cinq défaites lors du séjour en Europe en 1958, qui annoncèrent une longue traversée du désert (48 défaites, 16 victoires et 2 nuls de 1960 à 1980).

C'est alors que tomba du ciel austral si pur une double génération d'étoiles – celles des Farr-Jones, Lynagh, Campese puis Eales, Horan, Little, Gregan, Larkham – qui permirent à l'Australie d'être la première nation à remporter deux Coupes du monde (1991 et 1999) ! Une autre suivit avec Giteau et Tuqiri puis une quatrième avec Genia et Cooper : elles furent finalistes en 2003 et en 2015. Un bilan pas si mauvais pour un sport que l'Australien moyen regarde le plus souvent du coin de l'œil. En se pinçant le nez, par-dessus le marché.

Page de droite
Le 5 août 2000, à Wellington, les Wallabies et leur capitaine John Eales (au premier plan, à l'extrême droite) fêtent la dixième Bledisloe Cup de leur histoire, après leur victoire face aux Blacks (24-23).

** Dont à peine la moitié d'adultes.*

*** Nouvelle-Galles du Sud, Victoria, Queensland, Australie-Méridionale, Australie-Occidentale, Tasmanie.*

**** Dont une fidjienne depuis 2017.*

***** Le lapin est considéré comme nuisible en Australie. Le wallaby est un cousin du kangourou.*

BLEDISLOE CUP : L'IDÉE DU GOUVERNEUR

Commencées – au niveau des test-matchs – en 1903, les relations entre les deux dominions se sont ensuite beaucoup développées en l'espace de trois décennies. Au point que quarante et une rencontres les avaient opposés quand débuta l'année 1930, celle où Charles Bathurst, premier vicomte Bledisloe, fut nommé gouverneur général de la Nouvelle-Zélande. L'une des premières mesures, honorifiques, qu'il proposa alors fut d'« intéresser la partie » en mettant en jeu un trophée récompensant l'équipe victorieuse de ce face-à-face. Dans un premier temps, la Fédération de la Nouvelle-Galles du Sud applaudit des deux mains, la NZRFU n'adhérant, elle, que du bout des lèvres. Pour preuve, l'absence dans les gazettes néo-zélandaises de toute référence à cette fameuse coupe lorsque All Blacks et Wallabies (20-13) s'affrontèrent pour la première fois après la venue de lord Bledisloe, le 12 septembre 1931 à Auckland. La Fédération kiwi ne tient d'ailleurs pas compte de cette victoire dans son palmarès de la Bledisloe Cup, qu'elle a établi à partir de 1932, contrairement à Rugby Australia qui le date, elle, de 1931. Ce qui ne change rien à l'histoire. Car, dans les deux cas, ce « bras de fer » – annuel depuis 1982* – a été remporté quarante-sept fois par la Nouvelle-Zélande.

** À raison de deux, trois voire quatre matchs par an.*

JOHN EALES

Le deuxième ligne australien reste à ce jour l'un des cinq meilleurs de l'histoire du rugby mondial. Tout comme il est l'un des plus grands joueurs de la race des seigneurs.

En Australie, on l'a surnommé « Nobody » car, dans la langue anglaise, « Nobody »… est parfait. Parce que John Eales, assure le peuple « aussie », n'a jamais eu aucun défaut. Mieux, il a, dit-on, toutes les qualités qui siéent à un honnête homme et à un sportif accompli, à plus forte raison s'il a porté le maillot des Wallabies et s'il a été cinquante-cinq fois leur capitaine, de 1996 à 2001. Voilà pourquoi, parce qu'il a tout gagné – deux Coupes du monde, deux Tri-Nations, une flopée de Bledisloe Cups, une série de tests face aux Lions, une autre en Nouvelle-Zélande, des matchs en Afrique du Sud, dix des onze rencontres qu'il a disputées lors des tournées dans l'hémisphère Nord – oui, voilà pourquoi, près de deux décennies après la fin de sa carrière, on le tient en son pays pour avoir été – et pour être encore – le meilleur rugbyman australien de tous les temps. Si la planète ovale n'en est pas à le considérer comme « le » plus fort de ses sujets, tout le monde en son sein s'accorde sur un point : avec le All Black Colin Meads, le Springbok Frik du Preez, l'Irlandais Willie-John McBride et l'Anglais Martin Johnson, John Eales est l'un des cinq plus grands deuxièmes lignes de l'histoire. Et, parmi eux, il est en prime celui qui culmine le plus haut – 2 mètres – et qui compte le plus de sélections (86 entre 1991 et 2001).

Un énorme buteur

Meads aurait probablement aimé se mesurer à ce long et dégingandé Wallaby qui, sur un terrain, savait tout faire. « The Pinetree »*, qui n'avait pas non plus été manchot pour ce qui fut de sauter, pousser et percer plein champ balle en mains, prédit après avoir vu le jeune Australien mettre la misère à son vis-à-vis anglais Martin Bayfield dès son deuxième match international, au cours de l'été 1991 : « Encore un an et, à son poste, ce type sera le meilleur de tous pour les dix années suivantes. » Quant au Sud-Africain du Preez – qui non seulement en connaissait un rayon dans ces domaines-là, mais qui fut de plus un fameux buteur, il a sûrement dû apprécier l'efficacité de son cadet, qui a inscrit avec son pied droit 163 des 173 points qu'il a marqués pour l'équipe nationale. Aucun *forward* n'a fait mieux. Il s'est même payé le luxe, le 28 novembre 1988, de battre à lui seul l'Angleterre d'un point à Twickenham (12-11), en réussissant quatre pénalités, dont la dernière dans les ultimes minutes, ce qui transporta évidemment de joie tout le peuple de l'île-continent. Ce temple est d'ailleurs l'endroit où la grâce l'a, pour la première fois, touché du doigt. Il raconte ainsi que, de nos jours encore, on l'arrête parfois dans les rues de Brisbane, Sydney, Canberra ou Melbourne pour le féliciter d'avoir chassé l'Anglais Rob Andrew sur plus d'une douzaine de mètres avant de le sécher tout près de l'en-but alors qu'il filait à l'essai le 2 novembre 1991, quand il ne restait que sept ou huit minutes à jouer et que l'Australie menait 12-6 en finale de la Coupe du monde. Ce lieu, depuis lors béni pour l'Australie, Eales y est revenu huit ans plus tard, afin d'y affronter l'Afrique du Sud en demi-finales du Mondial 1999.** Il l'avait annoncé en quarts, une semaine auparavant, devant un Gallois qui, après avoir arrêté à Cardiff son partenaire Andrew Blades d'une sale cravate, s'était penché sur lui une fois qu'il était à terre et lui avait demandé ironiquement : « Où est-ce que t'étais en train de filer comme ça, mec ? » Eales s'était alors approché du coupable et, très suavement, lui avait répondu : « À Twickenham, mon ami, à Twickenham... » Et c'est toujours très calmement que, après cinq ou six minutes de jeu en finale (35-12), le 6 novembre suivant, il profita d'un « énième » arrêt dû à une violente faute française pour dire clairement à l'arbitre sud-africain André Watson : « Au train où vont les choses, la sécurité de mes joueurs ne va plus être assurée. Si les Français ne cessent pas, nous quitterons le terrain. »

Finalement les Australiens restèrent, et ils firent bien. Cela leur permit de recevoir une deuxième fois le trophée William Webb-Ellis. Qui fut remis par Élisabeth II à John Eales, lequel, bien que fervent républicain, la remercia d'un très civil et respectueux : « Merci, Votre Majesté. »

** Le surnom de Meads.*

*** Australie-Afrique du Sud : 27-21.*

- **Né le 27 juin 1970** à Brisbane (État du Queensland, Australie).
- **Postes :** deuxième ligne, numéro 8.
- **Province, franchise :** Queensland (1990-2001), Queensland Reds (1996-2001).
- **Australie :** 86 sélections (1991-2001) ; 173 points inscrits. Vainqueur de la Coupe du monde en 1991 et en 1999, du Tri-Nations en 2000 et en 2001, de la Bledisloe Cup en 1992, 1994, 1998, 1999, 2000 et 2001.
- **Barbarians britanniques :** 1 invitation (1994).

173

C'est le nombre de points que John Eales a marqués en matchs internationaux, un record pour un avant.

LE PREMIER GRAND… WALLABY

Nicholas Michael Shehadie (1926-2018) a été le premier Wallaby à obtenir une reconnaissance mondiale. Trente fois international entre 1947 et 1958 – dont trois en tant que capitaine – au poste de pilier, de deuxième ligne ou de numéro 8, il fut un joueur essentiel lors de la tournée de 1947-1948 en Europe (4 tests gagnés sur 5) et lors du triomphe en Nouvelle-Zélande (série remportée 2-0) l'année suivante. En 1958, il devint le premier rugbyman de l'hémisphère Sud à avoir effectué deux tournées dans les îles britanniques et en Irlande, et le premier joueur invité par les Barbarians à affronter… sa propre équipe nationale. Élu maire de Sydney en 1973, il devint ensuite président de la Fédération australienne de 1980 à 1987. Membre de l'IRFB, il joua – avec Albert Ferrasse et Danie Craven – un rôle prépondérant dans la création de la Coupe du monde.

LA RETRAITE À… 25 ANS

Mark Gordon Ella, né le 5 juin 1959 à Randwick, dans l'État de Nouvelle-Galles du Sud, a été – après Cec Ramalli (1938) et Lloyd McDermott (1962) – le troisième aborigène à porter le maillot des Wallabies, vingt-cinq fois de 1980 à 1984, dont dix comme capitaine. Jusqu'à ce que, subitement, il arrête sa carrière à… 25 ans, alors qu'il avait acquis un statut de pop star en Australie après avoir marqué un essai à chacun des quatre tests remportés en Grande-Bretagne et en Irlande. Doté d'une merveilleuse technique, d'un sens tactique hors normes et d'un coup de pied très précis, et débordant de géniales inspirations, on le tient pour avoir été le meilleur demi d'ouverture « aussie » de tous les temps. David Campese, de son côté, le définit comme étant « le plus grand rugbyman [qu'il lui] a été donné de voir ».

UN SEIGNEUR AU « PAS DE L'OIE »

David Ian Campese, connu aussi sous le surnom de « Campo », né le 21 octobre 1962 à Queanbeyan, dans l'État de Nouvelle-Galles du Sud, a été l'un des plus grands trois-quarts aile de l'histoire. Sélectionné cent une fois (1982-1996), il a été élu meilleur joueur de la Coupe du monde en 1991. Et s'il est le troisième meilleur marqueur d'essais en matchs internationaux (64), c'est son « pas de l'oie », si déroutant pour l'adversaire accourant pour le plaquer, qui l'a rendu célèbre. Sa carrière terminée, il est resté un personnage et un seigneur. Après avoir claironné en 2003 que l'Angleterre ne remporterait pas la finale, il a ainsi arpenté un mois plus tard Oxford Street, à Londres, déguisé en « homme-sandwich » portant deux panneaux sur lesquels était écrit : « Je l'admets, la meilleure équipe a gagné. »

GREGAN LE CHAMBREUR

George Musarurwa Gregan, né le 19 avril 1973 à Lusaka, en Zambie, est arrivé à Canberra quand il avait 2 ans et a joué de 1994 à 2007 cent trente-neuf fois au poste de demi de mêlée avec les Wallabies, dont cinquante-neuf en tant que capitaine. Il a disputé quatre Coupes du monde, en a remporté une (1999) et a perdu une finale (2003). Il a surtout formé avec Stephen Larkham une mythique paire de demis sélectionnée à soixante-dix-neuf reprises, un record. Accessoirement, Gregan était, sur le terrain, un chambreur sans égal, surtout lorsqu'il affrontait les All Blacks, dont il disait « ne pas supporter la suffisance ». Après les avoir éliminés en demi-finales du Mondial 2003, il leur lança ainsi en quittant le terrain : « Quatre ans de plus [à attendre], les gars, quatre ans de plus ! »

L'Irlande

Malgré les drames qu'elle a vécus au XXe siècle, l'Irlande était au printemps 2019 classée troisième puissance mondiale par World Rugby.

Une heure environ avant le coup d'envoi du match Irlande-Écosse disputé au Ravenhill Stadium de Belfast* et comptant pour le Tournoi 1954, une dizaine d'Irlandais natifs du Sud menacèrent de ne pas participer à la rencontre au prétexte que le *God Save the Queen* serait joué puisqu'on était en Ulster, c'est-à-dire en territoire britannique. La discussion avec leurs camarades de cette province rattachée à la Couronne fut alors pour le moins âpre, et la Fédération finit par résoudre la question en promettant aux rebelles que le XV du Trèfle n'évoluerait plus dorénavant qu'à Lansdowne Road.

Cet exemple est le seul où la partition politique de l'île – datant de 1922 – posa un jour problème aux joueurs. Car, même au plus fort de la guerre d'indépendance (1919-1921) et de la période que l'on nomme *The Troubles* – qui, de 1969 à 1998, fit plus de trois mille cinq cents victimes en Irlande du Nord –, jamais le rugby irlandais ne se fissura. Cela tint à ses fondations même.

Ce sport, découvert à Édimbourg, Oxford, Cambridge ou Londres par des étudiants de la *middle class* protestante de Dublin, s'implanta d'abord au prestigieux Trinity College puis se diffusa rapidement dans les quatre provinces du territoire.** Dès 1874, deux unions furent créées : l'une aurait autorité sur le Leinster, le Munster et les trois quarts de l'Ulster, l'autre gérerait ses affaires à Belfast et dans ses environs. Elles se regrouperont finalement en 1879 pour donner naissance à l'Irish Rugby Football Union (IRFU), à laquelle sera rattaché le Connacht en 1886.

On n'attendit toutefois pas que l'IRFU voie le jour pour lancer un défi à l'Angleterre en 1875 puis un autre à l'Écosse en 1877, les Gallois étant eux plus réticents à répondre à l'invitation – ils ne le feront qu'en 1882. Dès lors, tout était en place pour que s'installe

Le 14 février 2015, les Irlandais pénètrent dans leur repaire de l'Aviva Stadium pour y affronter les Français (18-11).

l'hiver suivant le premier Home Nations Championship, au cours duquel l'Irlande subit deux défaites.*** Tout était surtout au point pour que l'Irlande soit, avec l'Écosse et le pays de Galles, l'une des trois mères fondatrices de l'International Rugby Football Board en 1886, puisque les Anglais boudaient.

Ces échanges devenus annuels n'allaient pas pour autant développer ni démocratiser le rugby qui, dans le sud comme dans le nord du pays, était avant tout l'apanage de la bourgeoisie protestante irlando-britannique, le « petit peuple » – catholique, lui – restant attaché au football gaélique, pratiqué sur son sol depuis le XVIe siècle, ainsi qu'au hurling, avec ses cent quatre-vingt-dix mille licenciés. Le XV n'est d'ailleurs encore aujourd'hui que le troisième sport pratiqué en Irlande.

Eoin Reddan, Richardt Strauss, Paul O'Connell et Jordi Murphy chantent *Ireland's Call* à l'Aviva Stadium le 15 août 2015, avant le coup d'envoi d'un match de préparation à la Coupe du monde, face à l'Écosse (28-22).

Les provinces restent unies

Il n'empêche que, dix-neuf ans après que le rugby a officiellement enfoncé ses racines dans cette terre, l'équipe nationale remporte la première de ses onze Triples Couronnes, s'installe définitivement dans le paysage et devient suffisamment forte pour résister dans les décennies suivantes aux tumultes de l'histoire. Ainsi, les quatre provinces resteront unies au sein l'IRFU après l'indépendance du Sud – ce qui est toujours le cas – et, afin de ne pas blesser ses internationaux de l'Ulster, la Fédération refusera de hisser aux mâts de Lansdowne Road le drapeau du nouvel État, jusqu'à ce que le gouvernement le lui impose, en 1932.

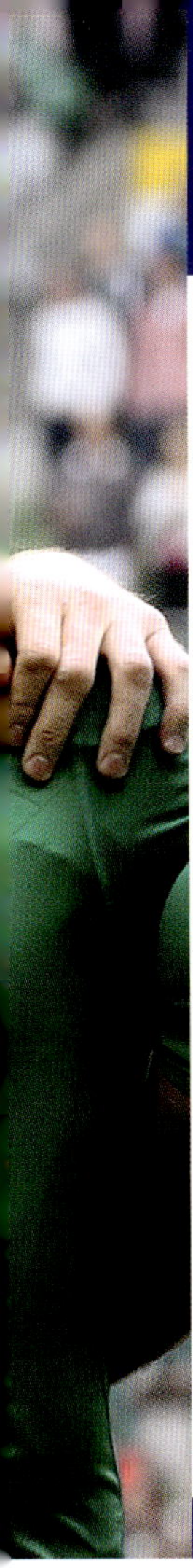

UNE TERRE, DEUX HYMNES

Capitaine durant la première Coupe du monde, en 1987, Donal Lenihan eut du vague à l'âme trois jours avant d'affronter le pays de Galles à Wellington. Se doutant bien que les trois à quatre mille Gallois présents allaient entonner de tous leurs chœurs l'émouvant *Hen Wlad fy Nhadau* *, le vieux Donal pensa que cela allait être une fois encore très triste pour lui et ses camarades d'entamer un match international à l'étranger sans avoir écouté *Amhrán na bhFiann* ** – dont les paroles sont en langue irlandaise –, puisque, depuis qu'il avait été choisi comme hymne national en 1926, il n'avait jamais été joué hors du territoire de la République. Pour éviter des soucis diplomatiques avec la Grande-Bretagne, les gouvernements des autres pays se gardèrent bien en effet, pendant des décennies, de faire entendre chez eux cet air adopté par les nationalistes durant la guerre d'indépendance qui déboucha sur la partition nord-sud. Histoire de se sentir moins seuls avant le coup d'envoi, Lenihan et ses équipiers demandèrent donc à leurs dirigeants d'intervenir auprès du comité d'organisation pour qu'il accepte de diffuser une ballade irlandaise datant du XIXe siècle – *The Rose of Tralee* –, que le pilier Phil Orr avait enregistrée sur une cassette. Ce qui fut fait. Le son craché par les haut-parleurs ayant toutefois été exécrable, l'expérience s'arrêta là. Mais pas le débat. Qui s'amplifia un peu plus après le Mondial 1991. La Fédération lança alors un appel – c'est le cas de le dire – aux auteurs-compositeurs nationaux. C'est ainsi qu'*Ireland's call* *** – dont les paroles sont en anglais, afin que les joueurs de l'Irlande du Nord puissent le chanter – jaillit du « génie » de Phil Coulter en 1995. Cet hymne est depuis joué et repris en chœur par les rugbymen représentant l'Irlande dans tous les stades du monde, même si, à Dublin, il est toujours précédé d'*Amhrán na bhFiann*, que les « nordistes » ne chantent pas, toutefois.

* *« Terre de mes ancêtres. »*
** *« La chanson du soldat. »*
*** *« L'appel de l'Irlande. »*

Ce tournant des années 1920-1930 voit d'ailleurs éclore une génération qui s'adjugera trois fois le Tournoi des Cinq Nations avant de passer le relais à la suivante en… 1948. Cette dernière, emmenée par le brillantissime ouvreur Jake Kyle, enlèvera un premier Grand Chelem (1948) puis deux autres Tournois (1949, 1951). Un long hiver tombera ensuite sur le pays celte avant que les McBride, Gibson, Slattery, Kennedy et compagnie ne lui redonnent des couleurs en 1973 et en 1974, et que leurs « héritiers » – MacNeill, Irwin, Keane, Lenihan… – fassent de même aux premiers soleils des eighties.

Mais, ce qui va dynamiser le rugby, c'est l'apparition du professionnalisme. Afin de résister à la force de frappe des clubs anglais et français, l'IRFU va regrouper au début du XXIe siècle ses meilleurs joueurs au sein de quatre équipes, une par province. L'avènement, au même moment, des trois « O » magiques – O'Driscoll, O'Gara, O'Connell – va alors permettre à l'Ulster, au Munster et au Leinster de brandir sept Coupes d'Europe entre 1999 et 2018, et à l'Irlande de s'approprier quatre Tournois des Six Nations, dont deux assortis d'un Grand Chelem (2009, 2018). Il n'est au fond qu'en Coupe du monde qu'elle n'est pas parvenue à hausser son jeu d'un ton, n'ayant jamais réussi à franchir le cap des quarts de finale.

Double page suivante
Deux actions illustrant la première défaite de leur histoire des All Blacks à Dublin (16-9), le 17 novembre 2018. À gauche, Peter O'Mahony, avec Devin Toner au soutien, est impérial en touche. À droite, Jacob Stockdale marque l'unique essai de la rencontre, malgré l'intervention désespérée de Damian McKenzie.

** En 1926, la Fédération avait décidé que les deux matchs du Tournoi où l'Irlande recevrait auraient lieu en alternance à Dublin et à Belfast.*
*** Munster, Leinster, Ulster, Connacht.*
**** L'Angleterre, cette année-là, fut la seule à affronter les trois nations.*

GUINNESS
vodafone
AIG
adidas
ALL BLACKS
AIG
adidas
vodafone
IRFU
4

AIG
15
11

TONY O'REILLY

Il fut le joueur le plus atypique de son pays. Et devint, à la fin du XXe siècle, le premier Irlandais milliardaire en dollars de l'histoire.

En plus de quatre-vingts années passées en ce bas monde, Anthony Joseph Francis O'Reilly – ou, si l'on préfère, « Tony », voire « sir Anthony » * – a eu une vie si singulière qu'il est l'un des hommes les plus populaires en son pays, et certainement l'un des dix Irlandais ayant le plus marqué l'histoire de l'île au siècle dernier.

Parce que, sur un plan personnel d'abord, son destin fut hors du commun. Après avoir fait de correctes études chez les jésuites sans toutefois jamais épater ses professeurs par le moindre « cadrage-débord » scolaire... il a fait fortune. Elle fut immense. ** Le résultat d'une carrière professionnelle solidement menée qu'il a vraiment commencée – après quelques fructueuses transactions – en intégrant le groupe agro-alimentaire américain Heinz, inventeur, entre autres, du ketchup du même nom. Seize ans plus tard, en 1987, il accédait au poste de P-DG, le premier de l'histoire qui ne fut pas un membre de la famille. Parallèlement à ce parcours, il mit un pied dans Independant News & Medias, dont il développa et diversifia les activités pour finir par devenir un *tycoon* influent de Fleet Street, à Londres, et faire de son entreprise à partir des années 1980 un puissant groupe de presse, en Afrique du Sud, en Australie et en Nouvelle-Zélande, notamment. Trois pays qu'il connaissait parfaitement pour y avoir, en 1955 et en 1959, usé ses crampons avec les Lions britanniques et irlandais, deux bonnes occasions lui ayant également permis de planter les graines de relations futures.

C'est en cela que le rugby est le second domaine ayant fait de cet homme un personnage si original. Ainsi, avant que l'Italien Mauro Bergamasco le dépasse en 2014, il fut le joueur ayant eu la plus longue longévité dans le Tournoi : il y entra le 22 janvier 1955 avec une défaite contre la France (5-3) à Lansdowne Road et en sortit à Twickenham le jour de la Saint-Valentin 1970. Soit après quinze ans et vingt-trois jours. Une rencontre qu'il disputa... sept saisons après sa dernière apparition dans le XV du Trèfle, pour remplacer au pied levé, à 33 ans, Frank O'Driscoll, le père de Brian, forfait à la dernière minute. Rencontre dont, au demeurant, O'Reilly ne profita guère, puisqu'il la vécut en plein cirage après avoir reçu d'entrée un coup sur le crâne. Dieu sait pourtant s'il avait savouré ce rappel. Pour le montrer – bien que n'émargeant pas encore chez Heinz, mais ayant déjà fait quelques juteuses affaires –, « il arriva en Rolls-Royce au premier entraînement, le jeudi matin à Dublin, et son chauffeur porta son sac jusqu'au vestiaire », raconte Willie-John McBride, son prestigieux partenaire de l'époque.

Double recordman d'essais

Ce qui rend cependant l'Irlande particulièrement fière de son cher Tony, c'est la trace qu'il a laissée chez les Lions britanniques et irlandais les deux fois où il en a été membre ainsi que le lien que les Barbarians ont tissé avec lui. Avec les premiers, il reste le recordman d'essais (38) marqués en tournée et durant les tests (10 en autant de rencontres). Avec les seconds, il est le joueur ayant reçu le plus d'invitations de leur part (30, de 1955 à 1963), qu'il a honorées en touchant trente-huit fois dans l'en-but adverse : c'est là aussi un record. Ces deux « stats » s'expliquent parfaitement par les qualités sportives et humaines de ce garçon. Le grand « Cliff » Morgan, qui, en Afrique du Sud, fut en 1955 son capitaine lors des matchs dits « de province »***, expliqua en effet un jour que, dans le petit discours qu'il tenait à ses joueurs avant la rencontre, il leur demandait de « se donner à 100 %. Mais, ajouta-t-il, je me suis aperçu après la première qu'avec Tony il n'était point nécessaire de tenir ce genre de propos. Il avait joué à 2 000 % de ses capacités et avait déjà vingt ans d'avance. » Son vieux pote de la tournée de 1959 en Australie et en Nouvelle-Zélande, l'Écossais Ken Scotland, justifia une autre fois : « Tony a toujours eu un comportement exemplaire et très amical avec les adversaires. Et c'était aussi un merveilleux compagnon de voyage, toujours prêt à donner un coup de main, le premier à vous soutenir pour marcher lorsque vous boitiez ou lorsque le moral vous fuyait. » Ce qui, forcément, n'échappa pas aux « Baa-Baas »...

** Bien que natif de la République, il a été anobli en 2001 pour services rendus à... l'Irlande du Nord.*

*** Ses affaires ayant beaucoup périclité, il a dû vendre en juin 2019 l'immense manoir qu'il possédait dans le comté de Kildare.*

**** L'Irlandais Robin Thompson était le capitaine de la tournée, donc des test-matchs.*

- **Né le 7 mai 1936** à Dublin.
- **Poste :** trois-quarts aile.
- **Clubs :** Old Belvedere, Leicester, London Irish.
- **Irlande :** 29 sélections (1955-1970).
- **Lions :** 10 tests (1955-1959).
- **Barbarians britanniques :** 30 invitations (1955-1963).

38

C'est le nombre d'essais en autant de matchs (dont 10 tests) qu'il a marqués avec les Lions britanniques et irlandais : un record.

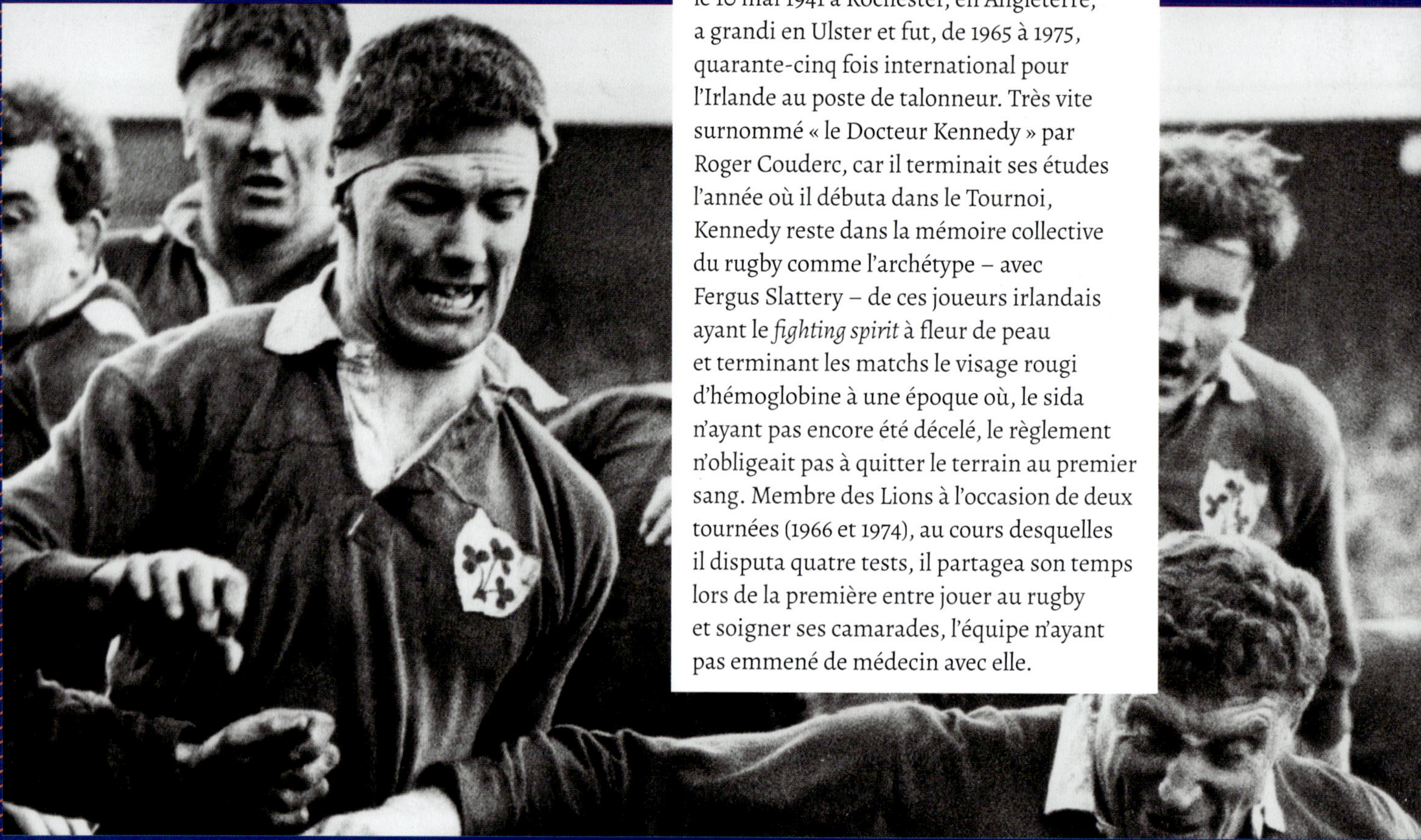

L'AUTRE KENNEDY CÉLÈBRE

Kenneth William « Ken » Kennedy est né le 10 mai 1941 à Rochester, en Angleterre, a grandi en Ulster et fut, de 1965 à 1975, quarante-cinq fois international pour l'Irlande au poste de talonneur. Très vite surnommé « le Docteur Kennedy » par Roger Couderc, car il terminait ses études l'année où il débuta dans le Tournoi, Kennedy reste dans la mémoire collective du rugby comme l'archétype – avec Fergus Slattery – de ces joueurs irlandais ayant le *fighting spirit* à fleur de peau et terminant les matchs le visage rougi d'hémoglobine à une époque où, le sida n'ayant pas encore été décelé, le règlement n'obligeait pas à quitter le terrain au premier sang. Membre des Lions à l'occasion de deux tournées (1966 et 1974), au cours desquelles il disputa quatre tests, il partagea son temps lors de la première entre jouer au rugby et soigner ses camarades, l'équipe n'ayant pas emmené de médecin avec elle.

WARD, LE RUGBYMAN FOOTBALLEUR

Anthony Joseph Patrick « Tony » Ward, né le 8 octobre 1954 à Dublin, est probablement l'un des deux ou trois demis d'ouverture irlandais de l'histoire ayant été le plus tournés vers l'attaque. Dix-neuf fois sélectionné (1978-1987), il fut l'un des modèles de Franck Mesnel, marqua 113 points pour l'Irlande dont 38 lors de son premier Tournoi, ce qui reste un record pour un *rookie*. Jusqu'à ce que Jonny Wilkinson le détrône, il en détint un autre pendant un quart de siècle, celui du plus grand nombre de points marqués par un Lion lors d'un test-match, 18 en 1980 contre l'Afrique du Sud (22-26) au Cap. Footballeur accompli par ailleurs, il s'arrangea pendant quelques saisons pour mener une carrière parallèle, puisqu'il fut titulaire aux Shamrock Rovers (1973-1974) puis à Limerick United, avec qui il disputa la Coupe de l'UEFA (1981-1982) et remporta la Coupe d'Irlande en 1982.

O'GARA AVAIT TOUS LES DONS

Ronan John Ross O'Gara, né le 7 mars 1977 à San Diego, aux États-Unis, a grandi à Cork, en République d'Irlande. Tardivement capé – à 23 ans – en équipe nationale, il s'est ensuite rattrapé. Avec 128 sélections (2002-2017), il est ainsi le deuxième joueur – derrière Brian O'Driscoll (133) – à avoir le plus souvent enfilé le maillot vert frappé du trèfle. Mais il est celui qui a marqué le plus de points (1 083) pour l'Irlande, ce qui le situe au quatrième rang mondial, toutes nationalités confondues. Ayant tous les dons demandés à un demi d'ouverture, il était aussi brillant dans ses lancements de jeu que dans son sens des tirs au but et dans son instinct du drop. C'est en en réussissant un à l'ultime seconde, le 21 mars 2009 à Cardiff, qu'il donna la victoire aux Irlandais (17-15) et leur permit de remporter le deuxième Grand Chelem de leur histoire, soixante et un ans après le premier.

BEST, LE TRÈFLE AU CŒUR

Rory David Best, né le 15 août 1982 à Cravaignon, dans le comté d'Armagh, en Irlande du Nord, est devenu capitaine de l'équipe d'Irlande en 2015, lorsque Paul O'Connell, un « sudiste », a pris sa retraite internationale. Une succession qui n'a pas été une seconde contestée, tant ce talonneur jouant pour l'Ulster en Coupe d'Europe a le trèfle cousu au cœur. Cent dix-sept fois sélectionné depuis 2005 – dont une dizaine avec Simon, son frère, à ses côtés en première ligne –, il est l'un des avants ayant dans l'histoire marqué le plus d'essais en matchs internationaux (10). Barré par les Anglais Dylan Hartley en 2013 et Jamie George quatre ans plus tard, il n'a, malheureusement pour lui, jamais disputé le moindre test avec les Lions bien qu'ayant participé à leurs tournées, la première en Australie, la seconde en Nouvelle-Zélande.

L'Écosse

Cette nation a pris deux initiatives historiques qui la posent comme la « fille aînée » du rugby (puisque l'Angleterre, qui l'a créé, en est la « mère »).

L'idée géniale et fondatrice que l'on doit aux Écossais est celle d'avoir, sur leur proposition, organisé le premier match international de l'histoire, tous sports confondus, à Raeburn Place – un terrain de cricket d'Édimbourg –, le 26 mars 1871. Leur seconde initiative tient à l'origine même de l'International Rugby Football Board. Contestant la façon dont les Anglais avaient chez eux décompté les points en mars 1884, la Scottish Football Union* refusa de les affronter l'année suivante lors du Home Nations Championship. Et n'accepta de continuer à les fréquenter qu'à condition que la Rugby Union soit d'accord pour s'asseoir autour d'une table avec les trois autres fédérations afin de discuter de l'uniformisation des règles. Elle le fut. Évidemment. Mais se garda bien d'entreprendre quoi que ce fût. Lassés, les Écossais approchèrent donc les Gallois et les Irlandais, et leur première réunion, en décembre 1886, est retenue aujourd'hui par World Rugby comme celle de la naissance du « Board ».

Cela écrit, comment cette « jeune fille » a-t-elle grandi depuis ? En termes de palmarès, elle a fait comme elle a pu : quatorze Tournois remportés seule depuis 1883, trois Grands Chelems **, dix Triples Couronnes et une demi-finale de Coupe du monde, en 1991. C'est somme toute assez maigre au regard des statistiques anglaises, galloises et françaises. La faute à la pauvreté, en quantité, de son réservoir de licenciés. ***

Pour exister, l'Écosse a donc dû réussir des coups et, à l'occasion, révéler des joueurs exceptionnels. En devenant, par exemple, la deuxième *Home Union* – après l'Angleterre – à parvenir la même année à battre les trois autres (1891). Ou la première à dominer les Springboks (6-0) lors de leur tournée de 1906 en Grande-Bretagne. En étant, aussi, la première nation européenne à s'imposer à Twickenham, en 1926.

L'enthousiasme d'un supporter écossais pénétrant dans Murrayfield avant une rencontre face à l'Angleterre.

Au-delà de ses formidables avants – Telfer, Sole, Calder, Jeffrey, Brown, Weir ou Ford –, ce sont surtout trois immenses arrières qui maintiendront à flot la réputation de la nation à partir des seventies : Andy Irvine, Gavin Hastings et Stuart Hogg.

Squattant depuis 1871 les terrains de Glasgow et d'Édimbourg, le XV du Chardon – emblème du pays depuis le XIIIe siècle, arboré dès le premier match – disposa de son stade à partir de 1925. Érigé à Murrayfield, pouvant accueillir soixante-dix mille spectateurs – une capacité pharaonique pour l'époque –, il fut inauguré le 21 mars 1925, pour la venue de l'Angleterre. Y fut fêté un premier *Grand Slam*, remporté grâce à une merveilleuse génération dont le trois-quarts aile Ian Smith était la vedette. Mais il faudra attendre près de quarante ans pour que l'Écosse épate à nouveau la galerie, au mois de janvier 1964, quand Jim Telfer et sa bande empêchèrent les All Blacks de réussir un premier Grand Chelem en Europe en les tenant en échec (0-0) lors du dernier test.

Au-delà de ses formidables avants – Telfer, donc, mais aussi Sole, Calder, Jeffrey, Brown, Weir ou Ford –, ce sont surtout trois immenses arrières qui maintiendront à flot la réputation de la nation à partir des seventies. Andy Irvine d'abord, qui enflammera de 1972 à 1982 les pelouses des deux hémisphères. Gavin Hastings ensuite, qui ne connut qu'un raté dans sa carrière, lorsqu'en octobre 1991 il manqua face aux poteaux anglais une pénalité synonyme de qualification pour la finale de la Coupe du monde. Stuart Hogg enfin, qui, depuis 2012, file sur les traces des deux autres.

Si on veut être tout à fait complet, on se doit aussi de noter que, pour se faire remarquer, l'Écosse a parfois « réussi » des « faits d'armes » moins reluisants. Ainsi fut-elle la première des quatre nations britanniques à se faire battre par la France (16-15), dès 1911. Très près de ses sous, elle refusa en 1924 son territoire aux « Invincibles » de George Nepia, au prétexte que cela lui coûterait trop cher. Et, sept ans plus tard, intégriste en matière d'amateurisme et d'éthique, c'est elle qui se fit intransigeant procureur pour exclure du Tournoi des Cinq Nations la France, coupable de professionnalisme maquillé. Redoutant des tricheries, l'Écosse refusa aussi jusqu'en 1972 de créer un championnat. Voilà des choses essentielles qui comptent aussi dans la grande histoire du rugby.

** Fondée en 1873, elle fut rebaptisée « Scottish Rugby Union » en 1925.*

*** 1925, 1984, 1990.*

**** À peine plus de quarante-cinq mille licenciés en 2018.*

MCLAREN, LE COUDERC BRITANNIQUE

William Pollock « Bill » McLaren (1923-2010) était un troisième ligne aux portes de l'équipe nationale écossaise lorsqu'en 1947 il fut frappé par la tuberculose, qui l'envoya dix-neuf mois dans un sanatorium où, pour la radio interne, il s'amusa à commenter les rencontres de ping-pong entre patients. Une fois guéri, il reprit son métier de prof de gym dans les Borders jusqu'au jour où, des années après, BBC Radio le contacta. Et, le 7 février 1953, il était devant le micro pour commenter de Murrayfield la défaite de l'Écosse face au pays de Galles. Six ans plus tard, il passa à la télé et ne la quitta que le 6 avril 2002, après une victoire du XV du Chardon à… Cardiff. Grand-père de Rory Lawson, trente-deux fois sélectionné à la mêlée (2006-2010), Bill fut surnommé « la Voix du rugby » en Grande-Bretagne. C'est la raison pour laquelle il est entré au World Rugby Hall of Fame en 2015.

HOGG, AVEC UN « H », COMME HÉRITIER

Stuart William Hogg, né le 24 juin 1992 à Melrose, dans les Borders, renvoie par son style et son numéro 15 aux deux grands anciens que furent Andy Irvine et Gavin Hastings, et il lui arrive parfois de mettre son talent et ses brillantes inspirations à l'ouverture. Soixante-sept fois sélectionné entre 2012 et juin 2019, c'est une période où il a marqué dix-neuf essais, soit le quatrième total de l'histoire du rugby écossais. Deux fois élu meilleur joueur du Tournoi des Six Nations, en 2016 (premier Écossais honoré) et en 2017, il aurait sans nul doute été titulaire chez les Lions cette année-là pour leur tournée en Nouvelle-Zélande si une blessure, dès le troisième match, ne l'avait obligé à rentrer en Écosse. Hogg se relança vite : il était considéré comme le meilleur arrière du monde à l'entame de la Coupe du monde 2019.

ANDY IRVINE

Élu meilleur joueur du XXe siècle en son pays, il fut la première star mondiale du rugby écossais.

Deux avis disent bien ce que représentait Andrew Robertson Irvine sur un terrain. Le premier a été donné par le deuxième ligne Gordon Brown – décédé en 2001 à 53 ans –, qui fut son capitaine : « Lorsque nous sentions que le match était en train de mal tourner, nous envoyions systématiquement le ballon à Andy, en nous disant qu'il allait bien trouver une solution… » Le samedi 16 février 1980, par exemple. Au coup d'envoi du match contre la France à Murrayfield, l'Écosse n'a plus remporté une seule rencontre depuis trente-six mois, tout juste. Et la première mi-temps qu'elle réalise n'augure rien de bon ; c'est même un miracle qu'elle ne soit menée que de trois points lorsque l'arbitre siffle le repos (7-4). Jim Renwick, le trois-quarts centre de 28 ans, en a tellement conscience qu'en saisissant un quartier d'orange sur le plateau que leur tend un soigneur au bord du terrain – comme cela se faisait à l'époque – il dit, à moitié ironique, à son arrière âgé d'un an de plus : « On ferait bien de le savourer, celui-là, car ça pourrait être le dernier. » Et, quatorze minutes plus tard, les Français ont encore creusé l'écart : 14-4. Le score en est donc là à la 69e lorsque, réceptionnant sur ses 22 mètres une passe du « vieux » Jim, justement, Irvine se lance dans une interminable chevauchée de 60 mètres qui aboutit à un essai qu'il transforme lui-même. Huit minutes après, au bout d'un long enchaînement qu'il a initié de son camp, c'est encore lui qui est là pour récupérer le ballon à portée de l'en-but français et marquer son second essai. Durant le temps restant, il va jusqu'à terminer le boulot en enquillant deux pénalités : 24-14 ! Dans *L'Équipe* du lundi qui suivit, le journaliste conteur qu'était Denis Lalanne expliqua comment Jean-Pierre Rives et ses camarades avaient été battus à… « Irvinefield ». C'est ce jour-là qu'Andy est devenu une star mondiale. L'autre jugement définissant parfaitement ce joueur, le meilleur du XXe siècle au nord du mur d'Hadrien, est celui que porta un jour à son endroit Bill McLaren, commentateur du rugby à la BBC de 1953 à 2002 : « Irvine et [l'Australien] Campese sont deux aventuriers des terrains. On est heureux lorsqu'ils reçoivent le ballon parce qu'on se doute qu'ils vont tenter quelque chose d'original… même si cela ne se termine pas toujours très bien. » Il reste que si ses fulgurances – dont celle de relancer l'action par d'improbables courses fendant les défenses – ne furent pas systématiquement heureuses, elles devinrent sa marque de fabrique et lui valurent le surnom d'« Ivanhoé », légendaire héros national.

Toujours recordman avec les Lions

Chevaleresque, Irvine a toutefois reconnu qu'il ne le fut pas toujours lorsqu'il était gamin. Ne s'intéressant qu'au foot et – orphelin de père – passant plus de temps à traîner dans les ruelles du vieil Édimbourg qu'à faire ses devoirs une fois la classe terminée, il expliqua souvent que c'est d'être entré lorsqu'il avait une douzaine d'années

à la George Heriot's School – à deux pas du château royal, où le rugby était une religion – qui l'empêcha sans doute de se gâcher. Et, deux ou trois hivers plus tard, à Murrayfield, c'est en voyant jouer Ken Scotland – l'un des tout premiers arrières européens à ne pas utiliser uniquement les pieds, mais aussi la tête et les jambes – qu'il eut envie de l'imiter.
La suite vint naturellement. International à 20 ans puis membre des Lions à 23, il disputa avec ces derniers son premier test-match en 1974, lors d'une tournée triomphale en Afrique du Sud. * Au poste de trois-quarts aile… Parce qu'à l'arrière rayonnait l'indéboulonnable Gallois JPR Williams, aussi offensif que lui mais bien meilleur en défense. Un « exil » qu'il supporta avec humilité – « À cette époque-là, JPR était bien plus fort que moi » – et qui lui permit de disputer 15 de ses 22 matchs en marquant les 156 premiers points des 281 qu'il a inscrits en 42 rencontres ** réparties sur 3 tournées ***, et qui font toujours d'Andy Irvine le recordman du genre chez les Lions britanniques et irlandais. Douze points de plus qu'avec sa chère Écosse très rock and roll des années 1970, celle de ces originaux qu'étaient avec lui les Renwick, McGeechan, Rutherford, Beattie, Brown, lesquels jouaient brillamment tous les ballons mais gagnaient… rarement.

** Trois tests remportés, un match nul.*
*** Tests et matchs dits « de province » compris.*
**** Afrique du Sud (1974, 1980), Nouvelle-Zélande et Fidji (1977).*

- **Né le 16 septembre 1951** à Édimbourg (Écosse).
- **Poste :** arrière.
- **Club :** Heriot's RC.
- **Province :** Edinburgh District.
- **Écosse :** 51 sélections (1972-1982), dont 15 comme capitaine ; 269 points inscrits.
- **Lions :** 9 tests (1974-1980) ; 28 points inscrits.
- **Barbarians britanniques :** 16 invitations (1973-1979).

297

C'est le nombre de points qu'il avait marqués en test-matchs avec l'Écosse et les Lions lorsqu'il arrêta sa carrière internationale, le 12 juillet 1982. Il établit ce jour-là un record du monde.

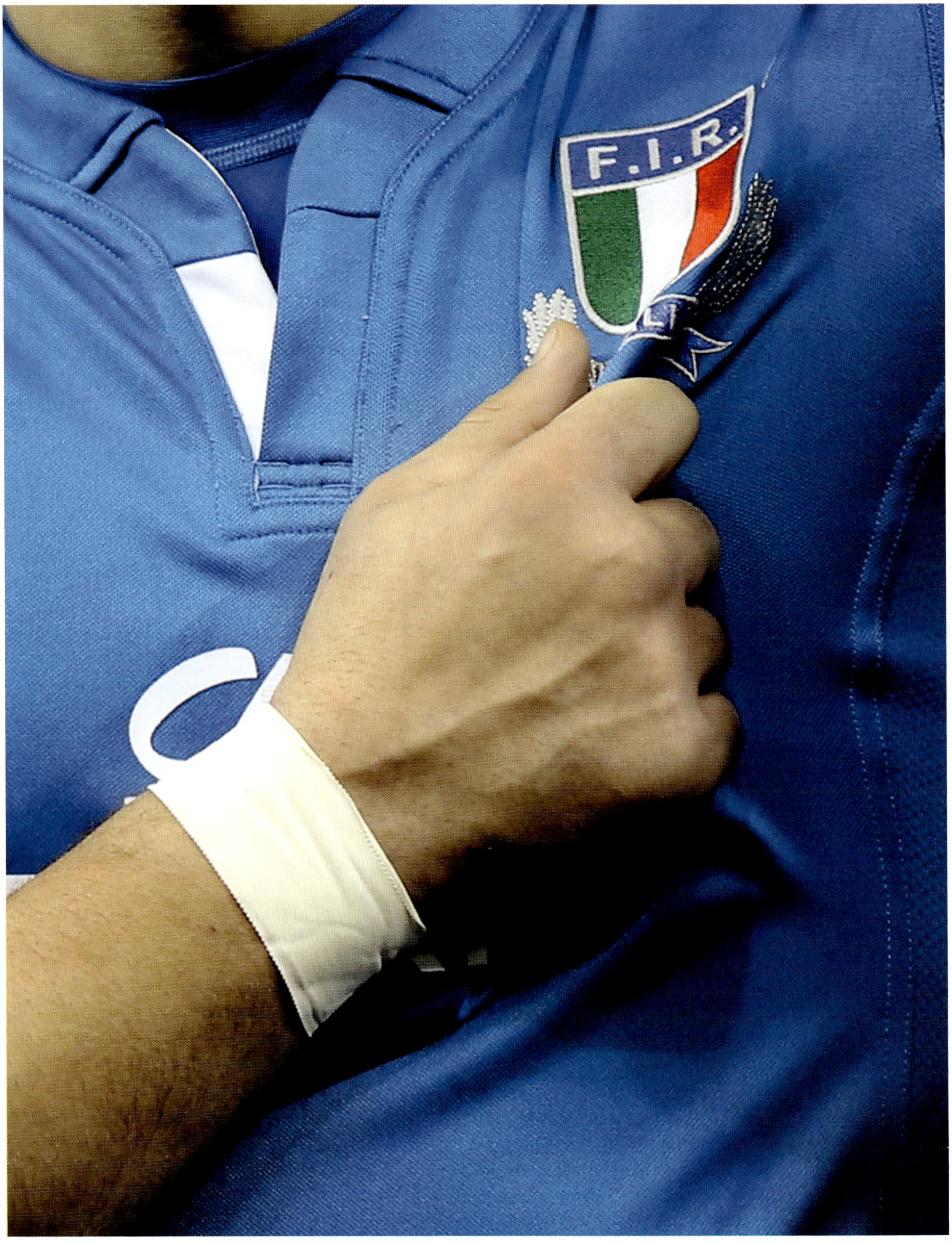
F.I.R.

L'Italie

La Squadra Azzurra n'était que quatorzième du classement de World Rugby à l'orée de la Coupe du monde 2019. Un rang qui reflète mal la place qu'elle tient dans le rugby européen depuis plus d'un demi-siècle.

C'est le demi d'ouverture italien Rodolfo Ambrosio qui, le vendredi 22 mai 1987 à 15 heures, sous le soleil rasant de l'Eden Park, à Auckland, donna le coup d'envoi de la première Coupe du monde. Et qui lança ainsi l'histoire. Face aux All Blacks. Chez eux!

Cela ne participe évidemment que de l'anecdote. Un Fidjien, un Argentin – autres adversaires des Néo-Zélandais dans ce groupe – ou plus simplement Grant Fox auraient tout aussi bien pu donner ce coup de pied fondateur. Il reste que, en choisissant ce garçon pour poser la première pierre, le hasard n'a ce jour-là pas si mal fait les choses. Car l'Italie, avec la Roumanie, est l'un des deux pays qui se sont arrangés pour que, pendant plus de soixante-dix ans, le rugby ne reste pas confiné en Europe aux cinq nations disputant depuis 1910 le Tournoi. Certes, elle n'avait, en 1987, encore jamais battu l'une d'elles, mais les relations régulières qu'elle entretenait depuis 1953 avec le rugby français au niveau des équipes nationales montraient qu'elle était pleine de bonne volonté – et pas maladroite du tout de ses mains ni, surtout, de ses pieds...

Installé dans le pays depuis le début du XXe siècle et s'étant développé lors des deux ou trois décennies suivantes en Lombardie et en Vénétie, le rugby italien s'était doté d'une Fédération – la Federazione Italiana Rugby – en 1928, avait organisé un championnat et disputé son premier match international l'année suivante (défaite contre l'Espagne, 9-0). La sélection s'était aussi attaché dès 1934 les services d'un entraîneur français très respecté – Julien Saby – pour la faire progresser. Un lien qui ne sera jamais rompu, puisque Pierre Villepreux (1978-1981), Pierre Berbizier (2005-2007) et Jacques Brunel (2011-2016) transmettront à leur tour leur savoir au-delà des Alpes. Comme d'autres le firent au tournant des années 1980-1990, mais en tant que joueurs. Des stars de

Comme dans tous les autres sports, le maillot des rugbymen italiens est bleu. C'est pour cela que la Squadra est *azzurra*.

LE BEAU SERGIO

Sergio Francesco Matteo Parisse, né le 12 septembre 1983 à La Plata (Argentine), est le joueur ayant disputé le plus de rencontres dans le Tournoi des Six Nations : 69 depuis 2002, année où John Kirwan, alors coach de la Squadra et voyant en lui un futur Zinzan Brooke, lui offrit la première des 138 sélections – dont 88 en tant que capitaine – qu'il avait obtenues au printemps 2019. Ce qui fait de Parisse le quatrième joueur le plus capé de tous les temps derrière McCaw (148), O'Driscoll (141) et Gregan (139). Numéro 8 au talent immense et homme de grande classe, il a été deux fois champion de France avec le Stade Français (2007, 2015) et a reçu trois invitations des Barbarians, dont deux fois pour être leur capitaine, contre l'Angleterre et le pays de Galles en 2011.

l'hémisphère Sud en fin de carrière – les All Blacks Kirwan, Green et Botica, les Wallabies Campese et Lynagh, le Springbok Naas Botha – joindront ainsi l'utile à l'agréable en se faisant discrètement un petit pécule avec les dollars versés par deux ou trois gros sponsors italiens, à une époque où le professionnalisme n'était pas encore établi – officiellement – dans le milieu.

En 1987, donc, l'Italie du rugby découvre le grand monde. Difficilement dès son premier match contre les Blacks (70-6), mais elle en verra d'autres face à ceux qui deviendront « ses » bourreaux en Coupe du monde : 101-3 en 1999, 70-7 quatre ans plus tard, 76-14 en 2007. Il n'empêche qu'elle bat les Fidji et que, hormis en 1999, elle ne rentrera jamais « fanny » d'un Mondial.

À partir de 2003 – c'est-à-dire trois ans après avoir commencé à vraiment progresser grâce à son entrée dans le Tournoi des Six Nations –, elle assurera d'ailleurs à chaque fois deux victoires à l'occasion de l'événement planétaire, ne manquant même en 2007 que de trois points la qualification pour les quarts de finale, après une défaite 16-18 face à l'Écosse lors de sa dernière rencontre de poule, à Saint-Étienne.

Cette année-là sera aussi la plus réussie des *Azzurri* dans le Tournoi. D'abord parce qu'ils termineront quatrièmes, leur meilleur classement (ils le seront aussi en 2013), mais surtout parce qu'ils réussiront un premier coup d'éclat extravagant à Murrayfield, où ils s'imposeront (37-17) contre les Écossais après avoir mené 21-0 (!) au bout de six minutes. Et un second dans leur repaire du Stadio Flaminio de Rome, en renversant la

CES ITALIENS DE FRANCE

	POSTE	NOMBRE DE SÉLECTIONS	CLUBS
Sergio Lanfranchi	Flanker	21 (1949-1964)	Grenoble
Francesco Zani	Numéro 8	11 (1960-1965)	Agen
Massimo Giovanelli	Flanker	60 (1989-2000)	PUC, Narbonne
Diego Domínguez *	Demi d'ouverture	74 (1991-2003)	Stade Français
Alessandro Troncon	Demi de mêlée	101 (1994-2007)	Clermont
Mauro Bergamasco	Flanker	106 (1998-2015)	Stade Français
Salvatore Perugini	Pilier	83 (2000-2011)	Toulouse, Bayonne
Andrea Lo Cicero	Pilier	103 (2000-2013)	Toulouse, Racing 92
Marco Bortolami	Deuxième ligne	112 (2001-2015)	Narbonne
Santiago Dellapè	Deuxième ligne	64 (2002-2011)	Agen, Biarritz, Toulon, Racing 92
Mirco Bergamasco	Trois-quarts centre ou aile	89 (2002-2012)	Stade Français, Racing 92
Martin Castrogiovanni	Pilier	119 (2002-2016)	Toulon, Racing 92
Gonzalo Canale	Trois-quarts centre	86 (2003-2015)	Clermont, La Rochelle
Sergio Parisse	Numéro 8	138 (depuis 2002)	Stade Français

* *Il compte aussi 2 sélections avec l'Argentine.*

situation face aux Gallois juste avant que la sirène ne retentisse, avec un essai de Mirco Bergamasco (23-20). C'est grâce à la meilleure génération de joueurs qu'elle a eue sous la main au cours de son histoire que la Squadra a connu ces dix merveilleux mois. Une dizaine d'entre eux jouaient dans des clubs français parmi les plus huppés, et le paquet d'avants, mené à la baguette par Alessandro Troncon, était l'un des deux ou trois plus forts de l'époque.

Sergio Parisse en est le dernier survivant. Et c'est bien le problème de cette nation qui a « ramassé » la « cuillère de bois » lors des quatre derniers Tournois de la décennie 2010 : 2016, 2017, 2018, 2019.

RUGBY
2015
UAR

L'Argentine

Longtemps réservé à une élite bien née et/ou professionnellement installée, le rugby argentin, sans s'être beaucoup démocratisé, a néanmoins pris une dimension mondiale à partir de la fin des années 1990.

Importé par des Irlandais au début des années 1870, ce sport resta longtemps confiné à la communauté britannique de Buenos Aires, laquelle organisait des matchs au sein des clubs privés qu'elle avait créés et qui mettaient à disposition de leurs adhérents, outre un terrain pour le cricket et le rugby, de luxueux club-houses, parcours de golf et autres piscines aux dimensions « olympiques », bien que les JO n'eussent pas encore été rénovés. Initiées par leurs amis de Londres, d'Édimbourg ou de Dublin, l'aristocratie et la bourgeoisie argentines s'intéressèrent alors à cette activité *so British* dans les décennies qui suivirent, tant et si bien que le rugby investit petit à petit l'université de Buenos Aires, celle de Rosario, dans la province de Santa Fe, et beaucoup d'écoles privées des banlieues huppées de la capitale.

Cinq clubs* fondèrent alors, en 1899, la première Fédération – la River Plate Rugby Unión –, qui resta jusqu'en 1931 affiliée à la... Rugby Union anglaise, et qui dut changer de nom pour devenir l'Unión Argentina de Rugby quand elle voulut être reconnue par le CIO. Avec le XXe siècle, le rugby s'ouvrit à d'autres grandes villes, telles Mendoza et Córdoba, et de plus en plus aux jeunes Argentins des classes aisées ayant fait de solides études. Ce qui n'a pas changé depuis. Pour ne citer que quelques exemples, Hugo Porta, ce demi d'ouverture dont Mark Ella, qui en connaissait un rayon, dit un jour qu'il était « le meilleur qu'il dut affronter », Porta, donc, est architecte et fut ambassadeur en Afrique du Sud de 1991 à 1994. Plus près de nous, Mario Ledesma (qui joua entre autres à l'ASM) et Rodrigo Roncero (Stade Français), partenaires en première ligne des Pumas, sont médecins, et leur camarade en équipe nationale Felipe Contepomi, trois-quarts centre de Toulon puis du « Stade », est, lui, chirurgien orthopédiste.

Le 18 octobre 2015, Juan Imhoff s'en va marquer le quatrième essai argentin lors de l'écrasante victoire des Pumas à Cardiff face à l'Irlande (43-20), en quarts de finale de la Coupe du monde.

LE « CHE » RUGBYMAN ? PAS UNE LÉGENDE

Ernesto « Che » Guevara de la Serna (1928-1977) a véritablement et sérieusement joué au rugby. De 13 à 23 ans. D'abord à Córdoba puis – durant ses études de médecine – à Buenos Aires, en première division à San Isidro, club que son père le força à quitter, jugeant qu'au regard de son asthme chronique jouer à ce niveau était dangereux pour sa santé. Surnommé « Fuser »* tant son jeu était agressif au poste de demi de mêlée, il se rabattit sur un petit club voisin – l'Ypora Rugby Club – après avoir toutefois écrit au *padre* : « J'aime le rugby et, devrais-je en crever, je continuerai à jouer. » Emballé par les prestations de l'équipe de France lors de la tournée qu'elle effectua en 1949, il créa dans les mois qui suivirent une revue nommée *Tackle* qui, onze numéros durant, défendit le beau jeu et prôna l'extension de ce sport à toutes les classes sociales.

** Contraction du mot* furibondo *– « furibond », en espagnol – et de Serna, le nom de jeune fille de sa mère.*

Ces Pumas ne doivent leur *nickname* qu'à un journaliste sud-africain ayant confondu en 1965 cet animal avec le jaguar qu'ils ont brodé sur le cœur. Le surnom est resté. Depuis près d'un demi-siècle, leur force ne réside pas dans la rapidité à dévaler le terrain ni dans l'aptitude à bondir sur les ballons qui traînent mais dans la puissance de leur mêlée, que l'on nomme la « Bajadita » et qui tordit à un point tel celle des Français lors d'une tournée en 1986 que Jean-Pierre Garuet, expert en la matière, ne put que constater que « c'[était] un mur, une masse compacte contre laquelle on ne [pouvait] rien ». Même les All Blacks se sont cassé les dents dessus en novembre 1985, lorsqu'ils furent bien heureux de s'en sortir avec un match nul (25-25) au Ferrocarril Stadium de Buenos Aires.

Les eighties sont d'ailleurs la décennie où les huit nations du Board** – dont l'ancien demi de mêlée Agustín Pichot (71 sélections) est depuis 2016 le vice-président – ont pris conscience que l'Argentine était désormais un partenaire à la hauteur. D'abord en en faisant le neuvième membre de l'institution (1987) et en l'invitant à participer à la première Coupe du monde. Elle n'en a manqué aucune édition depuis et y a même fait des étincelles : troisième en 2007 en battant la France à l'occasion du match de classement puis demi-finaliste en 2015.

Participant au Rugby Championship – le tournoi des quatre nations de l'hémisphère Sud –, les Argentins disputent aussi depuis 2016 le Super Rugby. Où ils sont représentés par les Jaguares, une franchise regroupant les meilleurs joueurs du pays, dans laquelle les Pumas puisent désormais quasi exclusivement pour constituer leur équipe.

** Les quatre clubs de Buenos Aires et celui de Rosario.*

*** Aujourd'hui World Rugby.*

Page de droite
Juan Martín Hernández, Diego Domínguez, Agustín Pichot et Ignacio Corleto après leur victoire avec le Stade Français sur Perpignan (38-20) en finale du Top 14, le 26 juin 2004 au Stade de France.

CES ARRIÈRES DES CAMPAGNES FRANÇAISES

	POSTE	NOMBRE DE SÉLECTIONS	CLUBS
Diego Domínguez *	Demi d'ouverture	2 (1989)	Stade Français
Lisandro Arbizu	Demi d'ouverture	86 (1990-2005)	Brive, Bègles, Pau, Bayonne
Agustín Pichot	Demi de mêlée	71 (1995-2007)	Stade Français, Racing 92
Gonzalo Quesada	Demi d'ouverture	38 (1996-2003)	Narbonne, Béziers, Stade Français, Pau, Toulon
Ignacio Corleto	Trois-quarts aile	37 (1998-2007)	Narbonne, Stade Français
Federico Todeschini	Trois-quarts centre	21 (1998-2008)	Grenoble, La Rochelle, Bègles, Béziers, Montpellier
Felipe Contepomi	Trois-quarts centre	87 (1998-2013)	Toulon, Stade Français
Juan Martín Hernández	Demi d'ouverture	74 (2003-2017)	Stade Français, Racing 92, Toulon
Federico Martín Aramburú	Trois-quarts centre	22 (2004-2009)	Biarritz, Perpignan, Dax
Juan Imhoff	Trois-quarts aile	35 (2009-2015)	Racing 92
Nicolás Sánchez	Demi d'ouverture	74 (depuis 2010)	Bordeaux, Toulon, Stade Français

* *Il compte aussi 74 sélections avec l'Italie.*

LES NATIONS DU PACIFIQUE

Respectivement neuvièmes, treizièmes et seizièmes au classement établi par World Rugby avant la Coupe du monde 2019, les Fidji, Tonga et Samoa font partie du paysage mondial depuis plus de trente ans. Rien de surprenant pour ces trois nations archipels où le rugby a toujours été le sport numéro un.

CES ALL BLACKS VENUS DES ÎLES *

	PAYS DE NAISSANCE	POSTE	NOMBRE DE SÉLECTIONS
Bernie Fraser	Fidji	Trois-quarts aile	23 (1979-1984)
Inga Tuigamala **	Samoa	Trois-quarts centre ou aile	19 (1991-1993)
Olo Brown	Samoa	Pilier	56 (1992-1998)
Alama Ieremia **	Samoa	Trois-quarts centre	30 (1994-2000)
Pita Alatini **	Tonga	Trois-quarts centre	17 (1999-2001)
Jerry Collins	Samoa	Flanker	48 (2001-2007)
Rodney So'oialo	Samoa	Numéro 8, flanker	62 (2002-2009)
Joe Rokocoko	Fidji	Trois-quarts aile	68 (2003-2010)
Mils Muliaina	Samoa	Arrière	100 (2003-2011)
Chris Masoe	Samoa	Flanker	20 (2005-2007)
Sione Lauaki	Tonga	Numéro 8	17 (2005-2008)
Sitiveni Sivivatu	Fidji	Trois-quarts aile	45 (2005-2011)
Isaia Toeava	Samoa	Arrière	36 (2005-2011)
Jerome Kaino	Samoa américaines	Numéro 8	81 (2006-2017)

* *Comptant au moins 10 sélections.*
** *Sélectionnés aussi avec l'équipe de leur pays de naissance.*

Josua Tuisova marque le deuxième essai des Fidjiens lors de leur historique victoire sur les Français (21-14), le 24 novembre 2018 au Stade de France.

LES FIDJI

Ils furent les premiers (même s'ils perdirent leurs deux tests, à Colombes et à l'Arms Park) à se faire connaître en Europe, où ils effectuèrent une tournée en 1964. Véritablement révélés par leurs dispositions pour le rugby à VII dans les années 1970, c'est en jouant de la même manière – c'est-à-dire en sacrifiant le plus souvent le combat en mêlée et dans les regroupements et en privilégiant un époustouflant jeu offensif – que les Fidjiens se sont fait ensuite une solide réputation à XV, réussissant parfois de jolis coups. Par exemple en tenant longtemps tête (16-31) aux Français en quarts de finale de la Coupe du monde 1987 ou en les humiliant (21-14) le 24 novembre 2018 au Stade de France.

Arrivée du rugby : 1884.
Danse rituelle : cibi.
Coupe du monde : 7 participations (jusqu'en 2015) ; quarts de finale en 1987 et en 2007, barrages en 1999.
Victoires historiques : contre l'Australie en 1952 (à Sydney, 17-15) ; contre l'Écosse en 1998 (à Suva, 51-26) ; contre le pays de Galles au Mondial 2007 (à Nantes, 38-34) ; contre la France en 2018 (à Saint-Denis, 21-14).
Principaux internationaux évoluant ou ayant évolué en France : Eroni Sau, Timoci Nagusa, Ben Volavola, Leone Nakarawa, Levani Botia, Akapusi Qera, Napolioni Nalaga, Rupeni Caucaunibuca, Maleli Kunavore, Sireli Bobo.

Le trois-quarts aile samoan Brian Lima tente de déborder son vis-à-vis gallois Ieuan Evans au cours du match de poule du Mondial 1991 qui a vu les hommes du Pacifique créer une énorme sensation en s'imposant 16-13.

LES SAMOA

En hommage à un héroïque guerrier du temps jadis, ils se sont donné pour surnom « Manu Samoa ». En 1991, l'extraordinaire Pat Lam et ses camarades sont passés sur le corps des Gallois lors du premier Mondial auquel ils participaient. Ils ont remis cela quatre ans plus tard – Argentins et Italiens peuvent en témoigner –, même si, lors de l'une des plus violentes rencontres de l'histoire, les Samoans ont trouvé à qui parler avec les Springboks, en quarts de finale (42-14). Hormis un engagement physique souvent « limite », l'archipel est aussi devenu célèbre grâce à la fratrie Tuilagi : Alex, Henry, Andy, Freddie et Vavae ont tous été internationaux samoans, et Manu a porté trente et une fois le maillot de l'Angleterre.

Arrivée du rugby : début des années 1920.
Danse rituelle : siva tau.
Coupe du monde : 7 participations (jusqu'en 2015) ; quarts de finale en 1991 et en 1995, barrages en 1999.
Victoires historiques : contre le pays de Galles au Mondial 1991 (à Cardiff, 16-13) ; contre l'Irlande en 1996 (à Dublin, 40-25) ; contre Galles au Mondial 1999 (à Cardiff, 38-31) ; contre l'Argentine en 2005 (à Buenos Aires, 28-12) ; contre l'Australie en 2011 (à Sydney, 32-23) ; contre l'Écosse en 2013 (à Durban, 27-17).
Principaux internationaux évoluant ou ayant évolué en France : Paul Alo-Emile, Census Johnston, Daniel Leo, Alex Tuilagi, Brian Lima.

Les Tonguiens exécutent le sipi tau après leur victoire contre les Français (19-14) lors de la phase de poules de la Coupe du monde, le 1er octobre 2011 à Wellington.

LES TONGA

Bien qu'ayant participé à sept des huit Coupes du monde qui se sont disputées de 1987 à 2015, les Tonguiens n'ont pas la même réputation que les Fidjiens et les Samoans, même s'ils ont réussi un exploit en battant la France – future finaliste – durant la phase de poules du Mondial 2011. Leur relative faiblesse – ils n'ont jamais franchi le premier tour – s'explique en partie par un petit réservoir de licenciés, estimé à environ trois mille joueurs, contre plus de neuf mille chez leurs « voisins ». Une famille a beaucoup fait pour la réputation des Tonga : les Vunipola. Les trois frères Manu, Elisi et Fe'ao ont été internationaux tonguiens, et les fils du dernier nommé, Billy et Mako, sont titulaires dans le XV d'Angleterre.

Arrivée du rugby : début des années 1920.
Danse rituelle : sipi tau.
Coupe du monde : 7 participations (jusqu'en 2015) ; n'ont jamais dépassé le stade des poules.
Victoires historiques : contre l'Australie en 1973 (à Brisbane, 16-11) ; contre la France en 1999 (à Nuku'alofa, 20-16) ; contre la France au Mondial 2011 (à Wellington, 19-14) ; contre l'Écosse en 2012 (à Aberdeen, 21-15).
Principaux internationaux évoluant ou ayant évolué en France : Sila Puafisi, Steve Mafi, Vunga Lilo, Sione Piukala, Finau Maka, Inoke Afeaki.

LE RESTE DU MONDE

Les sept pays qui, avec les nations du Tournoi, du Rugby Championship et des archipels du Pacifique, ont participé à la Coupe du monde 2019 sont répartis sur quatre continents.

Les Namibiens écoutent leur hymne le 22 septembre 2011 au North Harbour Stadium, en Nouvelle-Zélande, avant de subir face aux Springboks l'une de leurs pires défaites en Coupe du monde (87-0).

LA NAMIBIE

Depuis 1999, la Namibie s'est toujours qualifiée pour la Coupe du monde mais n'y a guère brillé. Des vingt pays qui ont participé à celle de 2019, elle est la seule, avec la Russie, à n'avoir jamais remporté la moindre rencontre au cours des précédentes éditions. C'est d'autant plus étonnant que, avant son indépendance (en 1990), lorsqu'elle était encore le Sud-Ouest africain, elle disputait la Currie Cup et était forcément imprégnée du rugby springbok. Il ne reste plus rien de cet héritage, même si une dizaine d'internationaux jouent dans des franchises sud-africaines et dans des clubs anglais.

Namibie : 5 participations à la Coupe du monde (jusqu'en 2015) ; aucun match remporté ; n'a jamais dépassé le stade des poules. Vingt-troisième au classement World Rugby (2019).

L'arrière géorgien Beka Tsiklauri célèbre l'essai qu'il va marquer aux All Blacks dès la 5e minute du match de poule de la Coupe du monde opposant les deux nations, le 2 octobre 2015 à Cardiff.

LA GÉORGIE ET LA RUSSIE

La Géorgie, qui s'est éveillée au rugby au tournant des années 1950-1960, lorsqu'elle était encore l'une des républiques de l'ex-Union soviétique, a pris aujourd'hui la place de la Roumanie, très forte durant trois décennies (1960-1990). C'est lors de la Coupe du monde 2003 que les « Lelos » – un surnom leur venant du lélo bourti, un jeu de balle ancestral se rapprochant du rugby – ont commencé à se faire remarquer. Dès la suivante, après une formidable résistance face à l'Irlande (10-14), leur marque de fabrique était définitivement déposée : une tenue en mêlée exceptionnelle. Grâce, notamment, à des piliers hors normes, à commencer par le Clermontois Davit Zirakashvili, finaliste du Top 14 en 2019. Dès lors, les Géorgiens se sont régulièrement imposés dans le championnat européen – le « Tournoi B » des Six Nations –, dont ils ont remporté sept des huit dernières éditions. Avant que la Russie ne devienne un État, le 25 décembre 1991, l'IRFB était déjà très attentif au développement du rugby dans l'ex-URSS, puisque le Board lui proposa d'être l'une des seize nations devant participer à la première Coupe du monde. Les Soviétiques déclinèrent toutefois l'offre au prétexte que l'Afrique du Sud – bien que n'étant, elle, pas invitée – était toujours membre de l'institution. Le drapeau rouge ayant cessé de flotter sur le Kremlin et l'apartheid de sévir en Afrique australe, plus rien n'empêcha alors les Russes d'essayer de monter dans le train mondial... en passant par les qualifications. Après 2011, ils y sont parvenus pour la deuxième fois en 2019.

Géorgie : 4 participations à la Coupe du monde (jusqu'en 2015) ; 4 matchs remportés ; n'a jamais dépassé le stade des poules. Vainqueur du Tournoi B en 2018 et en 2019. Douzième au classement World Rugby (2019).
Russie : 1 participation à la Coupe du monde (jusqu'en 2015) ; aucun match remporté ; n'a jamais dépassé le stade des poules. Deuxième du Tournoi B en 2018. Vingtième au classement World Rugby (2019).

Le trois-quarts centre américain Andrew Suniula transperce la défense uruguayenne lors d'un match de qualification pour la Coupe du monde 2015.

LE CANADA, LES ÉTATS-UNIS ET L'URUGUAY

Installé dès le début des années 1870, le rugby a vite et bien trouvé sa place au Canada. La Fédération a été fondée en 1882, une équipe la représentant a fait une tournée dans les *Home Unions* en 1902 et les All Blacks, de passage en Amérique du Nord, ont même accepté de rencontrer une sélection de Colombie-Britannique en 1906 et en 1913. Puis tout s'est éteint chez les « Canucks », jusqu'à ce que la Canadian Rugby Union soit réanimée en… 1965 et invitée vingt-deux ans plus tard à participer à la première Coupe du monde. Bien que s'étant qualifiés pour les quarts en 1991, les Canadiens n'ont jamais réussi à s'installer sur la durée, par la faute d'un réservoir de joueurs trop petit. Même si l'un d'eux, Jamie Cudmore – dit « le Bûcheron » – a fait carrière à Clermont, où il a été de 2005 à 2016 un mythique deuxième ligne.

Aux États-Unis, le rugby a aussi fait son apparition vers la fin du XIXe siècle, et une sélection nationale s'est mesurée, en 1913 à Berkeley, aux All Blacks (51-3). Après les titres olympiques remportés en 1920 et en 1924, ce sport est toutefois retombé dans l'anonymat, totalement écrasé par ses rivaux professionnels. Jusqu'à ce que la fondation d'une Fédération – en 1975 (!) – lui redonne un peu de vitalité dans les collèges et universités. Invités à participer à la première Coupe du monde, les Eagles ont depuis progressé en disputant, entre autres, l'Americas Rugby Championship, un « Tournoi des Six Nations » américain mettant annuellement aux prises l'Argentine B, les États-Unis, le Canada, l'Uruguay, le Chili et le Brésil. Quant à l'Uruguay, dont le deuxième ligne Rodrigo Capó Ortega était le capitaine du Castres olympique champion de France en 2018, elle est depuis plus de vingt ans la meilleure nation sud-américaine derrière l'Argentine.

Canada : 8 participations à la Coupe du monde (jusqu'en 2015) ; 7 matchs remportés ; quarts de finale en 1991. Troisième du « Tournoi » américain en 2016. Vingt et unième au classement World Rugby.
États-Unis : 7 participations à la Coupe du monde (jusqu'en 2015) ; 3 matchs remportés ; n'ont jamais dépassé le stade des poules. Vainqueurs du « Tournoi » américain en 2017 et en 2018. Quinzièmes au classement World Rugby.
Uruguay : 3 participations à la Coupe du monde (jusqu'en 2015) ; 2 matchs remportés ; n'a jamais dépassé le stade des poules. Deuxième du « Tournoi » américain en 2019. Dix-neuvième au classement World Rugby.

Les Japonais fiers et heureux après l'exploit qu'ils viennent de réaliser en battant les Springboks (34-32) lors de leur premier match de la Coupe du monde 2015, le 19 septembre à Brighton, en Angleterre.

LE JAPON

Le Japon, où le rugby a pris racine à la fin du XIXe siècle et dont la Fédération (JRFU) a été fondée en 1926, est la seule nation d'Asie dont le niveau de jeu est compatible avec celui pratiqué en Coupe du monde. Les « Cherry Blossoms » (« Fleurs de cerisier ») ont d'ailleurs participé à toutes les éditions. Les modestes résultats qu'ils y ont d'abord obtenus ont incité la JRFU à passer au professionnalisme et à créer la Top League, un championnat dans lequel s'affrontent les équipes des principaux groupes japonais. De prestigieux Australiens et Néo-Zélandais – Gregan, Larkham, Giteau, Nonu, Kaino, Carter, notamment – ont alors accouru et transmis un peu de leur savoir. Afin de faire progresser l'équipe nationale, la Fédération a aussi engagé des entraîneurs étrangers, Eddie Jones par exemple, qui a officié de 2012 à 2015. C'est d'ailleurs sous son autorité que le Japon a obtenu ses meilleurs résultats, en s'imposant trois fois durant le Mondial 2015, sa victoire face à l'Afrique du Sud (34-32) ayant été « la » surprise de cette Coupe du monde.

Japon : 8 participations à la Coupe du monde (jusqu'en 2015) ; 4 matchs remportés ; n'a jamais dépassé le stade des poules. Onzième au classement World Rugby.

NatWest
ISUZU

LES COMPÉTI-TIONS

Le calendrier sportif international du rugby est désormais un assemblage d'épreuves très anciennes, comme le Tournoi, institué entre Britanniques dès 1882, ou les tournées, une tradition très spécifique à ce sport, et d'autres beaucoup plus récentes, comme la Coupe du monde, lancée en 1987, ou la Coupe d'Europe des clubs, créée encore plus tard, en 1995. Un savant équilibre entre deux époques.

SIX NATIONS
CHAMPIONSHIP
TROPHY
GUINNESS
GUINNESS
GUINNESS
GUINNESS
GUINNESS
SIX NATIONS
GUINNESS
SIX NATIONS

Le Tournoi des Six Nations

Le Tournoi des (désormais) Six Nations est entré depuis bien longtemps au panthéon des épreuves sportives. Et, malgré l'évolution moderne du rugby, le plaisir de retrouver chaque hiver ces rendez-vous chargés de tradition est toujours aussi fort.

Le Tournoi des Six Nations, qui fut d'abord celui des Quatre Nations – britanniques – puis des Cinq Nations avec la France, avant de s'ouvrir à l'Italie en 2000, est l'une des plus vieilles compétitions de l'histoire du sport. Seuls l'America's Cup, mythique course à la voile dont la toute première régate date de 1851 – et qui en est déjà à son cinquième défi en 1881 – ainsi que le tournoi de tennis de Wimbledon, dont les garçons disputent la première édition en 1877, l'ont en fait précédé. Autant dire que le Tournoi, puisque son nom commun est devenu une marque, s'impose en quelque sorte comme la plus ancienne épreuve internationale de toute l'histoire des grands sports collectifs.

Les rencontres entre les quatre nations britanniques débutent en 1871 avec un fameux Écosse-Angleterre. Elles s'installent progressivement tout au long de cette décennie mais ce n'est qu'en 1882-1883 – sur deux années, pour la première édition – que le Home Nations Championship est officiellement instauré (même si le match entre le pays de Galles et l'Irlande manque à l'appel, les deux équipes ayant déjà perdu leurs deux autres confrontations). Le premier Tournoi « complet » date donc de 1884, où chaque sélection affronte réellement les trois autres. Mais, avec l'absence des Anglais, qui refusent de rejoindre l'International Board, puis celle des Gallois, accusés de professionnalisme, il faut attendre la fin des années 1890 pour que cette épreuve atteigne son rythme de croisière.

Depuis 1993, un trophée est remis au vainqueur du Tournoi. Cette coupe comporte désormais six faces symbolisant les six nations engagées.

Dans les temps héroïques, de 1882 à 1898, il y eut pas moins de cinq éditions inachevées (et sans classement), pour diverses raisons. Sur les vingt-deux Tournois entièrement tenus de l'origine à 1909, dernière année avant l'admission de la France, ce sont les Écossais qui s'imposent le plus fréquemment, avec neuf victoires finales (dont sept seuls en tête), devant les Gallois (huit victoires, dont sept non partagées), les Anglais (cinq, dont trois non partagées) et les Irlandais (quatre, dont une non partagée).

En 1910, la France est donc admise dans ce qui devient alors le Tournoi des Cinq Nations et le reste jusqu'en 1931, année où les Français, dont certains joueurs sont suspectés de professionnalisme, sont exclus de la compétition. Pendant ces vingt-deux années, le Tournoi, évidemment non disputé de 1915 à 1919, est dominé par l'Angleterre (dix victoires, dont huit seule en tête), loin devant l'Écosse (cinq, dont deux non partagées), le pays de Galles (quatre, dont trois non partagées) et l'Irlande (trois, mais jamais seule en tête), les Français ne faisant jamais mieux que deuxièmes.

Jusqu'en 1939, le Tournoi redevient donc celui des quatre nations britanniques, qui se partagent équitablement les victoires. La France est réintégrée le 9 juillet 1939, mais la Seconde Guerre mondiale inflige un coup d'arrêt à cette épreuve, qui ne reprend qu'en 1947. La compétition est d'abord dominée par l'équipe d'Irlande, qui s'impose trois fois en cinq ans, puis viennent en 1954 et en 1955 les premières victoires françaises (ex aequo) et, enfin, en 1959, le tout premier triomphe « en solitaire » des Tricolores. C'est le début d'une belle domination jusqu'en 1962, avant que ne commence celle des Gallois, victorieux de dix des quatorze éditions disputées jusqu'en 1979, sachant que, en 1972, le Tournoi ne peut se terminer en raison du conflit en Irlande du Nord (l'année du terrible massacre de Londonderry, le Bloody Sunday).

En 1980, l'Angleterre regagne enfin une compétition qui lui échappait depuis 1963, mais cette décennie sera surtout française (six victoires). L'Angleterre reprend la main au début des années 1990 (quatre victoires en six ans) tandis que le rugby s'ouvre au professionnalisme. L'occasion de « transformer » le bon vieux Tournoi et d'en faire une Coupe d'Europe des nations du rugby, qui va bientôt offrir une place à une sixième sélection, l'Italie, admise en 2000.

Au XXIe siècle, la première décennie voit encore une suprématie partagée entre les Français (quatre victoires) et les Anglais (trois), mais la deuxième est largement dominée par les Britanniques, l'Irlande, le pays de Galles et l'Angleterre l'emportant trois fois chacun, la France ne s'imposant qu'en 2010.

Page de droite, en haut
Fameuse photo de Jean Prat à la lutte avec l'Écossais Gullie Wilson le 15 janvier 1949 à Colombes.

Page de droite, en bas
Furieux combat à la touche le 16 mars 1991 à Twickenham, où l'Anglais Dean Richards prend un bras (français) en pleine poire.

5

LE GRAND CHELEM

Ce n'est qu'en 1957 qu'un journaliste anglais du *Times* invente l'expression *Grand Slam*, « Grand Chelem », pour désigner les quatre victoires de l'Angleterre dans le Tournoi. Rétrospectivement, on a qualifié de Grand Chelem toutes les quadruples victoires obtenues au cours d'une même édition. Il n'en est donc pas question pour les années où la France ne disputait pas le Tournoi, hormis pour 1908 et 1909, le pays de Galles s'étant vu attribuer un Grand Chelem car il avait remporté un match contre la France en plus de ses trois matchs du Tournoi. Depuis l'admission de l'Italie, le Grand Chelem est bien sûr synonyme de quintuple succès lors d'une même édition.

LA TRIPLE COURONNE

Elle récompense depuis l'origine celle des quatre nations britanniques qui parvient à battre les trois autres lors d'un même Tournoi. Le terme *Triple Crown* est apparu pour la première fois le 12 mars 1894 dans les colonnes du grand quotidien irlandais *The Irish Times*, à l'occasion du compte rendu du match entre l'Irlande et le pays de Galles. L'expression pourrait venir de Jacques VI (roi d'Écosse à partir de 1567 puis roi d'Angleterre et d'Irlande sous le nom de Jacques Ier en 1603), premier souverain à coiffer les trois couronnes, les trois royaumes conservant leur « autonomie » sous son règne. Depuis 2006, une assiette d'argent est offerte au pays vainqueur de ce challenge.

Les six capitaines du Tournoi 2019 : Alun Wyn Jones (pays de Galles), Greig Laidlaw (Écosse), Rory Best (Irlande), Sergio Parisse (Italie), Owen Farrell (Angleterre) et Guilhem Guirado (France).

LES AUTRES TROPHÉES DU TOURNOI

- La Calcutta Cup est offerte chaque année depuis 1879 au vainqueur du match entre l'Angleterre et l'Écosse.
- Le Millennium Trophy récompense depuis 1988 le vainqueur du match entre l'Angleterre et l'Irlande.
- Le Centenary Quaich récompense depuis 1989 le vainqueur du match entre l'Écosse et l'Irlande.
- Le Trophée Eurostar récompense depuis 2000 le vainqueur du « Crunch », le match entre l'Angleterre et la France.
- Le Trophée Giuseppe-Garibaldi récompense depuis 2007 le vainqueur du match entre la France et l'Italie.
- Le Trophée Auld Alliance récompense depuis 2018 le vainqueur du match entre l'Écosse et la France, en hommage aux morts de la Grande Guerre.

LA COUPE

Depuis 1993, un trophée (actuellement nommé « Guinness Six Nations Rugby Trophy ») est remis chaque année au vainqueur du Tournoi. Créée par le bijoutier anglais Thomas Lyte, cette coupe était à l'origine de forme pentagonale (pour symboliser les cinq nations), mais elle a été refaite en 2016 pour afficher six faces. Elle mesure 75 centimètres et pèse environ 7 kilos d'argent.

LA « CUILLÈRE DE BOIS »

Depuis l'origine de la compétition, elle est attribuée, selon les sources, soit à l'équipe qui termine seule dernière (comme la France en 2013, à laquelle les journaux britanniques ont généreusement attribué cette *wooden spoon*), soit à celle qui a le malheur de perdre tous ses matchs lors d'une même édition (ce qui, avec les points de bonus offensifs et défensifs désormais attribués, ne vaut plus obligatoirement la dernière place). Ce symbole viendrait d'une tradition de l'université de Cambridge, où le dernier classé en maths recevait une *wooden spoon*. Dès 1884, cet objet aurait été remis aux Irlandais par un étudiant de Cambridge membre du XV anglais. Et, cent ans plus tard, en 1984, des supporters irlandais ont ironiquement offert à leurs amis anglais une cuillère de bois du centenaire (l'année précédente, le XV de la Rose avait terminé à la dernière place).

LE MEILLEUR JOUEUR DU TOURNOI

Cette récompense est attribuée depuis 2004 après une présélection effectuée par un jury d'experts et un vote des supporters des six nations engagées. De 2004 à 2019, en seize éditions, le trophée a été remporté par treize joueurs différents, seuls l'Irlandais Brian O'Driscoll (trois fois) et l'Écossais Stuart Hogg (deux fois) ayant réussi à l'emporter à plusieurs reprises. Les autres vainqueurs sont gallois (cinq), irlandais (quatre), anglais (un) et italien (un). Aucun Français ne figure au palmarès.

DES CHIFFRES ET DES HOMMES

125

C'est le nombre de Tournois joués par l'Écosse, le pays de Galles et l'Irlande de 1882 à 2019, qui devancent l'Angleterre (123), la France (90) et l'Italie (20).

38

C'est le nombre de victoires finales remportées par l'Angleterre (10 partagées) et le pays de Galles (11 partagées). La France est troisième, avec 25 victoires (8 partagées), devant l'Écosse et l'Irlande (22 victoires chacune, dont 8 partagées).

25

C'est le nombre de victoires finales remportées par la France depuis 1947 (dont 8 partagées). Suivent le pays de Galles (20 victoires, 7 partagées), l'Angleterre (19 victoires, 4 partagées), l'Irlande (12 victoires, 2 partagées) et l'Écosse (6 victoires, 3 partagées).

13

C'est le nombre de Grands Chelems réalisés par l'Angleterre, qui devance le pays de Galles (12), la France (9), l'Écosse (3) et l'Irlande (3).

9

C'est le nombre de Grands Chelems réalisés par la France et le pays de Galles depuis 1947. Suivent l'Angleterre (7), l'Irlande (3) et l'Écosse (2).

557

C'est le nombre de points marqués dans le Tournoi par l'Irlandais Ronan O'Gara, de 2000 à 2013. Il est suivi par l'Anglais Jonny Wilkinson (546 points, de 1998 à 2011) et le Gallois Stephen Jones (467 points, de 2000 à 2011).

89

C'est le nombre record de points marqués en un seul Tournoi par l'Anglais Jonny Wilkinson, en 2001. Suivent l'Irlandais Ronan O'Gara (82 points, en 2007) et le Français Gérald Merceron (80 points, en 2002).

4

C'est le nombre de fois où l'Anglais Bob Hiller (1968, 1970, 1971, 1972), l'Écossais Gavin Hastings (1986, 1988, 1993, 1995) et l'Anglais Jonny Wilkinson (2000, 2001, 2002, 2003) ont chacun fini meilleur réalisateur du Tournoi.

26

C'est le nombre d'essais inscrits entre 2000 et 2014 par l'Irlandais Brian O'Driscoll, meilleur marqueur d'essais de l'histoire du Tournoi. Il est suivi par l'Écossais Ian Smith (24 essais, de 1924 à 1933), les Gallois Shane Williams (22 essais, de 2001 à 2011), George North (19 essais, de 2011 à 2019) et Gareth Edwards (18 essais, de 1967 à 1978), ce dernier étant à égalité avec les Anglais Cyril Lowe (18 essais, de 1913 à 1923) et Rory Underwood (18 essais, de 1984 à 1996).

8

C'est le nombre d'essais inscrits au cours d'un seul et même Tournoi par l'Anglais Cyril Lowe (en 1914) et l'Écossais Ian Smith (en 1925). Ils sont talonnés dans ce classement par l'Irlandais Jacob Stockdale (7 essais en 2018).

69

C'est le nombre record de matchs joués par l'Italien Sergio Parisse, de 2004 à 2019. Suivent dans ce palmarès les Irlandais Brian O'Driscoll (65 matchs, de 2000 à 2014), Rory Best (64 matchs, de 2006 à 2019) et Ronan O'Gara (63 matchs, de 2000 à 2013) puis l'Italien Martin Castrogiovanni (60 matchs, de 2003 à 2016).

99

C'est la durée (99 minutes et 55 secondes, très précisément) du match le plus long de l'histoire du Tournoi, entre la France et le pays de Galles, en 2017.

229

C'est le nombre de points (dont 29 essais) marqués par l'Angleterre lors du Tournoi 2001.

80

C'est le nombre record de points (dont 10 essais) marqués en un match par l'Angleterre contre l'Italie, à l'occasion du Tournoi 2001.

12

C'est le nombre d'essais marqués au cours du match entre l'Angleterre et la France en 2015 (55-35 pour les Anglais).

4

C'est le nombre de Grands Chelems remportés par les Anglais Dave Davies (entre 1913 et 1923), Cyril Lowe (entre 1913 et 1923), Ronald Cove-Smith (entre 1921 et 1928) et Jason Leonard (entre 1991 et 2003) ainsi que par les Français Olivier Magne et Fabien Pelous (entre 1997 et 2004).

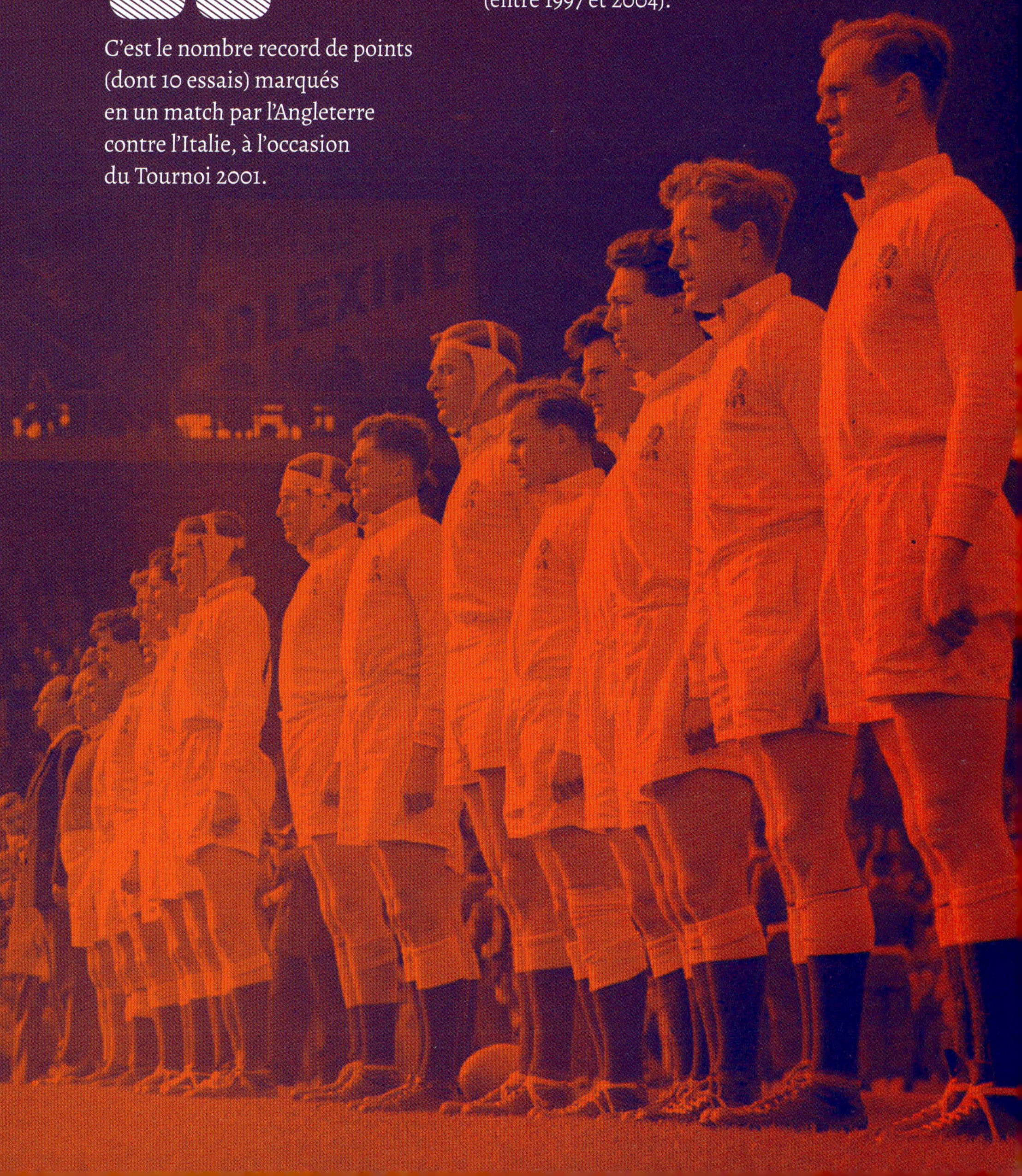

FRANCE

SURNOMS

Les Bleus, ou le XV du Coq.

COULEURS

Maillot bleu, short blanc, chaussettes rouges.

EMBLÈME

Le coq gaulois.
Il orne le maillot français depuis 1911 (auparavant, à sa place figuraient deux anneaux, un rouge et un blanc). Le coq est de couleur or sur un blason rouge depuis 1970.

HYMNE

La Marseillaise.

STADE

Le Stade de France, à Saint-Denis, depuis 1998 (80 000 places).
Avant 1998, le XV de France recevait au Stade olympique de Colombes puis au Parc des Princes, à Paris.

C'est le 1er janvier 1910 que la France fait son entrée dans le Tournoi en prenant une sévère raclée contre les Gallois, 49-14, dix essais encaissés sous la pluie de Swansea. Il faut dire que, partis à quatorze, les Bleus ont récupéré un quinzième joueur en catastrophe, un certain Joe Anduran, qui connaît là sa seule sélection. À l'issue de ce match, lors du banquet, l'arrière gallois Jack Bancroft lance aux Français : « Vous ne triompherez chez nous que le jour où il n'y aura plus de charbon en Galles du Nord ! » Prédiction contredite, mais le XV de France mettra quand même trente-huit ans avant de s'imposer au pays de Galles.

La première période française dans le Tournoi, jusqu'à son exclusion pour soupçons de professionnalisme en 1931, n'est pas vraiment couronnée de succès : douze fois dernière, dont six fois toute seule, la France réalise sa meilleure performance en terminant à la deuxième place (ex aequo) en 1921, 1930 et 1931. Vraiment pas de quoi pavoiser.

L'après-guerre commence sur les mêmes bases, mais la bascule s'effectue dans les années 1950. Après une première victoire à Swansea en 1948 puis un premier succès à Twickenham en 1951, et malgré de nouvelles menaces d'exclusion de la compétition en 1952, la France parvient enfin à la remporter en 1954 et en 1955 (les deux fois à égalité) puis, surtout, en 1959, où l'équipe de Lucien Mias s'impose enfin seule. S'ouvre alors une période faste qui ne va quasiment pas se démentir pendant les cinq décennies suivantes, permettant à la France de devenir la nation la plus titrée depuis la reprise de 1947.

Cinq victoires et un premier Grand Chelem en 1968 pour le XV du capitaine Christian Carrère, trois succès dans les années 1970 et un inoubliable Grand Chelem en 1977, le ton est donné. Les années 1980 sont encore plus réussies, avec six victoires et deux Grands Chelems. Un élan qui mène les Bleus jusqu'à une vingt-cinquième victoire en 2010, la dernière avant une longue période de sécheresse comme la France n'en avait pas connue depuis bien longtemps, le XV tricolore terminant même dernier en 2013 et cinquième en 2016, au cours de la pire décennie de son histoire.

90

Le nombre de Tournois disputés par la France, entre 1910 et 1931 et depuis 1947.

25

Le nombre de victoires finales de la France dans le Tournoi : 17 seule en tête (1959, 1961, 1962, 1967, 1968, 1977, 1981, 1987, 1989, 1993, 1997, 1998, 2002, 2004, 2006, 2007, 2010), 8 ex aequo (1954, 1955, 1960, 1970, 1973, 1983, 1986, 1988).

9

Le nombre de Grands Chelems français (1968, 1977, 1981, 1987, 1997, 1998, 2002, 2004, 2010).

10

Le nombre de « cuillères de bois » de la France, dont 8 en perdant tous ses matchs (1910, 1912, 1913, 1914, 1925, 1926, 1929, 1957).

Fabien Galthié et Olivier Magne brandissent le trophée en 2002, année de Grand Chelem.

ANGLETERRE

SURNOM

Le XV de la Rose.

COULEURS

Maillot blanc, short blanc, chaussettes bleu marine.

EMBLÈME

La rose rouge.
Cette rose, adoptée comme emblème dès 1871, est empruntée aux Lancaster, victorieux des York (dont l'emblème est une rose blanche) dans la guerre des Deux-Roses à la fin du XVe siècle, qui aboutit notamment à l'installation de la dynastie des Tudors sur le trône d'Angleterre.

HYMNE

God Save the Queen.
Sans oublier *Swing Low, Sweet Chariot*, gospel devenu en 1991 le chant des supporters anglais.

STADE

Twickenham Stadium, à Londres (82 000 places).
Construit par la Fédération à partir de 1908, il a été rénové à plusieurs reprises jusqu'en 2006.

La vie de la sélection du pays qui a vu naître le rugby n'a pas toujours été un fleuve tranquille. Le XV de la Rose a en effet alterné les périodes de domination, comme dans les années 1910 puis dans l'entre-deux-guerres et à partir de 1990, et des périodes de disette, comme dans les années 1900 puis, surtout, dans les décennies 1960 à 1980.

Après l'âge d'or gallois dans les années 1900, ce sont les Anglais qui dominent le rugby européen dans les années 1910, réussissant même leurs deux premiers Grands Chelems en 1913 et en 1914 avec l'équipe du capitaine Ronald Poulton-Palmer, mais la Grande Guerre met un coup d'arrêt à cette suprématie. Qui reprend néanmoins après le conflit, l'Angleterre remportant dix fois le Tournoi de 1920 à 1939, dont quatre Grands Chelems dans les années 1920.

La Seconde Guerre mondiale interrompt beaucoup plus fortement la domination anglaise, qui va mettre plus de trente ans à se réinstaller ! Hormis un Grand Chelem en 1957 avec l'équipe de « Dickie » Jeeps et Eric Evans, on retient en effet surtout la longue période d'errance du XV de la Rose, notamment pendant les années 1970, où il enchaîne quatre dernières places entre 1972 et 1976. Le sursaut de 1980, avec un huitième Grand Chelem pour la formation du capitaine Bill Beaumont, n'empêche pas la sélection anglaise de retomber ensuite dans ses errances.

Mais c'est pour mieux renaître à partir de 1990 où, à l'approche du passage au professionnalisme, grâce à de profondes modifications de son organisation, notamment au niveau de ses clubs, l'Angleterre s'installe durablement à la tête du rugby international. Trois Grands Chelems en cinq ans, entre 1991 et 1995, et jamais plus bas que la troisième place jusqu'en 2005. Le XV de la Rose retrouve rapidement une période faste, avec deux nouveaux Chelems. Seule année noire, 2018 : pour la première fois depuis trente et un ans, les Anglais se retrouvent à la cinquième place d'une compétition dont ils restent les leaders au classement des victoires comme des autres récompenses.

123

Le nombre de Tournois disputés de 1882 à 2019 (l'Angleterre n'a pas pris part aux éditions de 1888 et de 1889 car elle boycottait la compétition).

38

Le nombre de victoires finales de l'Angleterre dans le Tournoi : 28 seule en tête (1883, 1884, 1892, 1910, 1913, 1914, 1921, 1923, 1924, 1928, 1930, 1934, 1937, 1953, 1957, 1958, 1963, 1980, 1991, 1992, 1995, 1996, 2000, 2001, 2003, 2011, 2016, 2017), 10 ex aequo (1886, 1890, 1912, 1920, 1932, 1939, 1947, 1954, 1960, 1973).

13

Le nombre de Grands Chelems anglais (1913, 1914, 1921, 1923, 1924, 1928, 1957, 1980, 1991, 1992, 1995, 2003, 2016).

10

Le nombre de « cuillères de bois » de l'Angleterre, dont 7 en perdant tous ses matchs (1899, 1901, 1903, 1905, 1907, 1972, 1976).

Neil Back, Lawrence Dallaglio et Richard Hill, vainqueurs en 2003.

PAYS DE GALLES

SURNOMS

Le XV du Poireau, ou les Dragons rouges. Le dragon rouge est l'insigne royal du pays de Galles, en référence à une légende où le roi Arthur et ses Celtes battirent les Saxons.

COULEURS

Maillot rouge, short blanc, chaussettes rouges.

EMBLÈME

Le poireau. Saint David, évangélisateur de la province au VIe siècle, aurait demandé à ses hommes d'arborer un poireau sur leur casque avant une bataille. Mais, sur le maillot des joueurs, pas question de poireau, c'est l'emblème du prince de Galles qui y figure : trois plumes d'autruche surmontant une couronne.

HYMNE

Hen Wlad fy Nhadau.

STADE

Millennium Stadium, à Cardiff (74 500 places). Il a remplacé en 1999 le mythique Arms Park.

Rien ne dit mieux que le palmarès du Tournoi la permanence de l'équipe du pays de Galles au plus haut niveau du rugby international. Un record de victoires partagé avec l'Angleterre (au réservoir pourtant bien supérieur), le plus faible nombre de dernières places (neuf seulement en cent vingt-cinq éditions) et pas moins de treize Grands Chelems, que tant de joueurs de légende incarnent dans nos mémoires. Si l'on excepte la première décennie de l'histoire de cette compétition (les Gallois attendent 1893 pour s'imposer enfin) et, surtout, les années 1980-1990, où le pays de Galles a connu une véritable traversée du désert, la sélection nationale de cette province d'à peine plus de 20 000 km^2 et de 3 millions d'habitants a quasiment toujours été parmi les nations de tête du rugby international.

Le premier âge d'or remonte au début du XXe siècle. Les Gallois restent invaincus à domicile de 1900 à 1911 (y compris contre les fameux Néo-Zélandais de 1905 qui connaissent la seule défaite de leur tournée à Cardiff), enchaînent neuf victoires et un match nul contre les Anglais et décrochent trois Grands Chelems, dont ceux de 1908 et 1909, où ils coiffent la Triple Couronne et battent la France hors tournoi, ce qui leur vaut cette attribution honorifique.

Les années 1920 sont un peu difficiles, mais ils affichent un niveau plus acceptable lors de la décennie suivante, avec quatre victoires dans le Tournoi. C'est après la Seconde Guerre mondiale que le pays de Galles retrouve tout son lustre. Avec deux Grands Chelems, en 1950 et en 1952, et six victoires en dix ans, l'équipe de Bleddyn Williams – « le Prince des centres » – domine alors le rugby européen. Mais ce n'est presque rien à côté de l'incroyable épopée qui attend les Gallois de 1965 à 1979, où ils vont enchaîner onze victoires finales en quinze ans grâce à des joueurs d'exception comme Gareth Edwards, Barry John, Gerald Davies et JPR Williams.

Le déclin des vingt dernières années du XXe siècle (deux victoires seulement en vingt ans) est heureusement suivi par une nouvelle apogée avec deux Grands Chelems par décennie, en 2005 et en 2008 pour l'équipe de Shane Williams puis en 2012 et en 2019 pour celle d'Alun Wyn Jones, le valeureux capitaine déjà présent en 2008. Éternels Gallois.

125

Le nombre de Tournois disputés par le pays de Galles, soit toutes les éditions de l'histoire, de 1882 à 2019.

38

Le nombre de victoires finales du pays de Galles dans le Tournoi : 27 seul en tête (1893, 1900, 1902, 1905, 1908, 1909, 1911, 1922, 1931, 1936, 1950, 1952, 1956, 1965, 1966, 1969, 1971, 1975, 1976, 1978, 1979, 1994, 2005, 2008, 2012, 2013, 2019), 11 ex aequo (1906, 1920, 1932, 1939, 1947, 1954, 1955, 1964, 1970, 1973, 1988).

12

Le nombre de Grands Chelems gallois (1908, 1909, 1911, 1950, 1952, 1971, 1976, 1978, 2005, 2008, 2012, 2019).

9

Le nombre de « cuillères de bois » du pays de Galles, dont 7 en perdant tous ses matchs (1886, 1889, 1892, 1937, 1990, 1995, 2003).

Le brillant ailier Shane Williams arrose ses équipiers lors du triomphe de 2008 contre la France au Millennium Stadium.

GARETH EDWARDS

Pour beaucoup, il aura été le plus grand joueur de l'histoire de ce sport. Un Pelé du rugby, en quelque sorte. À coup sûr, un joueur au talent hors du commun.

Gwaun-cae-Gurwen est une toute petite bourgade près de la modeste ville de Pontardawe, à une vingtaine de kilomètres au nord-est de la cité côtière de Swansea, deuxième plus grande ville galloise. On est ici en plein pays minier, avec une ressource qui fit longtemps la fortune de cette petite et fière province de l'Ouest britannique. Et c'est bien à la mine, et à ses terribles ravages sur la santé des hommes, que le jeune Gareth doit de se retrouver orphelin à l'heure d'entrer à l'école, le papa Edwards ayant succombé à la silicose, maladie pulmonaire qui fit tant de victimes chez les mineurs. Si la famille n'a alors plus les moyens de payer des études au jeune Gareth, ce dernier profite heureusement d'exceptionnelles prédispositions sportives, qu'un éducateur local, Bill Samuel, a très tôt repérées. Il obtient une bourse et une place dans le collège très coté de Millfield, dont l'école de rugby, particulièrement renommée, est sans cesse à la recherche de futurs talents. Celui-là en est un, comme le rugby n'en avait sans doute jamais connu auparavant. C'est un Anglais qui le dit, Will Carling, capitaine emblématique de la très belle équipe d'Angleterre des années 1990, reconverti dans les médias : « Gareth Edwards est le plus grand joueur de l'histoire du rugby. Un athlète parfait, avec des qualités techniques exceptionnelles, qui réunissait tous les talents à la fois. Alors, certes, il jouait dans les années 1970, à une tout autre époque, mais même s'il devait jouer dans le rugby d'aujourd'hui, il serait encore le meilleur. Il était hors du commun par sa science de la course, son art de la passe, son jeu au pied et surtout sa lecture du jeu. Il est installé à jamais à califourchon sur la planète rugby comme l'athlète ultime de l'histoire de ce sport. » Sir Gareth Owen Edwards, commandeur de l'ordre de l'Empire britannique, ne faisait pourtant que 1,61 m et 53 kilos, mais, de sa petite taille il sut faire une force, par son incroyable vitesse, son dynamisme et sa vivacité. Pas étonnant pour un garçon qui faillit devenir footballeur professionnel à Swansea (le club a tout tenté pour l'attirer), après avoir été un très bon athlète universitaire sur les haies et au saut en longueur. Mais il est gallois, définitivement, et il préfère le rugby.

Exploits en série

Travailleur acharné – il s'entraîne pendant des heures à faire des passes, seul s'il le faut, contre un mur ou un filet –, il débute en équipe nationale dès l'âge de 19 ans, une sélection qu'il ne quitte plus une seule minute pendant douze saisons d'affilée, et avec laquelle il va dominer le rugby international, remportant notamment trois Grands Chelems. Associé d'abord à Barry John (24 matchs) puis à Phil Bennett (25), deux autres monstres sacrés du rugby gallois, il forme avec eux une charnière que personne ne parviendra jamais à vraiment contrôler. En témoignent deux matchs disputés dans le Tournoi contre la France. Le premier, le 27 mars 1971 à Colombes : covainqueurs du Tournoi précédent, Français et Gallois s'affrontent pour la suprématie européenne, avec la perspective d'un possible Grand Chelem pour les Rouges. Le vieux Stade olympique établit un nouveau record : 50 703 spectateurs payants assistent à ce combat dantesque. Un essai de Dauga transformé par Villepreux donne l'avantage aux Bleus juste avant la mi-temps, 5-0. Mais, après la pause, une relance diabolique de JPR Williams, parti de ses 22 mètres, est magnifiquement conclue par Edwards, qui sème tous les défenseurs français pour aller marquer l'essai : 5-3. Une pénalité et un second essai de Barry John donnent la victoire aux Gallois (9-5), synonyme de Grand Chelem, près de vingt ans après le précédent, en 1952. Le second match, le 18 janvier 1975 : pour l'ouverture du Tournoi, les Gallois se rendent à Paris, au Parc des Princes. Et infligent un terrible 25-10 aux Bleus, leur pire défaite à domicile dans cette compétition depuis 1914, avec pas moins de cinq essais dont un bijou signé Edwards, parti seul derrière sa mêlée pour plonger dans l'en-but, une sorte de signature. Les Gallois alignent pourtant six nouveaux joueurs – dont un ouvreur inexpérimenté, John Bevan –, mais Edwards est trop fort pour les Français. Il met un terme à sa carrière en pleine gloire, à 31 ans seulement, car il a tout simplement besoin de travailler pour vivre. Autre époque... Désigné en 2001 meilleur joueur gallois de tous les temps, Edwards a une statue de bronze à son effigie dans le centre de Cardiff, capitale d'une petite nation dont il reste l'un des plus beaux héros, bien au-delà du sport.

53

C'est le nombre de sélections consécutives de Gareth Edwards, qui ne rate pas le moindre match de son équipe nationale du 1er avril 1967, lors de sa première cape, à Colombes (défaite face à la France, 20-14), au 18 mars 1978, avec une victoire sur la France à l'Arms Park (16-7), qui lui offre un ultime Grand Chelem.

- **Né le 12 juillet 1947** à Pontardawe (pays de Galles).
- **Poste :** demi de mêlée.
- **Club :** Cardiff Rugby Football Club (1966-1978).
- **Pays de Galles :** 53 sélections (1967-1978), dont 13 comme capitaine ; 88 points inscrits (20 essais, 2 transformations, 3 drops, 1 pénalité). Vainqueur du Tournoi des Cinq Nations en 1969, 1970, 1971 (Grand Chelem), 1973, 1975, 1976 (Grand Chelem) et 1978 (Grand Chelem).
- **Lions :** 10 tests (1971-1974).
- **Barbarians britanniques :** 11 invitations (1967-1977).

IRLANDE

SURNOM

Le XV du Trèfle.

COULEURS

Maillot vert, short blanc, chaussettes vertes.

EMBLÈME

Le trèfle.
Le fameux *shamrock* est un trèfle à trois feuilles. Selon la légende, saint Patrick aurait utilisé ce symbole des druides au Vᵉ siècle pour expliquer la trinité et convertir l'île au catholicisme.

HYMNE

Ireland's Call.
Cette chanson a été commandée en 1995 par la Fédération pour incarner cette équipe qui réunit des joueurs de la République d'Irlande et de l'Irlande du Nord, britannique. Lors des matchs joués à Dublin, on joue également l'*Amhrán na bhFiann*, l'hymne de la République d'Irlande.

STADE

Aviva Stadium, à Dublin, depuis 2010 (52 000 places).
Il a remplacé le mythique Lansdowne Road, situé au même endroit : devenu trop vétuste, il a été démoli en 2007.

Malgré une première victoire en 1894, l'Irlande a longtemps fait figure de parent pauvre du Tournoi, dont elle termine dix fois dernière jusqu'en 1910. Une période difficile qui se perpétue dans l'entre-deux-guerres, où les Irlandais ne s'imposent seuls qu'à une reprise. Mais, en 1947, au lendemain de la Seconde Guerre mondiale, c'est une tout autre équipe que l'on découvre. Qui réussit le premier Grand Chelem de l'histoire irlandaise en 1948. Un triomphe qui commence par un succès à Paris (13-6), se poursuit par un autre à Twickenham (11-10) et se conclut par deux victoires sur les Écossais (6-0) et les Gallois (6-3). Un triomphe incarné par le capitaine talonneur Karl Mullen et le buteur Barney Mullan (qui marque également trois essais). Dans la foulée, le XV du Trèfle s'impose encore deux fois dans le Tournoi, en 1949 et en 1951.

Mais il faut ensuite attendre vingt-deux ans pour voir de nouveau les Irlandais remporter l'épreuve. Malgré quelques coups d'éclat dans les années 1960, ils traversent une bien longue période de disette. Après la victoire des cinq nations, ex aequo en 1973 (chacune a gagné ses matchs à domicile), l'Irlande s'impose enfin en 1974, malgré une défaite contre la France.

Le XV du Trèfle connaît une nouvelle période faste au début des années 1980, remportant en 1982 sa première Triple Couronne depuis trente-trois ans et enchaînant trois victoires en quatre ans. Mais cette embellie ne résiste pas longtemps, et les Verts traversent alors la pire décennie de leur histoire, terminant à l'une des deux dernières places pendant douze ans consécutifs, jusqu'en 1999.

La grande réforme du rugby européen, après l'ouverture au professionnalisme, et le développement de quatre franchises provinciales qui vont bientôt installer leur domination sur la compétition européenne, permettent à l'équipe d'Irlande d'aborder le XXIᵉ siècle avec de tout autres ambitions. Qui aboutissent enfin à quatre nouvelles victoires dans le Tournoi (dont deux Grands Chelems) entre 2009 et 2018.

125

Le nombre de Tournois disputés par l'Irlande, soit toutes les éditions de l'histoire, de 1882 à 2019.

22

Le nombre de victoires finales de l'Irlande dans le Tournoi : 14 seule en tête (1894, 1896, 1899, 1935, 1948, 1949, 1951, 1974, 1982, 1985, 2009, 2014, 2015, 2018), 8 ex aequo (1906, 1912, 1926, 1927, 1932, 1939, 1973, 1983).

3

Le nombre de Grands Chelems irlandais (1948, 2009, 2018).

26

Le nombre de « cuillères de bois » de l'Irlande, dont 16 en perdant tous ses matchs (1884, 1885, 1886, 1891, 1895, 1909, 1920, 1934, 1938, 1960, 1977, 1981, 1984, 1986, 1992, 1998).

Paul O'Connell, le capitaine, et Brian O'Driscoll gagnent le Tournoi 2014 après leur victoire au Stade de France.

ÉCOSSE

SURNOM

Le XV du Chardon.

COULEURS

Maillot bleu marine, short blanc, chaussettes bleu marine.

EMBLÈME

Le chardon.
Choisie dès 1871 pour affronter l'Angleterre, c'est la plante fétiche écossaise, un emblème national en souvenir d'une légende qui veut qu'en 1010 les Vikings aient raté l'attaque de nuit d'un château écossais à cause de leurs cris, quand ils marchèrent sur des chardons. La version stylisée sur le maillot écossais laisse désormais apparaître un ballon ovale.

HYMNE

Flower of Scotland.
Écrit en 1967, il est devenu l'hymne officieux de la nation écossaise, plus encore que le vieux *Scotland the Brave*.

STADE

Murrayfield, à Édimbourg (67 000 places).
Inauguré en 1925, il a pu accueillir jusqu'à 104 000 spectateurs, avant d'être rénové dans les années 1990.

Terre historique de rugby – son équipe reçoit en 1871 le premier match international de l'histoire, contre l'Angleterre –, sport dont l'Écosse a également inventé la version à VII, cette nation a longtemps été l'incarnation d'une pureté confinant parfois à l'orthodoxie. Songez que, jusque dans les années 1980, les internationaux écossais payaient encore leurs maillots de leur poche.

L'Écosse domine le Tournoi des premières décennies, emportant neuf victoires en vingt-deux éditions jusqu'à l'admission de la France. Mais la Première Guerre mondiale vient interrompre cette suprématie, d'autant plus que de très nombreux internationaux disparaissent sur le front.

L'après-guerre voit pourtant l'éclosion d'une nouvelle génération dorée, surnommée « The Immortals », qui offre à l'Écosse son premier Grand Chelem en 1925 grâce à une incroyable ligne de trois-quarts. Elle enchante également l'équipe de l'université d'Oxford, dont fait partie l'extraordinaire ailier Ian Smith, auteur de huit essais lors de ce Tournoi. Et, en 1926, les Écossais deviennent les premiers Européens à battre les Anglais à Twickenham. Cette belle époque du rugby écossais perdure jusqu'à la Seconde Guerre, mais la suite est bien plus difficile pour une nation qui souffre de la faiblesse naturelle de son réservoir de joueurs.

Malgré un regain dans les années 1960, où les Écossais terminent cinq fois à la deuxième place, et l'éclosion du prodigieux Andy Irvine au poste d'arrière dans les années 1970, il faut attendre les années 1980 pour qu'un vrai renouveau se manifeste. Qui aboutit à un Grand Chelem en 1984. Mais, dès l'année suivante, l'Écosse hérite de nouveau de la « cuillère de bois ».

La décennie suivante est marquée par la prédominance d'un autre formidable joueur, Gavin Hastings, qui mène son équipe à un troisième Grand Chelem en 1990, conclu par une victoire à Murrayfield contre l'Angleterre (13-7), premier match de l'histoire où, symbole, *Flower of Scotland* est joué à la place de *God Save the Queen*. De nouveau victorieuse du Tournoi en 1999, l'Écosse connaît ensuite une longue période de galères, mais, à la fin des années 2010, le XV du Chardon retrouve un niveau lui permettant de rivaliser avec ses adversaires.

125

Le nombre de Tournois disputés par l'Écosse, soit toutes les éditions de l'histoire, de 1882 à 2019.

22

Le nombre de victoires finales de l'Écosse dans le Tournoi : 14 seule en tête (1887, 1891, 1895, 1901, 1903, 1904, 1907, 1925, 1929, 1933, 1938, 1984, 1990, 1999), 8 ex aequo (1886, 1890, 1920, 1926, 1927, 1964, 1973, 1986).

3

Le nombre de Grands Chelems écossais (1925, 1984, 1990).

24

Le nombre de « cuillères de bois » de l'Écosse, dont 16 en perdant tous ses matchs (1902, 1911, 1914, 1932, 1936, 1939, 1947, 1952, 1953, 1954, 1968, 1978, 1985, 2004, 2012, 2015).

Doddie Weir, redoutable deuxième ligne, pose avec le trophée de la victoire écossaise en 1999, année du dernier Tournoi des Cinq Nations.

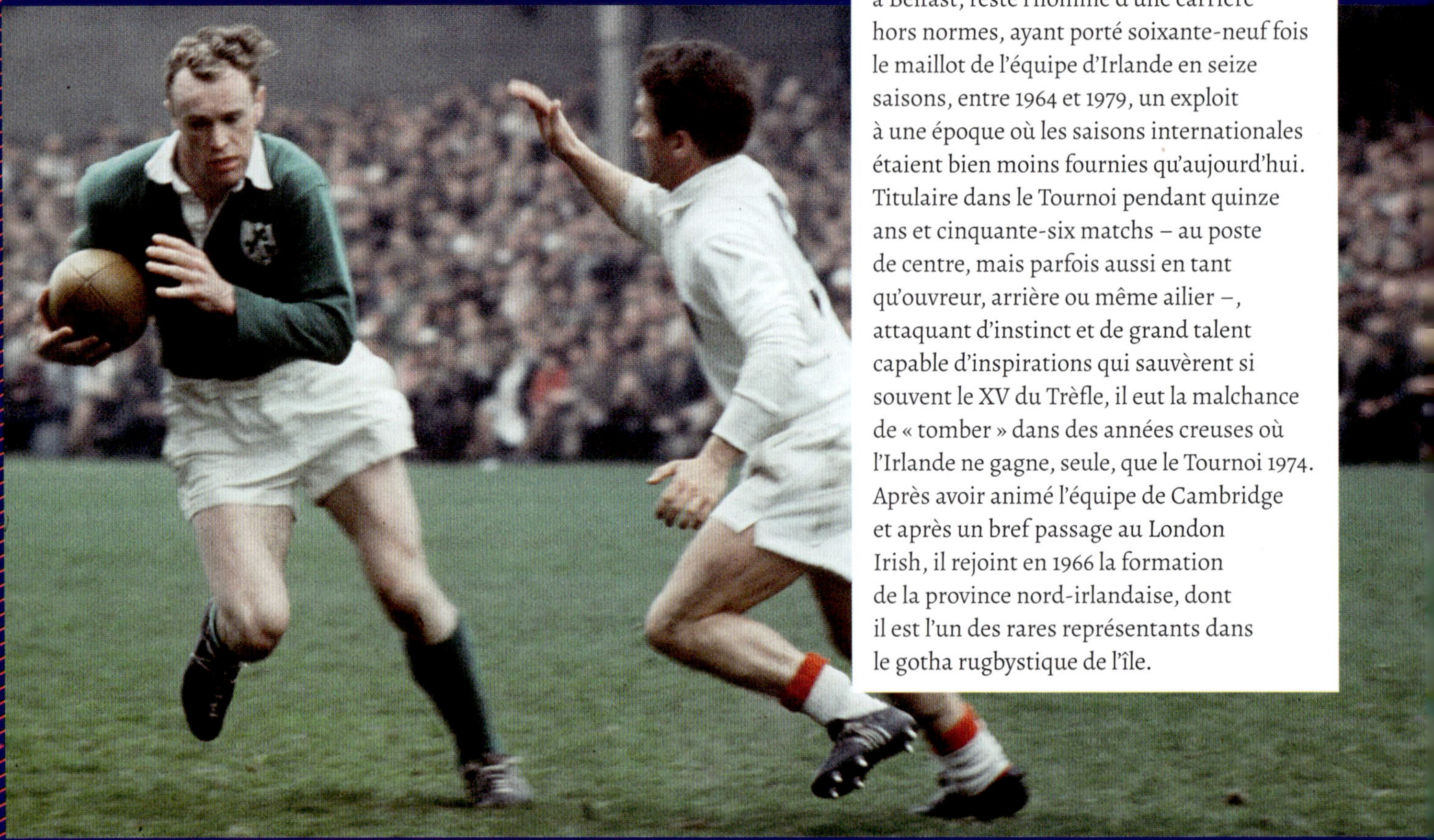

UN TALENT TROP SEUL

Mike Gibson (Irlande), né le 3 décembre 1942 à Belfast, reste l'homme d'une carrière hors normes, ayant porté soixante-neuf fois le maillot de l'équipe d'Irlande en seize saisons, entre 1964 et 1979, un exploit à une époque où les saisons internationales étaient bien moins fournies qu'aujourd'hui. Titulaire dans le Tournoi pendant quinze ans et cinquante-six matchs – au poste de centre, mais parfois aussi en tant qu'ouvreur, arrière ou même ailier –, attaquant d'instinct et de grand talent capable d'inspirations qui sauvèrent si souvent le XV du Trèfle, il eut la malchance de « tomber » dans des années creuses où l'Irlande ne gagne, seule, que le Tournoi 1974. Après avoir animé l'équipe de Cambridge et après un bref passage au London Irish, il rejoint en 1966 la formation de la province nord-irlandaise, dont il est l'un des rares représentants dans le gotha rugbystique de l'île.

L'HOMME DE LA RELANCE

Gavin Hastings (Écosse), né le 3 janvier 1962 à Édimbourg, aurait pu rester dans l'histoire du rugby pour la fameuse bourde de sa toute première sélection, en 1986, où, frappant le coup d'envoi directement en touche, il permet aux Français, qui jouent rapidement, d'aller marquer un essai express. Mais il y eut la suite. Et quelle suite ! L'arrière de l'université de Cambridge et du petit club des Watsonians (Édimbourg), où il continue à jouer jusqu'en 1997, reste en effet l'un des plus grands joueurs écossais de l'histoire, qui, avec 61 sélections et 667 points inscrits sous le maillot bleu marine, mène notamment son équipe à la conquête du troisième Grand Chelem de son histoire, en 1990. Buteur, mais également contre-attaquant redoutable (17 essais en sélection), cet athlète du rugby (1,88 m) est le frère de Scott et le père d'Adam, tous deux internationaux !

GENTLEMAN WILL

Will Carling (Angleterre), né le 12 décembre 1965 à Bradford, symbolise le renouveau anglais des années 1990, où il ramène le XV de la Rose vers les sommets du rugby international. Le puissant trois-quarts centre des Harlequins, au physique de jeune premier – il ne manqua d'ailleurs pas d'animer également les rubriques de la presse people britannique –, devient capitaine de l'équipe nationale dès l'âge de 22 ans, et il le reste pendant 59 de ses 72 sélections, de 1988 à 1997. Sur dix Tournois disputés, il en remporte quatre, dont trois Grands Chelems. Sans oublier une finale de Coupe du monde, en 1991, pour celui qui établit un record national d'association au centre de l'attaque anglaise avec son compère Jeremy Guscott.

MONUMENT NATIONAL

Brian O'Driscoll (Irlande), né le 21 janvier 1979 à Dublin, est un monument du rugby irlandais et mondial. Avec ses 133 sélections de 1999 à 2014, dont 83 comme capitaine, et ses 245 points (46 essais et 5 drops) inscrits sous le maillot vert, l'éternel numéro 13 est devenu le symbole de la double éclosion du rugby irlandais, en sélection comme en club (notamment celui de la province du Leinster, où O'Driscoll évolue tout aussi brillamment). Longtemps recordman du nombre de matchs joués dans le Tournoi (65), toujours détenteur du record d'essais marqués dans cette compétition (26), « BOD » (son surnom) remporte deux Tournois, dont un Grand Chelem en 2009.

ITALIE

SURNOM

La Squadra Azzurra.
C'est le surnom donné à toutes les sélections nationales italiennes dans les sports collectifs.

COULEURS

Maillot bleu azur, short blanc, chaussettes bleu azur.

EMBLÈME

Le drapeau vert, blanc, rouge entouré de lauriers, qui symbolisent la victoire depuis l'Antiquité romaine.

HYMNE

Fratelli d'Italia.

STADE

Stade olympique de Rome (72 000 places).
Ce stade est également utilisé par les clubs de football romains. Auparavant, le XV d'Italie a longtemps reçu ses adversaires au stade Flaminio de Rome.

Malgré une victoire, à domicile contre l'Écosse, dès sa première année dans le Tournoi, l'équipe d'Italie n'a encore jamais réussi à faire mieux que quatrième (deux fois, en 2007 et en 2011) du classement final. Dès 2001, la Squadra hérite de la « cuillère de bois » après avoir subi une défaite historique à Twickenham (80-23). Deux ans plus tard, les Italiens battent les Gallois et leur laissent la dernière place. Dirigés par Pierre Berbizier, ils réalisent un bon Tournoi en 2006, obtenant le nul à Cardiff et ne perdant que sur un coup du sort contre l'Écosse. L'année d'après, la Squadra obtient sa première (et très belle) victoire à l'extérieur, à Murrayfield (37-17), avant de dominer le pays de Galles, terminant ainsi le Tournoi avec deux victoires.

La suite est de nouveau plus compliquée, malgré quelques jolies performances, comme les deux succès à domicile contre la France en 2011 puis en 2013, année où la Squadra résiste à l'Angleterre avant de s'imposer contre l'Irlande pour la première fois de son histoire (22-15). Il ne lui reste plus qu'à battre l'Angleterre pour se prévaloir d'avoir dominé tous ses adversaires au moins une fois.

En 2015, les Italiens décrochent une nouvelle victoire en Écosse, mais ils enchaînent ensuite quatre « cuillères de bois » d'affilée, de 2016 à 2019, montrant une grande difficulté à rivaliser durablement au haut niveau européen. Dans ce bilan bien maigre, deux joueurs au moins surnagent néanmoins, Sergio Parisse, troisième ligne et capitaine, recordman de matchs joués dans la compétition, et Diego Domínguez, buteur émérite, auteur de 162 points en trois Tournois, et notamment de 29 points sur les 34 de la toute première victoire de l'Italie sur l'Écosse, lors de l'édition de l'an 2000. Pour l'heure, le réservoir italien n'est malheureusement pas en mesure de former de tels joueurs à chaque génération.

20

Le nombre de Tournois disputés par l'Italie, de 2000 à 2019.

4

La meilleure place décrochée par l'Italie au classement final du Tournoi, en 2007 et en 2013.

14

Le nombre de « cuillères de bois » de l'Italie, dont 9 en perdant tous ses matchs (2001, 2002, 2005, 2009, 2014, 2016, 2017, 2018, 2019).

Quintin Geldenhuys, le deuxième ligne d'origine sud-africaine, fête une victoire historique sur la France en 2011.

The International Rugby Football Board
The Webb Ellis Cup
NEW ZEALAND
AUSTRALIA
SOUTH AFRICA
AUSTRALIA
ENGLAND
SOUTH AFRICA
2011 NEW
2015

La Coupe du monde

Comme les Jeux olympiques, comme le Mondial, l'Euro et la Coupe d'Europe en football, comme le Tour de France en cyclisme, c'est du génie français qu'est née la Coupe du monde de rugby.

Si Australiens et Néo-Zélandais – qui planchèrent les premiers sur le dossier au début des années 1980 – passent souvent pour être les pères fondateurs de la Coupe du monde, disons alors qu'Albert Ferrasse en est le « grand-père ». C'est lui en effet qui, alors que la France venait tout juste d'intégrer l'IRFB en 1978, invita son vieux complice sud-africain Danie Craven à creuser avec lui – en secret – cette idée. Lorsqu'on évoquait devant lui cette naissance dans les années qui la suivirent, l'ancien président de la FFR, mettant les Anglo-Saxons des deux hémisphères dans le même sac, aimait d'ailleurs marmonner : « Les *British* peuvent bien raconter ce qu'ils veulent, Danie et moi, nous savons comment ça s'est passé. » Et ce ne fut pas sans douleur.

Car si « Aussies » et « Kiwis » étaient convaincus que cette compétition les sortirait de leur lointain isolement et que Craven voyait bien – malgré la mise au ban de sa nation – que le rugby avait tout à y gagner, les *Home Unions* ne voulaient, eux, pas en entendre parler. Redoutant qu'une telle initiative invite les dollars du commerce mondial à se jeter dessus. Craignant, surtout, qu'elle débouche à terme sur la professionnalisation de ce sport… Ce qui, en définitive, était assez bien vu.

Malgré ses réticences, le Board se mit à réfléchir au projet mi-1984, à la suite de quoi ses seize membres se réunirent pour voter. C'est à Paris, le 21 mars 1985, que le scrutin eut lieu, à l'issue du rendez-vous biannuel de deux jours que se donnaient les « cardinaux » du rugby. Sous les lambris de la salle du conseil de l'Union internationale des chemins de fer, à l'ombre de la tour Eiffel, dans une maison où Ferrasse avait ses entrées et où, assurant cette année-là la présidence tournante de l'IRFB, il avait convié ses collègues. Une rencontre pour rien, pensait-on toutefois, tant les positions semblaient clairement

Copie d'un original datant de 1740, le trophée – immédiatement baptisé Coupe William Webb-Ellis – fut acheté par l'IRFB chez le joaillier de la Couronne d'Angleterre quelques mois avant la première Coupe du monde.

LES FINALES

20 juin 1987
À Auckland (Nouvelle-Zélande)
Nouvelle-Zélande – France : 29-9

2 novembre 1991
À Londres (Angleterre)
Australie-Angleterre : 12-6

24 juin 1995
À Johannesburg (Afrique du Sud)
Afrique du Sud – Nouvelle-Zélande : 15-12 a.p.

6 novembre 1999
À Cardiff (pays de Galles)
Australie-France : 35-12

22 novembre 2003
À Sydney (Australie)
Angleterre-Australie : 20-17 a.p.

20 octobre 2007
À Saint-Denis
Afrique du Sud-Angleterre : 15-6

23 octobre 2011
À Auckland (Nouvelle-Zélande)
Nouvelle-Zélande – France : 8-7

31 octobre 2015
À Londres (Angleterre)
Nouvelle-Zélande – Australie : 34-17

établies : huit « pour », huit « contre ». À cela près que le ticket choc franco-sud-africain avait depuis un an ou deux repéré le maillon faible chez l'opposition : John Kendall-Carpenter, vingt-trois fois sélectionné comme troisième ligne centre du XV de la Rose entre 1949 et 1954. Dès son arrivée, la veille, il fut donc « entrepris » par Craven, Ferrasse et Marcel Martin, l'autre délégué représentant la France, anglophone et anglophile. Et, comme espéré, l'Anglais finit par basculer, entrainant avec lui le Gallois Keith Rowlands : 10-6, un score sans appel ! Kendall-Carpenter n'émit qu'une condition avant de glisser son bulletin dans l'urne : être nommé président du premier « Tournoi international », le nom officiel porté ce jour-là sur l'acte de naissance. Les trois compères en firent leur affaire ! Puis on le chargea de trouver un trophée, ce qu'il fit Regent Street, à Londres, chez Garrard & Co, le joaillier de la Couronne : une coupe façonnée en 1906, copie d'un original datant de 1740. Baptisée comme une évidence Coupe William Webb-Ellis, elle fut présentée au monde le 22 mai 1987 à Auckland par l'ancien et immense troisième ligne all black et maori Waka Nathan, une heure avant le coup d'envoi du Mondial.
Cette première édition fut la seule organisée sur invitations. Sept nations membres de l'International Board* choisirent les neuf autres pour participer à ce tournoi dispatché entre la Nouvelle-Zélande (trois groupes) et l'Australie (un groupe). Dès 1991, huit des seize équipes accompagnant les quarts-de-finaliste de 1987 se qualifieraient à l'issue de compétitions continentales. Une façon de procéder qui, hormis en 1999**, perdura jusqu'en 2007 inclus. Car, depuis, le nombre de qualifiés automatiques est passé à douze : les trois premiers de chacun des quatre groupes du tour initial obtiennent leur billet pour la Coupe du monde suivante, les huit autres sélections continuant à « sortir » de qualifications organisées au niveau des cinq continents.
De mars 2016 à novembre 2018, soixante-dix-neuf pays, un record, se sont ainsi affrontés dans l'espoir de participer à la phase finale de 2019, au Japon, le premier pays ne faisant pas partie des huit nations mères de l'IRFB à avoir l'honneur d'organiser la Coupe du monde.

** À cause de l'apartheid, l'Afrique du Sud fut interdite de Coupe du monde.*

*** Pour cette édition, la première avec vingt pays, seuls les demi-finalistes de 1995 furent automatiquement qualifiés.*

Page de droite, en haut
Jonny Wilkinson tente un drop – qui n'est pas celui qui donna la victoire aux Anglais – durant la finale de la Coupe du monde 2003, contre l'Australie à Sydney (20-17).

Page de droite, en bas
Ma'a Nonu marque le deuxième essai des All Blacks lors de leur victoire en finale (34-17) face à l'Australie, en 2015.

DES CHIFFRES ET DES HOMMES

1

C'est le plus petit écart de points en finale de Coupe du monde : Nouvelle-Zélande – France, 8-7 en 2011.

2

C'est le nombre record de cartons rouges lors d'une rencontre, canadiens tous les deux, lors d'Afrique du Sud-Canada, 20-0 en 1995.

4

C'est le nombre record de Coupes du monde disputées par des joueurs français : Fabien Galthié (1991, 1995, 1999, 2003) et Frédéric Michalak (2003, 2007, 2011, 2015).

5

C'est le nombre record de Coupes du monde disputées par l'Italien Mauro Bergamasco (1999, 2003, 2007, 2011, 2015) et le Samoan Brian Lima (1991, 1995, 1999, 2003, 2007).

8

C'est le nombre record d'essais marqués en une édition mondiale par le Néo-Zélandais Jonah Lomu (1999), le Sud-Africain Bryan Habana (2007) et le Néo-Zélandais Julian Savea (2015).

15

C'est le nombre record d'essais marqués en Coupe du monde par deux joueurs : Jonah Lomu (1995, 1999) et Bryan Habana (2007, 2011, 2015).

20

C'est l'âge (20 ans et 159 jours, très précisément) du plus jeune joueur ayant remporté la Coupe du monde : le Sud-Africain François Steyn, le 20 octobre 2007 contre l'Angleterre.

22

C'est le nombre record de matchs de Coupe du monde disputés par deux joueurs : l'Anglais Jason Leonard (1991, 1993, 1997, 2003) et le Néo-Zélandais Richie McCaw (2003, 2007, 2011, 2015).

23

C'est le plus gros écart de points dans une finale mondiale : Australie-France, 35-12 en 1999.

30

C'est le nombre record de points marqués par un Français lors d'un match de Coupe du monde : Didier Camberabero face au Zimbabwe, 70-12 en 1987.

37

C'est le nombre record de points marqués par une équipe… battue : le pays de Galles, dominé 53-37 par la Nouvelle-Zélande en 2003.

40

C'est l'âge (40 ans et 26 jours, très précisément) du plus vieux joueur ayant disputé un match de Coupe du monde : l'Uruguayen Diego Ormaechea, le 15 octobre 1999, contre l'Afrique du Sud.

45

C'est le nombre record de points marqués par un joueur lors d'un match de Coupe du monde : le Néo-Zélandais Simon Culhane face au Japon, 145-17 en 1995.

126

C'est le nombre record de points marqués par un joueur lors d'une édition de Coupe du monde : le Néo-Zélandais Grant Fox en 1987.

142

C'est le plus gros écart de points durant un match de Coupe du monde : Australie-Namibie, 142-0 en 2003.

162

C'est le nombre record de points marqués durant un match de Coupe du monde : Nouvelle-Zélande – Japon, 145-17 en 1995.

82 957

C'est le nombre record de spectateurs ayant assisté à une finale de Coupe du monde : Angleterre-Australie, 20-17 au Telstra Stadium de Sydney, en 2003.

89 267

C'est le nombre record de spectateurs ayant assisté à une rencontre de Coupe du monde : Irlande-Roumanie, 44-10 au stade Wembley, à Londres, en 2015.

THIERRY DUSAUTOIR

Bien que finaliste en 2011, l'ancien capitaine de l'équipe de France n'a quasiment connu que de tristes moments en Coupe du monde…

C'est une relation étrange que Thierry Dusautoir a entretenue pendant huit ans avec la Coupe du monde. Que ce soit en tant que simple soldat ou comme capitaine. Lors des deux premières qu'il a disputées – en 2007 et en 2011 –, il a connu des sensations allant de l'angoisse à l'abattement après être passé par un instant sublime. Et, pour la dernière, en 2015, il s'est trouvé devoir assumer l'une des deux plus grandes humiliations du rugby français depuis sa naissance internationale. En 2007, c'est « grâce » à la blessure d'Elvis Vermeulen qu'il attrape au vol le train du Mondial, alors qu'il ne compte que 3 sélections. Le vendredi 7 septembre, il n'est pas titularisé pour le match d'ouverture au Stade de France et échappe au ridicule causé par la défaite contre l'Argentine (17-12). Il entre en piste contre la Namibie (87-10) puis l'Irlande (25-3), avant d'être laissé au repos pour le troisième match de poule face à la Géorgie (64-7), afin d'être en « pleine bourre » pour affronter les Néo-Zélandais en quarts de finale une semaine plus tard. Il va être si affûté, ce samedi 6 octobre 2007 à Cardiff, qu'il établira un record du monde en réussissant trente-huit plaquages au cours d'un seul et même match, ce qui lui vaudra dès le lendemain dans la presse britannique le surnom de « Dark Destroyer » et une réputation qui le mènera jusqu'au bout de sa carrière : celle de l'un des plus gros plaqueurs de l'histoire. Cerise sur le gâteau, les Bleus éliminent les All Blacks (20-18), ce qui est reçu comme une énorme surprise. La défaite en demies, à l'issue d'un non-match contre l'Angleterre à Saint-Denis (14-6), sera d'autant plus difficile à avaler… C'est cette fois en capitaine affirmé – il l'est depuis l'automne 2009 et a réussi le Grand Chelem dans la foulée – qu'il atterrit en Nouvelle-Zélande au début du mois de septembre 2011, mais le programme qui attend les Bleus en poule n'est pas simple : ils doivent y affronter les Blacks. La défaite est sans appel (37-17), et la suivante – tellement improbable – contre les Tonga (19-14) va déclencher une crise au sein du groupe, risquant, redoute-t-on alors, de faire de gros dégâts en quarts de finale contre l'Angleterre.

Meilleur joueur de l'année

Mais les Anglais sont encore plus au bout de leur propre course et n'inquiètent jamais les Français (19-12), qui peuvent alors s'imaginer un grand destin, puisqu'ils affrontent en demi-finales des Gallois qu'ils ont largement dominés sept mois plus tôt dans le Tournoi (28-9). Pour être juste, leur tâche va être grandement facilitée par l'expulsion de Sam Warburton à la 18e minute, et ce n'est que par un petit point (9-8) que la porte de la finale va s'ouvrir. Et c'est par ce même écart (8-7) – le plus petit jamais enregistré lors d'une finale – que le coffret cachant le trophée William Webb-Ellis va se refermer à l'Eden Park d'Auckland sous le nez de Thierry Dusautoir, bien qu'il ait marqué l'essai français. Le lendemain, l'IRB l'élira « meilleur joueur de l'année », comme Fabien Galthié l'avait été en 2002. Triste consolation…

Écart pour écart, il en est un autre qui, malheureusement, va aussi concerner l'ancien troisième ligne aile du Stade Toulousain. C'est sous son autorité, en effet, que les Français vont être éliminés quatre ans plus tard à Cardiff par ces mêmes All Blacks. Ce qui, en soi, n'aurait pas été catastrophique si le score (62-13) n'avait, lui, été astronomique ! Jamais un tel écart de points (49) n'avait été enregistré lors d'un match du tableau final, et cet affront reste la deuxième plus énorme fessée de tous les temps subie par le XV de France, après celle de juin 2007 à Wellington contre la Nouvelle-Zélande (61-10). Bien loin « devant » le 38-8 – déjà contre les Blacks –, le jour de la « venue au monde » des Bleus, le 1er janvier 1906 au Parc des Princes.

Tout le paradoxe de la carrière de Thierry Dusautoir est là. Car il est non seulement le joueur ayant été le plus souvent capitaine des Bleus – cinquante-six fois –, mais il est aussi le dernier Français à avoir marqué le rugby mondial de son empreinte.

56

C'est le nombre record de fois où il a été capitaine de l'équipe de France, entre 2009 et 2015.

- **Né le 18 novembre 1981** à Abidjan (Côte d'Ivoire).
- **Poste :** troisième ligne aile.
- **Clubs :** CA Bordeaux-Bègles (2001-2003), US Colomiers (2003-2004), Biarritz Olympique (2004-2006), Stade Toulousain (2006-2017). Champion d'Europe en 2010, vice-champion en 2006 et en 2008 ; champion de France en 2005, 2006, 2008, 2011 et 2012.
- **Équipe de France :** 80 sélections (2006-2015), dont 56 comme capitaine ; 30 points inscrits. Vainqueur du Tournoi des Six Nations en 2010 (Grand Chelem) ; finaliste de la Coupe du monde en 2011.
- **Barbarians britanniques :** 2 invitations (2017).
- Élu **meilleur joueur du monde** en 2011.

NOUVELLE-ZÉLANDE

SURNOM

Les All Blacks.

COULEURS

Maillot, short et chaussettes noirs.

EMBLÈME

Une fougère argentée.

HYMNE

God Defend New Zealand (« Dieu protège la Nouvelle-Zélande »).

STADES

Eden Park (Auckland), **Westpac Stadium** (Wellington), **AMI Stadium / Lancaster Park** (Christchurch), **Forsyth Barr Stadium** (Dunedin).

Les All Blacks ont beau avoir remporté trois des huit premières Coupes du monde (1987, 2011, 2015) – un triplé qu'ils ont été les seuls à réussir –, les relations entre la Nouvelle-Zélande et le trophée William Webb-Ellis ont été faites pendant vingt-huit ans de hauts et de bas. Ce qui est somme toute surprenant, tant la supériorité de cette nation semblait la mettre à l'abri des déconvenues. Pourtant, hormis en 1987 et en 2015, non seulement son parcours ne fut jamais tranquille, mais il connut à l'occasion des incidents déplaisants. Voire franchement catastrophiques, comme en 1999 et en 2007.

Si, par exemple, emmenés chez eux par Kirk, Shelford et Kirwan, les Blacks ne firent qu'une bouchée de leurs adversaires pour remporter le premier Mondial – 50-8 en moyenne par match, dont un 29-9 sans appel en finale contre la France –, ils chutèrent dès l'édition suivante en demi-finales face à l'Australie, ce qui fut perçu comme un affront d'Auckland à Dunedin, en passant par Wellington et Christchurch. En comparaison, la défaite contre les Springboks en finale quatre ans plus tard, à l'issue d'un tournoi qui fit découvrir le flamboyant Jonah Lomu, passa mieux auprès de l'opinion publique néo-zélandaise. Même si elle survint à la dernière minute face au vieil ennemi héréditaire depuis sept décennies. Probablement parce que les All Blacks ne furent jamais dans leur assiette cet après-midi-là, à l'Ellis Park de Johannesburg, et que, aujourd'hui encore, les raisons de cette léthargie restent mystérieuses...

Comme est toujours incompréhensible la manière dont l'équipe de Taine Randell s'est fait sortir par la France en demies à Twickenham en 1999, après avoir mené 24-10 à la 45e minute et encaissé ensuite trente-trois points en une demi-heure ! Et que dire de l'humiliation absolue de 2007 – élimination une nouvelle fois par les Français, mais en quarts de finale (18-20), après avoir mené 13-0 à la mi-temps ! Et cela aurait pu être bien pire le 23 octobre 2011 à l'Eden Park, quand les All Blacks ne s'imposèrent que d'un tout petit point (8-7) en finale face... aux Bleus.

3

Le nombre de Coupes du monde remportées par les All Blacks (1987, 2011, 2015).

14

Le nombre d'All Blacks champions du monde en 2011 et en 2015 : Ben et Owen Franks, Tony Woodcock, Keven Mealamu, Sam Whitelock, Victor Vito, Richie McCaw, Jerome Kaino, Kieran Read, Dan Carter, Colin Slade, Ma'a Nonu, Conrad Smith, Sonny Bill Williams.

28

Le nombre de rencontres gagnées par les Néo-Zélandais en phase de poules, en… 28 matchs. C'est la seule nation à avoir réussi ce sans-faute.

21

La moyenne de points par match de Grant Fox lors du Mondial 1987. C'est la meilleure pour un All Black dans l'histoire de cette compétition.

Le 20 juin 1987, David Kirk, le capitaine all black, brandit à Auckland le trophée William Webb-Ellis, à l'issue de la première finale de la Coupe du monde.

JONAH LOMU

Quatre années ont suffi pour que le trois-quarts aile all black devienne une star mondiale à la fin du XXe siècle. Et sa fin tragique, à 40 ans, en a fait une légende.

Bien qu'il ait marqué 37 essais en 63 test-matchs, Jonah Lomu n'a pas été le meilleur trois-quarts aile de tous les temps. Par leur technique, leur sens du placement ou leur génie de la relance, le Gallois Gerald Davies dans les seventies, l'Australien David Campese durant la décennie suivante ou l'Anglais Jason Robinson dans les premières années du XXIe siècle ont par exemple bien plus fait pour l'évolution du jeu à ce poste. Mais une chose est sûre : Lomu fut une star mondiale, tous sports confondus ! La première star – et à ce jour la seule – que le rugby ait jamais enfantée. Dieu sait pourtant que ce n'était pas gagné. Né dans une famille tonguienne pauvre et ayant grandi dans l'une des banlieues les moins fréquentables d'Auckland, c'est un miracle qu'il s'en soit sorti. Repéré et poussé par Eric Rush – une légende du rugby à VII – alors qu'il avait 14 ans, Lomu entama ensuite le cursus qui sied à tout futur All Black : international en moins de 19 ans puis en moins de 21. Une fois propulsé chez les grands, ses deux premiers tests – perdus contre la France au début de l'été 1994 (22-8 et 23-20) – le marquèrent à un point tel qu'il a toujours affirmé que la façon dont Émile Ntamack, son vis-à-vis, l'embrouilla plusieurs fois ces deux samedis-là lui avait beaucoup appris. C'est un autre joueur que l'on revit un an plus tard en Afrique du Sud, lors de la Coupe du monde. Ayant pris beaucoup de muscles en ingurgitant notamment de la créatine, sans que ses 115 kilos n'altèrent sa vitesse phénoménale, il marqua aux Anglais, en demies au Cap, quatre essais qui l'installèrent le 18 juin 1995 sur la première marche de son fabuleux destin. Celui inscrit au bout de deux minutes en mondovision révéla quel phénomène il était devenu. Après avoir récupéré, quasiment à l'arrêt, derrière lui un ballon qui rebondissait à la suite d'une passe hasardeuse de l'un de ses partenaires, une dizaine de mètres lui suffirent pour se lancer et prendre une vitesse folle au bout de laquelle il écarta Tony Underwood d'un raffut appuyé, s'arracha plus loin des bras de Will Carling le ceinturant et, en le percutant de plein fouet, envoya sur les fesses Mike Catt, qui défendait sa ligne d'en-but. Dans l'heure qui suivit ce festival, Carling confirma bien que Lomu était désormais « un monstre » et pronostiqua qu'il allait vite devenir « le meilleur ». Ce qui, toutefois, ne fut pas le cas une semaine plus tard face aux Springboks lorsque, comme tous ses camarades, il perdit 15-12, passant à côté d'une finale qu'il joua à 20 ans et 43 jours, ce qui reste un record de précocité.

Premiers symptômes

Les tournées et les Tri-Nations qui suivirent attestèrent que le capitaine du XV de la Rose avait vu juste. Et ce, bien que se soient manifestés fin 1996 les premiers symptômes d'un dysfonctionnement rénal faisant redouter à terme l'apparition d'une grave maladie nommée « syndrome néphrotique ». Laquelle allait se déclarer au début des années 2000, nécessitant ponctuellement des séances de dialyse à partir de 2003 puis la transplantation d'un rein le 28 juillet 2004. Hormis durant les huit premiers mois de 1997, ces ennuis de santé ne ralentirent néanmoins pas son ascension vers des sommets qu'il faillit même toucher lors de la Coupe du monde 1999. Les six essais de Lomu avant le coup d'envoi de la demi-finale contre la France et les gros progrès techniques réalisés en quatre années, ajoutés à une maturité et une expérience maintenant affirmée, laissaient en effet augurer un sombre avenir pour les Bleus ce 31 octobre à Twickenham. Et, de fait, lorsqu'il dévasta deux fois leur défense en éliminant neuf joueurs lors de sa première incursion et sept lors de la suivante, on n'envisageait pas que sa voie royale vers le trophée William Webb-Ellis serait stoppée net par un extravagant retournement de situation en seconde période. Ce qu'on n'imagina surtout pas, ce jour-là, c'est que, seize ans plus tard, après le rejet d'un greffon en 2011 qui lui imposa alors une dialyse permanente à raison de trois séances par semaine, il s'éteindrait brutalement le 18 novembre 2015, victime d'une attaque cardiaque inexpliquée.

19

19 ans et 45 jours : c'est l'âge auquel Jonah Lomu devint en 1994 le plus jeune All Black de l'histoire. Le précédent record appartenait à Edgar Wrigley et datait de… 1906.

- **Né le 12 mai 1975** à Greenlane (province d'Auckland, Nouvelle-Zélande).
- **Décédé le 18 novembre 2015** à Auckland.
- **Poste :** trois-quarts aile.
- **Provinces, franchises, clubs :** Counties Manukau (1994-1999), Wellington (2000-2006), North Harbour (2006), Blues (1996-1998), Chiefs (1999), Hurricanes (2000-2003), Cardiff (2005-2006), Marseille-Vitrolles (2009). Vainqueur du Super 12 en 1996 et en 1997.
- **Nouvelle-Zélande :** 63 sélections (1994-2002) ; 37 essais inscrits. Finaliste de la Coupe du monde en 1995.
- **Barbarians britanniques :** 4 invitations (2000-2002).

AFRIQUE DU SUD

SURNOM

Les Springboks.

COULEURS

Maillot vert à col doré, short blanc, chaussettes vertes.

EMBLÈME

Le springbok.

HYMNE

***Nkosi Sikelie' iAfrika* (« Dieu protège l'Afrique »).**

STADES

Emirates Airlines Park / Ellis Park (Johannesburg), **Newlands** (Le Cap), **Loftus Versfeld** (Pretoria), **Jonsson Kings Park** (Durban).

Interdits des deux premières Coupes du monde par la faute de l'apartheid, les Springboks vont remporter la troisième, chez eux, trois ans à peine après avoir réintégré le concert des nations du rugby. Soutenus par la Rainbow Nation – c'est-à-dire les Blancs, les Noirs et les *Coloured* confondus – que Nelson Mandela a mobilisée, les Boks brandissent le trophée après être venus à bout de trois sélections qui leur sont intrinsèquement supérieures : l'Australie – tenante du titre – en phase de poules (27-18), la France en demies (19-15) et la Nouvelle-Zélande, après prolongation, en finale (15-12). Une victoire d'autant plus symbolique qu'elle est obtenue par une équipe comptant à l'une de ses ailes Chester Williams, le premier joueur noir à avoir été sélectionné après l'abolition, en juin 1991, des lois racistes régissant le pays depuis 1948.
Si l'Afrique du Sud attendra douze ans pour rééditer cet exploit, elle n'a pas à rougir de la Coupe du monde suivante – éliminée par l'Australie en demi-finales (27-21), après que Stephen Larkham a réussi un drop improbable –, une Coupe du monde au cours de laquelle le demi d'ouverture Jannie de Beer réalise une chose insensée : entre pénalités, transformations et drop-goals, il marque en deux rencontres – face aux Anglais en quarts (44-21) et aux Australiens en demies (21-27) – 55 des 65 points de son équipe !
L'édition 2003 passée aux pertes et profits – élimination sans contestation possible face aux All Blacks (29-9) –, la suivante voit les Sud-Africains s'approprier la Coupe du monde une seconde fois, ce que, à ce moment-là, seule l'Australie a réussi. Un triomphe toutefois moins glorieux que celui de 1995, puisque obtenu après avoir dominé les Fidji, l'Argentine et enfin l'Angleterre au cours d'une finale sans essai.
Battue quatre ans après en quarts, une fois encore par l'Australie, l'Afrique du Sud n'aura guère de regrets, car elle n'était pas au niveau. Ce qui, en revanche, ne sera pas le cas en 2015, où elle inquiétera longtemps les All Blacks en demi-finales, perdant sur le fil (18-20) avant de décrocher la troisième place aux dépens des Argentins.

2

Le nombre de Coupes du monde remportées par les Springboks (1995, 2007).

93

C'est à la 93e minute que Joel Stransky réussit en prolongation le drop qui offre aux Sud-Africains la victoire face aux All Blacks en finale du Mondial 1995.

6

Le numéro du maillot que portait Nelson Mandela durant la finale 1995, le même que Francois Pienaar.

5

Le nombre de drops réussis par Jannie de Beer en l'espace de trente minutes lors du quart de finale contre l'Angleterre, en 1999.

John Smit au Stade de France le 20 octobre 2007, après la victoire des Springboks face aux Anglais (15-6).

AUSTRALIE

SURNOM

Les Wallabies.

COULEURS

Maillot jaune doré, short et chaussettes verts.

EMBLÈME

Le blason de l'Australie.

HYMNE

Advance Australia Fair
(« En avant, belle et juste Australie »).

STADE

ANZ Stadium (Sydney).

Après avoir été éliminée à Sydney – contre toute attente – par l'équipe de France en demi-finales en 1987 (24-30), l'Australie a été la première nation à remporter deux Coupes du monde (1991, 1999). Même si elle faillit bien rater une fois encore la marche en 1991, puisque, face à l'Irlande à Dublin, en quarts, elle ne se sortit d'affaire qu'à l'ultime seconde grâce à un essai de Michael Lynagh (19-18). Cette rencontre fut en fait la seule qui lui posa problème, car ni au tour suivant, contre les All Blacks (16-6), ni en finale à Twickenham, face à l'Angleterre (13-6), elle ne fut réellement inquiétée. Comme elle ne le fut pas non plus huit ans après, lors de son ultime match contre les Français à Cardiff (35-12), qui lui valut son second trophée. L'écart par lequel elle s'imposa ce jour-là est d'ailleurs le plus gros des huit finales disputées de 1987 à 2015.

Les six autres parcours australiens se sont terminés, eux, de façon équitable dans… la défaite : en quarts de finale en 1995 et en 2007, les deux fois face à l'Angleterre ; en demies en 1987 et en 2011, respectivement contre la France et la Nouvelle-Zélande ; en finale en 2003 et en 2015, ce qui signifie que les Wallabies sont les seuls, avec les All Blacks, à avoir disputé quatre finales (mais ils en ont perdu deux).

Et si la défaite de 2015 contre les Néo-Zélandais (17-34) ne souffrit aucune contestation, celle de 2003 reste sans doute encore en travers de la gorge des Australiens. Les Anglais furent notablement supérieurs, ce 22 novembre 2003 au Telstra Stadium de Sydney, mais George Gregan et ses équipiers parvinrent à égaliser à la dernière minute du temps réglementaire (14-14). Et ce n'est qu'un drop de Jonny Wilkinson, réussi à l'ultime seconde de la prolongation, qui, en définitive, terrassa l'Australie (17-20).

2

Le nombre de Coupes du monde remportées par les Wallabies (1991, 1999).

5

Le nombre d'Australiens champions du monde en 1991 et en 1999 : Dan Crowley, Phil Kearns, John Eales, Tim Horan, Jason Little.

4

Le nombre de finales mondiales disputées par les Australiens (1991, 1999, 2003, 2015).

25

Le nombre de points marqués par Matt Burke (7 pénalités, 2 transformations) sur les 35 de son équipe lors de la finale de la Coupe du monde 1999.

John Eales, la reine Élisabeth II et le directeur de l'IRB Vernon Pugh (à droite), le 6 novembre 1999 à Cardiff.

ARGENTINE

SURNOM

Les Pumas.

COULEURS

Maillot bleu ciel et blanc rayé horizontalement, short blanc, chaussettes bleu ciel et blanc.

EMBLÈME

Le puma.

HYMNE

Himno Nacional Argentino
(« Hymne national argentin »).

STADE

Estadio José Amalfitani,
(Buenos Aires).

C'est le seul des quatre pays disputant le Rugby Championship à ne pas avoir gagné la Coupe du monde. Mais si les Pumas n'ont remporté aucun match en 1991 et en 1995, alors qu'ils possédaient dans leurs rangs quelques joueurs de classe mondiale, ils avaient battu l'Italie dès l'édition initiale de 1987. Ils sont sortis ensuite quatre fois de la phase de poules, en 1999, 2007, 2011 et 2015. En réussissant à l'occasion de la première fois un exploit, puisqu'ils éliminèrent l'Irlande lors d'une rencontre de barrage avant de s'incliner en quarts face aux Français. Des Irlandais qui, au demeurant, se vengeront d'un point (16-15) quatre ans plus tard en leur fermant la porte du tableau final.

C'est en 2007 que les Pumas réalisent la meilleure performance de leur histoire. D'abord en battant les Bleus au Stade de France (17-12), à l'occasion du match d'ouverture, puis en alignant trois autres victoires (Irlande, Géorgie, Namibie). Ensuite en dominant l'Écosse (19-13) à Saint-Denis en quarts puis, après avoir perdu en demies face à la Nouvelle-Zélande, en humiliant de nouveau les Français (34-10) en marquant cinq essais au Parc des Princes lors du match de classement pour la troisième place.

Des demi-finales que l'Argentine va une nouvelle fois atteindre en 2015, après avoir dominé l'Irlande à Cardiff (43-20) dans une rencontre magnifique durant laquelle elle inscrit deux essais au cours des dix premières minutes et deux autres dans le dernier quart d'heure. Et si elle ne termine finalement que quatrième de la compétition, battue par l'Afrique du Sud (24-13), c'est privée de quatre titulaires qu'elle dut disputer ce dernier match.

1999

L'année où les Pumas disputèrent pour la première fois les quarts de finale en Coupe du monde.

31

Le nombre record de pénalités réussies par Gonzalo Quesada lors du Mondial 1999.

17

Le nombre de matchs disputés par Felipe Contepomi en Coupe du monde (1999, 2003, 2007, 2011), un record pour un Puma.

60

C'est le plus gros écart de points réussi par l'Argentine en Coupe du monde : 63-3 contre la Namibie en 2007.

Au Parc des Princes, Agustín Pichot et ses camarades argentins vont chercher leurs médailles de bronze après leur victoire sur les Français à l'occasion du match pour la troisième place de la Coupe du monde 2007.

TAULIER DE LA SAINTE TRINITÉ

Nicholas Campbell « Nick » Farr-Jones, né le 18 avril 1962 à Caringbah, dans l'État de Nouvelle-Galles du Sud, était avocat d'affaires lorsqu'il connut à l'automne 1984 la première de ses 63 sélections (1984-1993) avec les Wallabies, au poste de demi de mêlée. Devenu l'année d'après le véritable leader de l'équipe, mais pas encore son capitaine – il le sera à trente-six reprises de l'automne 1987 au mois de novembre 1991 –, il forme avec David Campese (à droite sur cette photo) et Michael Lynagh ce que l'on a baptisé en Australie « la Sainte Trinité ». Plusieurs fois contesté lors des saisons qui vont suivre, il fera cependant taire toutes les critiques après une formidable victoire contre les All Blacks (21-9) en août 1990 à Wellington, un triomphe qu'il célébrera en nageant nu le soir dans le port. Plus rien ne l'empêchera alors d'être le capitaine des champions du monde 1991.

« FILS » DE MANDELA

Jacobus Francois Pienaar, né le 2 janvier 1967 à Vereeniging (province du Transvaal), descendant de huguenots français, fut le capitaine des Springboks qui brandirent la Coupe du monde 1995 en battant les All Blacks à Johannesburg (15-12). Nommé à cette fonction dès la première de ses 29 sélections, en 1993, il fut « paterné » par Nelson Mandela, qui vit en son charisme le seul moyen de redonner moral et élan à une équipe tombée neuvième au classement de l'IRFB. Habité par sa mission, début juin, le troisième ligne emmena ses équipiers passer une journée à Robben Island, l'île où le président de la Rainbow Nation avait été emprisonné durant vingt-sept ans. Et, lors du court discours qu'il prononça aux côtés de « Madiba » à l'Ellis Park après le sacre, il affirma que « cette victoire [était] avant tout celle des 43 millions de Sud-Africains ».

L'UN DES CINQ « GRANDS »

Martin Osborne Johnson, né le 9 mars 1970 à Solihull, dans le comté du Warwickshire, mena l'Angleterre à la victoire en Coupe du monde le 22 novembre 2003 à Sydney. Il disputa son quatre-vingt-douzième et dernier match international.* Trente-neuf fois capitaine du XV de la Rose à partir de 1999, il est le seul à l'avoir également été lors de deux tournées des Lions britanniques et irlandais. Au-delà de ses performances – il est, avec Frik du Preez, Colin Meads, Willie-John McBride et John Eales, l'un des cinq meilleurs deuxièmes lignes de l'histoire –, deux brèves « déclarations » ont aussi participé à sa célébrité. À un journaliste néo-zélandais lui demandant à l'été 2003 ce qu'il disait à ses hommes avant leur entrée en mêlée, il répondit : « Baissez-vous, et poussez. » Mais à quoi pensait-il en poussant ? « À ma colonne vertébrale. »

** 84 sélections avec l'Angleterre, 8 avec les Lions.*

LE PREMIER DE LA CLASSE

Richard Hugh « Richie » McCaw, né le 31 décembre 1980 à Oamaru, dans la province d'Otago, est le joueur du rugby mondial comptant le plus grand nombre de sélections : 148 (2001-2015), dont 110 comme capitaine. En fait, ce troisième ligne « grand côté » est à peu près le premier dans tous les domaines. Seul homme à avoir emmené deux fois son équipe au titre en Coupe du monde (2011, 2015), il détient – avec l'Anglais Jason Leonard – le record de rencontres disputées dans cette épreuve : vingt-deux. Il a été élu trois fois meilleur joueur de l'année, un exploit seulement réalisé par son compatriote Dan Carter. Mais McCaw est le seul à avoir réussi, en tant que capitaine, trois Grands Chelems lors de tournées en Grande-Bretagne et en Irlande. Enfin, sa longévité, son abattage et son aura ont fait de lui le capitaine de l'histoire le plus… « écouté » par les arbitres.

CASTLE LAGER
FOX SPORTS
THE RUGBY CHAMPIONSHIP
ESPN
AIG
adidas
ALL BLACKS

The Rugby Championship

Après un siècle de tournées passées à se rendre visite entre elles et à venir se mesurer aux nations européennes, les trois nations de culture anglo-saxonne de l'hémisphère Sud ont eu, en 1996, l'idée de créer le pendant du Tournoi des Cinq Nations. Auquel elles ont convié l'Argentine à partir de 2012.

Une affaire de gros sous? Au départ, oui, bien sûr. L'instauration du professionnalisme à l'automne 1995 incita en effet Rupert Murdoch, le milliardaire et magnat des médias australo-américain, à tenter de profiter du filon. Il se démena alors abondamment auprès des fédérations néo-zélandaise, australienne et sud-africaine pour qu'elles s'entendent et montent un championnat réunissant les meilleures formations de chaque pays, compétition qu'il diffuserait à travers le monde, envisageant ainsi des rentrées publicitaires astronomiques. Faute de quoi, ayant même choisi Francois Pienaar comme tête de gondole, il débaucherait les stars de ces trois pays, les entourerait d'autres joueurs et les accommoderait à sa sauce pour leur faire disputer des rencontres.

À Auckland, Sydney et Johannesburg, on n'hésita pas longtemps. Les trois Fédérations fondèrent un consortium, le Sanzar (acronyme de « South Africa, New Zealand, Australia Rugby », devenu « Sanzaar » en 2012, avec l'intégration de l'Argentine), qui, conformément aux espoirs de Murdoch, prit vite l'affaire en main, laquelle déboucha sur le Super 12, désormais dénommé « Super Rugby ».

Et, dans l'élan, on lança le Tri-Nations – selon le même format que le Tournoi dans nos horizons –, une épreuve beaucoup plus symbolique, tout à fait propre, celle-là, à satisfaire les ego nationalistes australs.

Les trois premières Coupes du monde n'ayant au fond rien résolu en termes de hiérarchie dans l'hémisphère Sud – victoire des All Blacks en 1987, des Wallabies quatre ans après et des Springboks en 1995 –, la Bledisloe Cup entre Néo-Zélandais et Australiens commençant à s'essouffler et les tournées au long cours étant plus ou moins passées de mode, le temps était bel et bien venu de « régler ça » à trois. Annuellement.

Entouré de ses équipiers, le capitaine néo-zélandais Kieran Read hisse le trophée du Rugby Championship 2017 après une victoire contre l'Argentine à Buenos Aires.

TRI-NATIONS (1996-2011)

	NOMBRE DE VICTOIRES	ANNÉES
Nouvelle-Zélande	10	1996*, 1997*, 1999, 2002, 2003*, 2005, 2006, 2007, 2008, 2010*
Afrique du Sud	3	1998*, 2004, 2009
Australie	3	2000, 2001, 2011

THE RUGBY CHAMPIONSHIP (depuis 2012)

	NOMBRE DE VICTOIRES	ANNÉES
Nouvelle-Zélande	6	2012*, 2013*, 2014, 2016*, 2017*, 2018
Afrique du Sud	0	
Australie	1	2015*
Argentine	0	

** Grand Chelem*

Après l'écrasement des Wallabies par les Blacks (43-6), le 6 juillet 1996, on comprit dès l'ouverture de ce Tri-Nations que ces derniers avaient bien l'intention d'installer leur suprématie. D'autant qu'ils réussirent cinq semaines plus tard le premier de leurs huit Grands Chelems dans les mers du Sud. Il reste que, sur les seize exercices joués sous l'appellation « Tri-Nations », les Néo-Zélandais en laissèrent tout de même échapper six, qu'Australiens et Sud-Africains se répartirent équitablement.

Puis survinrent les Argentins. En 2012. Adoubés après avoir plutôt bien résisté aux Néo-Zélandais l'année précédente, en quarts de finale de la Coupe du monde (33-10), et, surtout, après avoir terminé troisièmes aux dépens des Français lors du Mondial précédent. Sans tout chambouler, les Pumas apportèrent avec eux un air frais des Andes qui finit par déstabiliser dès leur troisième participation les Wallabies et les Springboks. D'abord les premiers, battus en 2014 (puis à Gold Coast en 2018) ; ensuite les seconds, défaits à Durban en 2015 (et à Mendoza en 2018).

LE PRINCE ANDREW DU TRI-NATIONS

Andrew Philip Mehrtens est né le 28 avril 1973 à Durban, en Australie, et a grandi à Christchurch, en Nouvelle-Zélande. Obtenant en juin 1995, au poste de demi d'ouverture, la première de ses 70 sélections chez les All Blacks (1995-2004), il a alors la lourde tâche d'essayer de faire oublier Grant Fox, retraité depuis une saison. Si, contrairement à son prédécesseur, son coup de pied ne parvient pas cette année-là à donner le titre mondial aux Blacks, Andrew va s'affirmer dès la suivante comme l'indéfectible buteur que le pays attendait. Auteur de plus de la moitié des points de son équipe lors du premier Tri-Nations, il ne faillira jamais au cours des six autres qu'il disputera. Établissant même un record dans cette compétition (328 points) à l'issue du dernier, en 2002, record qui ne sera battu que bien plus tard par Dan Carter (554) et le Sud-Africain Morné Steyn (390).

SUPER RUGBY

D'abord compétition entre équipes du Pacifique, elle s'ouvre aux Sud-Africains en 1993, devient Super 12 à partir de 1996 puis Super 14 en 2006. Accueillant des franchises néo-zélandaises, australiennes, sud-africaines, argentines et japonaises, elle s'agrandit à quinze participants puis à dix-huit, avant de revenir à quinze à partir de 2018. Elle est désormais disputée par cinq franchises néo-zélandaises (Blues, Chiefs, Crusaders, Highlanders, Hurricanes), quatre sud-africaines (Bulls, Lions, Sharks, Stormers), quatre australiennes (Brumbies, Rebels, Waratahs, Queensland Reds), une argentine (Jaguares) et une japonaise (Sunwolves). Depuis 1996, après l'instauration du professionnalisme, en vingt-trois éditions, le trophée a été remporté seize fois par des Néo-Zélandais (dix fois par les Crusaders de Christchurch), quatre fois par des Australiens et trois fois par les Bulls sud-africains.

UAT

Les tournées

Une équipe composée d'Anglais, d'Écossais et de Gallois lança en 1888 le concept de tournée qui, pendant un siècle, fut le seul moyen d'établir à intervalles réguliers une hiérarchie Nord-Sud dans le rugby mondial.

Le samedi 25 juin 1921, au matin du premier des trois tests disputés par les Springboks en Australie* – avant qu'ils ne poursuivent leur voyage vers la Nouvelle-Zélande, où trois autres énormes matchs internationaux les attendaient –, le *Sydney Morning Herald* titrait en une : « Le championnat du monde de rugby commence aujourd'hui. »

Dans le même ordre d'idée, les journaux sud-africains du dimanche affirmèrent le 17 août 1958 que « la France [était] championne du monde » puisque, la veille, elle avait battu (9-5) les Boks à l'Ellis Park de Johannesburg, ce qui, trois semaines après avoir fait match nul (3-3) au Cap, lui permettait de remporter la « série ». Exploit d'autant plus impressionnant aux yeux du peuple boer que, hormis les Lions à la préhistoire de ce jeu (1891 et 1896), personne n'avait eu l'outrecuidance de venir dominer sa chère équipe sur son propre sol lors d'une tournée.

Ces deux exemples disent bien comment, aux temps héroïques, il fallait, dans l'hémisphère Sud, attendre les visites des « voisins » des Quarantièmes rugissants ou celles des « coloniaux » venus du Nord pour se positionner.

Notez bien que, en Europe, c'était déjà un peu la même chose. Car si, depuis 1882, le Tournoi britannique permettait aux Anglais, Gallois, Écossais et Irlandais de voir chaque début de printemps où ils en étaient, c'est avec beaucoup de curiosité, mêlée d'un peu d'inquiétude, que l'on vit outre-Manche débarquer pour la première fois, en 1905, ceux que l'on nomma « All Blacks » puis des types qui se firent appeler « Springboks », dès l'année suivante. Cela étant, cette curieuse inspiration de franchir en bateau l'équateur pour aller jouer au rugby sur un autre continent – deux, voire trois mois durant – n'était pas nouvelle.

Jean Barthe, Jacques Lepatey, Pierre Lacaze, Louis Cazaux, Henri Rancoule, Marcel Laurent, Raoul Barrière, Jean Dupuy, Roger Martine, Pierre Danos, Arnaud Marquesuzaa, Robert Baulon, Aldo Quaglio, Lucien Rogé, Serge Saulnier et Alfred Roques (de bas en haut, et de gauche à droite) à leur retour après la tournée triomphale de 1958, en Afrique du Sud.

NEW ZEA
BY UNI

	EN GRANDE-BRETAGNE, EN IRLANDE ET EN FRANCE	EN NOUVELLE-ZÉLANDE	EN AFRIQUE DU SUD	EN AUSTRALIE
Lions (34 tournées)		1904-2017 **1 V / 1 N / 10 D**	1891-2009 **4 V / 1 N / 8 D**	1899-2013 **7 V / 2 N**
All Blacks (50 tournées)	1905-2018 **25 V / 2 N**		1928-1996 **2 V / 1 N / 4 D**	1907-1992 **14 V / 2 D**
Springboks (22 tournées)	1906-2018 **8 V / 1 N / 3 D**	1921-1994 **1 V / 1 N / 3 D**		1921-1971 **3 V / 2 D**
Wallabies (46 tournées)	1908-2018 **14 V / 2 N / 11 D**	1913-1990 **2 V / 2 N / 10 D**	1933-1969 **1 N / 4 D**	
France (25 tournées)		1961-2018 **1 V / 2 N / 7 D**	1958-2017 **2 V / 1 N / 5 D**	1972-2014 **1 V / 6 D**

Dans le tableau ci-dessus, est considérée comme une tournée une série d'au moins deux test-matchs disputés par une équipe en visite sur un autre sol.

Les premiers à l'avoir eue furent Arthur Shrewsbury et Albert Shaw, deux Anglais, prestigieux joueurs professionnels de cricket l'été et rugbymen l'hiver, qui déclinèrent en 1888 une idée matérialisée dès 1877 par leur pays quand, équipée de battes, de balles, de gants et de *wickets*, une équipe partit défier l'Australie.

Le 9 mars 1888, à Gravesend, un port de l'estuaire de la Tamise, vingt et un jeunes gens montèrent donc à bord du *SS Kaikoura* et en redescendirent le 11 novembre de la même année, après avoir disputé trente-sept matchs – mais aucun test – en Nouvelle-Zélande et en Australie.

Bien que n'ayant pas validé cette première tournée organisée par des privés, la Rugby Football Union admit que le principe n'était pas sot et, partant de là, monta sa propre expédition trois ans plus tard puis une autre en 1896, les deux fois en Afrique du Sud. S'appuyant sur le même postulat, une formation – censée être composée de joueurs des quatre *Home Unions* mais nommée… « England Rugby Team » – y disputa vingt et une rencontres, dont sept tests.

Le pli étant pris, huit nouvelles tournées se déroulèrent de 1899 à 1938 – en Afrique du Sud, en Australie et en Nouvelle-Zélande** –, dont deux méritent qu'on s'y arrête.

La naissance des Lions

La tournée de 1910 en Afrique australe fut ainsi la première où un comité des *Home Unions* décida de la sélection des joueurs, la première aussi impliquant des rugbymen des quatre nations, la première encore qui se dota une bonne fois pour toutes de couleurs***, la première, surtout, où il fut décidé que l'équipe se nommerait désormais « British Isles Team ». Et ce jusqu'en 1950, où elle devint officiellement l'équipe des « Lions britanniques ».**** Parce que « Lions » est le surnom que lui donnèrent les journalistes de Fleet Street qui la suivirent – toujours chez les Springboks, en 1924 –, au prétexte qu'on avait remplacé le roi de la jungle ornant leur poitrine par un écusson frappé de la rose, du trèfle, du chardon et des plumes d'autruche.

Une fois réussis les premiers pas en Grande-Bretagne des Blacks et des Boks, en 1905 et en 1906, les échanges dans le sens Nord-Sud se perpétuèrent eux aussi jusqu'en 1938.

Page de gauche, en haut
En 1938, le Springbok Danie Craven transperce la défense adverse à Johannesburg, lors de la tournée des Lions en Afrique du Sud.

Page de gauche, en bas
À Toulouse, Alain Penaud tente de plaquer un All Black lors du passage des Néo-Zélandais en Italie et en France, à l'automne 1995.

La naissance de la Coupe du monde, en 1987, a petit à petit fait tomber en désuétude, à partir du début des années 1990, ces immenses aventures de plusieurs mois balisées par une trentaine de matchs et de tests chargés de dire qui était le plus fort.

Les Néo-Zélandais et les Sud-Africains revinrent deux fois en Europe, et les Australiens une. Ce qui permit d'établir pendant un quart siècle que l'Afrique du Sud était la meilleure nation du monde, elle qui réussit deux fois le Grand Chelem en Grande-Bretagne et en Irlande (1913, 1931) ***** – avec, en prime, deux victoires sur la France –, qui lamina l'Australie et qui partagea les tests en Nouvelle-Zélande en 1921, avant d'y revenir en 1937 pour y remporter la série, ce que personne n'avait fait et ne refera plus avant les… Lions en 1971.
Avec le développement des transports aériens, les tournées vont prendre un nouvel élan à partir de la fin des années 1940 et confirmer – malgré l'« accident » de 1958 face aux Français – la suprématie mondiale des Springboks. Avec un humiliant 4 tests à 0 infligé aux All Blacks en 1949, suivi par cinq nouvelles victoires internationales en Europe à chaque tournée, en 1951-1952 et en 1960-1961.
La France ayant été la première à aller naviguer à titre « individuel » dans ces eaux-là, il fallut attendre 1960 pour que ses consœurs du Tournoi s'y risquent à leur tour. L'Écosse fut la première en volant vers l'Afrique du Sud, suivie de l'Irlande (qui s'y rendit douze mois après) et de l'Angleterre (qui tenta l'aventure au bout du monde deux ans plus tard), les Gallois étant les derniers à oser franchir l'équateur en 1964 pour aller affronter les Springboks.
Mais la naissance de la Coupe du monde, en 1987, a petit à petit fait tomber en désuétude, à partir du début des années 1990, ces immenses aventures de plusieurs mois balisées par une trentaine de matchs et de tests chargés de dire qui était le plus fort. Une fois tous les quatre ans, désormais, on le sait, et jusqu'en 2015 ce furent les All Blacks.

** Représentée par l'équipe de Nouvelle-Galles du Sud.*

*** De 1904 à 1966, le voyage en Nouvelle-Zélande entraîna automatiquement un passage par l'Australie.*

**** Maillot bleu marine frappé d'un lion doré sur le cœur, short blanc, chaussettes rouges. C'est en 1950 que seront adoptées les couleurs actuelles.*

***** Depuis 2001, elle se nomme l'équipe des « Lions britanniques et irlandais ».*

****** Les All Blacks attendirent 1978, et les Wallabies 1984.*

COACH EN CHEF

Sir Ian Robert McGeechan, bien que né le 30 octobre 1946 à Leeds, dans le Yorkshire, fut l'un plus brillants trois-quarts de l'histoire du rugby écossais. Il forma notamment en 1979, avec Jim Renwick (son partenaire au centre), John Rutherford (à l'ouverture) et Andy Irvine (à l'arrière), le plus beau quatuor offensif qu'on ait jamais vu à Murrayfield. Universitaire distingué, trente-deux fois international pour l'Écosse (1972-1979) et huit fois titularisé pour un test-match disputé par les Lions britanniques et irlandais (1974 et 1977), il se pencha sur le jeu d'attaque une fois sa carrière terminée, et c'est sous son autorité que l'Écosse réussit en 1990 le dernier de ses trois Grands Chelems. Un an auparavant, il avait été le coach des Lions en Australie, et il le fut de nouveau en Nouvelle-Zélande (1993) et en Afrique du Sud (1997, 2009). Il est le seul à avoir eu quatre fois cet honneur. En 2005, il fut aussi l'adjoint en Nouvelle-Zélande d'un autre sir, anglais celui-là, Clive Woodward.

LE PLUS JEUNE CAPITAINE

Sam Kennedy Warburton, flanker de classe né le 5 octobre 1988 au pays de Galles, a eu l'insigne honneur d'être à 24 ans et 8 mois le plus jeune capitaine de l'histoire des Lions – en 2013, lors de la tournée victorieuse en Australie – et le premier Gallois à occuper la fonction depuis Phil Bennett en 1977. Il eut par ailleurs l'immense privilège d'être de nouveau à leur tête quatre ans plus tard en Nouvelle-Zélande, dont il revint après avoir réussi un « nul » : une défaite, une victoire, une égalité. Soixante-quatorze fois sélectionné avec le XV du Poireau de 2009 à 2017, il en détient le record de *caps* en tant que capitaine (49), et il fut en 2011 le plus jeune capitaine gallois lors d'une Coupe du monde où son équipe fut battue par les Français (9-8) en demi-finales, probablement parce qu'il fut sévèrement expulsé à la 18e minute. Warburton aurait sans doute connu d'autres distinctions si de graves soucis aux vertèbres cervicales ne l'avaient obligé à mettre fin à sa carrière en juillet 2018. Il n'avait pas 30 ans.

WILLIE-JOHN MCBRIDE

Entre 1962 et 1974, le deuxième ligne irlandais a participé à cinq tournées avec les Lions dans l'hémisphère Sud. C'est un record.

Au début des années 1950, William James McBride – plus connu depuis soixante ans sous le très respecté patronyme de « Willie-John » – fut deux années durant champion scolaire de l'Ulster au saut à la perche. Et du rugby, alors, il se fichait pas mal. Jusqu'au jour où un prof de gym lui demanda comme service, vu sa taille hors normes pour son âge (1,80 m), de dépanner l'équipe du collège, à qui il manquait un deuxième ligne. Souvent, plus tard, McBride racontera comment un ballon lui tomba ainsi dans les mains, précisant même que la seule règle qu'il connaissait était de « le passer derrière [lui] ». Même si, pour être juste, ce que l'on demandait uniquement à l'époque à un *lock* était de sauter haut pour l'attraper ou le détourner vers son demi de mêlée puis de le défendre à la force des avant-bras dans les regroupements. Il s'acquitta si bien de sa tâche et sembla y prendre tant de goût qu'il finit par remiser sa perche en bambou au fond de la grange de la ferme familiale, se fit offrir pour le Noël suivant une paire de chaussures à crampons en bois, prit du muscle et une dizaine de centimètres supplémentaires dans les années qui suivirent et entra dans la carrière alors qu'il avait tout juste 20 ans, quand il fut sélectionné dans l'équipe d'Ulster pour affronter les Springboks, le 28 janvier 1961. Un an plus tard – le front et les oreilles protégés par un bandeau blanc, son signe de reconnaissance –, il disputa pour l'Irlande son premier match dans le Tournoi, n'en manquant à partir de là qu'un seul – en 1964, face aux Gallois – jusqu'à la fin de sa carrière, en 1975. L'année 1962 fut surtout celle où il allait écrire le premier des cinq chapitres contant les formidables « Aventures de Willie-John à travers le monde », celles où, avec les Lions britanniques et irlandais, il mena tant et tant de furieuses batailles dans les mers du Sud.

La fierté d'un capitaine

Gamin pour l'époque à ce niveau – il fêta ses 22 ans deux jours avant de disputer son premier test contre les Sud-Africains –, il allait entamer une grande et belle histoire avec la formation représentant les quatre *Home Unions*, une histoire qui prit fin là où elle avait commencé, en Afrique australe, aux mois de juillet et d'août 1974. Cinq tournées de deux mois minimum – trois passages chez les Boks, deux groupés en Nouvelle-Zélande et en Australie – durant lesquelles il disputa dix-sept test-matchs. Et remporta deux « séries » : celle de 1971, la seule dans l'histoire dont les Lions sont revenus de Nouvelle-Zélande en héros * ; puis une seconde trois ans après en Afrique du Sud, tournée dont il fut le capitaine. **

Retraité, il concéda cependant un jour que si « 1971 fut un merveilleux souvenir », il lui arrivait parfois de regretter que « le grand Colin Meads terminât son immense carrière sur cet échec ». Le triomphe en Afrique australe en un temps où l'apartheid frappait chaque jour un peu plus fort a toujours été, en revanche, la fierté de sa vie sportive. Car, au-delà de la punition que ses hommes et lui infligèrent aux Springboks sur le terrain, il eut l'idée d'instaurer ce que l'on nomma le « 99 call », en référence au numéro de téléphone à appeler en cas d'urgence en Grande-Bretagne. *** Ce qui fonctionna très bien. Se souvenant de la violence des joueurs sud-africains dans les matchs de province et les tests lors de son passage en 1968 – les Lions avaient dû se rebeller, et le Gallois John O'Shea fut expulsé –, Willie-John McBride demanda que, à chaque fois que l'un de ses camarades se ferait agresser, ses partenaires près de lui viennent lui prêter main-forte et que les autres, plus éloignés, ceinturent immédiatement l'adversaire le plus proche. Ce qui, automatiquement, provoquerait des minibagarres un peu partout et mettrait l'arbitre dans l'embarras pour sévir. Dès la rencontre d'ouverture, à Potchefstroom, deux fois les Boers du Western Transvaal jouèrent l'intimidation. Deux fois, le plan « 99 call » fut déclenché. Et plus jamais il n'y eut besoin d'y faire appel lors des vingt et un matchs suivants…

** Deux victoires, un nul, une défaite.*
*** Trois victoires, un nul.*
**** Le numéro exact est 999.*

17

C'est le nombre record de test-matchs qu'il a disputés avec les Lions britanniques et irlandais.

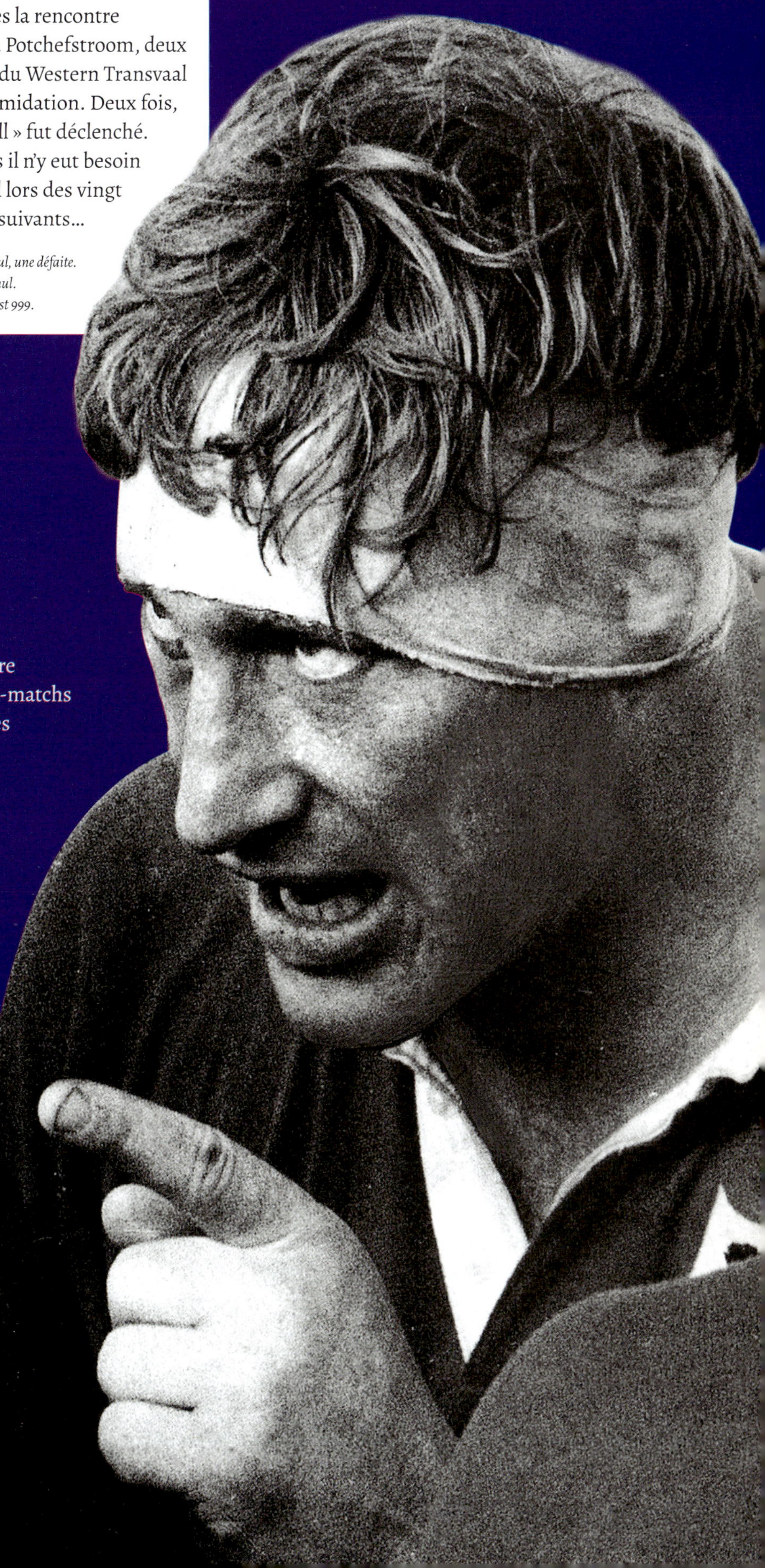

- **Né le 6 juin 1940** à Toombridge (comté d'Antrim, Ulster).
- **Poste :** deuxième ligne.
- **Club :** Ballymena RFC.
- **Irlande :** 63 sélections (1962-1975), dont 11 comme capitaine. Vainqueur du Tournoi des Cinq Nations en 1973 et en 1974.
- **Lions :** 17 tests (1962-1974), dont 4 comme capitaine.
- **Barbarians britanniques :** 4 invitations (1963-1974).

EUROPEAN RUGBY
CHAMPIONS
CUP

La Coupe d'Europe

Quarante ans après le football, le rugby se dote enfin en 1995 d'une grande compétition européenne des clubs. Certes, elle ne concerne que les six nations du Tournoi, mais elle trouve très vite sa place dans le concert du rugby professionnel et aide fortement au développement de ce sport dans les pays celtes.

À peine le passage au professionnalisme officiellement entériné, fin août 1995, les dirigeants du rugby s'attaquent dans la foulée à un nouveau défi : créer enfin cette Coupe d'Europe que tous les grands sports collectifs disputent (depuis, pour certains, près de quarante ans) et qui, pour tous, s'est toujours révélée un *must* dont on ne peut plus se passer. Il faut faire vite, car des investisseurs privés sont prêts à s'emparer du projet. Le Comité des Cinq Nations s'active et lance la première édition dès l'automne suivant.

Top départ le 31 octobre 1995 : Toulouse, champion de France en titre, s'impose 54-10 chez le Farul Constanța, seule équipe roumaine à avoir participé à cette compétition. Douze équipes, dont trois françaises (Toulouse, Castres et Bègles), trois galloises, trois (provinces) irlandaises, deux italiennes et une roumaine participent à cette première édition que le Stade Toulousain remporte en battant Cardiff en finale dans le vieil Arms Park, le stade mythique de la capitale galloise.

Dès l'année suivante, les Anglais et les Écossais, qui avaient boudé ce lancement pour des raisons financières, rejoignent le mouvement. Qui connaît encore quelques soubresauts, tels un nouveau boycott anglais pour des raisons économiques en 1998-1999, des menaces franco-anglaises de scission en 2014 et des aménagements de la formule (à 12 clubs puis à 16, à 24 et, désormais, à 20), mais dont le succès ne se démentira pas.

Les Coupes d'Europe, devrait-on dire, car à l'épreuve principale – un moment dénommée « H Cup » (car sponsorisée par une célèbre marque de bière) avant d'être rebaptisée « European Rugby Champions Cup » – viennent s'ajouter en cours de route des compétitions secondaires (Challenge européen à partir de 1996, Bouclier européen de 2002 à 2005), dont subsiste depuis 2014 l'European Rugby Challenge Cup.

Demi-finale 2018 entre le Leinster (en bleu), province irlandaise, et les Scarlets, franchise galloise, deux équipes qui doivent en partie leur développement à l'épreuve européenne.

Finale 2013, à Dublin : entrée symbolique des deux capitaines, Aurélien Rougerie pour Clermont (à gauche) et Jonny Wilkinson pour Toulon.

La « grande » Coupe d'Europe réunit donc désormais vingt clubs ou provinces (anglais, français, gallois, écossais, irlandais et italiens), avec une phase de poules (cinq poules de quatre) par matchs aller-retour et des *play-offs* à partir de quarts de finale. Idem pour le Challenge européen. Et elle est devenue une pierre angulaire du rugby pro continental, notamment pour les équipes celtes – ailleurs, en France notamment, le championnat national garde une prééminence encore affirmée. Mais tout laisse à croire que le développement naturel du professionnalisme va dans le sens d'une importance croissante de ces confrontations européennes.

En vingt-quatre éditions depuis l'origine, onze clubs différents ont soulevé le prestigieux trophée, le Stade Toulousain et la province du Leinster codétenant le record, avec quatre victoires chacun. Au classement par nation, l'Angleterre devance la France (d'une victoire) et l'Irlande (de deux unités), ces trois nations se partageant, presque à parts égales, les vingt-quatre victoires. Mais, dans ce trio dominateur, les situations sont très contrastées. Il y a en effet un monde entre la France, représentée par vingt-deux clubs différents en moins d'un quart de siècle – y compris par certains que l'on retrouve désormais en deuxième ou même en troisième division nationale –, et l'Irlande, dont les trois provinces principales ont participé à toutes les éditions, devenant des équipes phares par la régularité de leurs performances.

Page de droite
Les joueurs des Saracens, le club de Watford, près de Londres, célèbrent leur troisième victoire européenne en 2019.

LES FINALES

7 janvier 1996
À Cardiff (pays de Galles)
Toulouse-Cardiff : 21-18 a.p.

25 janvier 1997
À Cardiff (pays de Galles)
Brive-Leicester : 28-9

31 janvier 1998
À Bordeaux
Bath-Brive : 19-18

30 janvier 1999
À Dublin (Irlande)
Ulster-Colomiers : 21-6

27 mai 2000
À Londres (Angleterre)
Northampton-Munster : 9-8

19 mai 2001
À Paris
Leicester-Stade Français : 34-30

25 mai 2002
À Cardiff (pays de Galles)
Leicester-Munster : 15-9

24 mai 2003
À Dublin (Irlande)
Toulouse-Perpignan : 22-17

23 mai 2004
À Londres (Angleterre)
Wasps-Toulouse : 27-20

22 mai 2005
À Édimbourg (Écosse)
Toulouse-Stade Français : 18-12 a.p.

20 mai 2006
À Cardiff (pays de Galles)
Munster-Biarritz : 23-19

21 mai 2007
À Londres (Angleterre)
Wasps-Leicester : 25-9

24 mai 2008
À Cardiff (pays de Galles)
Munster-Toulouse : 16-13

23 mai 2009
À Édimbourg (Écosse)
Leinster-Leicester : 19-16

22 mai 2010
À Saint-Denis
Toulouse-Biarritz : 21-19

21 mai 2011
À Cardiff (pays de Galles)
Leinster-Northampton : 33-22

19 mai 2012
À Londres (Angleterre)
Leinster-Ulster : 42-14

18 mai 2013
À Dublin (Irlande)
Toulon-Clermont : 16-15

24 mai 2014
À Cardiff (pays de Galles)
Toulon-Saracens : 23-6

2 mai 2015
À Londres (Angleterre)
Toulon-Clermont : 24-18

14 mai 2016
À Lyon
Saracens-Racing : 21-9

13 mai 2017
À Édimbourg (Écosse)
Saracens-Clermont : 28-17

12 mai 2018
À Bilbao (Espagne)
Leinster-Racing : 15-12

11 mai 2019
À Newcastle (Angleterre)
Saracens-Leinster : 20-10

TOULOUSE, CLUB DE TOUS LES RECORDS

Pas étonnant que cette équipe qui n'a raté qu'une seule édition de la Coupe d'Europe, en 2017-2018, après une saison blanche due à un complet changement de génération, soit également celle qui a remporté le plus souvent ce trophée. Quatre victoires en six finales disputées, un double record qui permet de dire que le Stade Toulousain est bien le club symbole de cette compétition qui paraît effectivement conçue pour lui. Ainsi, c'est tout naturellement que le capitaine Émile Ntamack soulève la première Coupe d'Europe à Cardiff en janvier 1996, au terme d'une finale pourtant bien difficile à gagner, le Stade ne s'imposant que sur une pénalité de Thomas Castaignède en prolongation (21-18) ! Il faut attendre sept ans pour revoir les Toulousains en finale, la première des trois consécutives que la formidable génération des Poitrenaud, Jauzion, Clerc, Delaigue, Michalak, Bouilhou ou Servat vont disputer. Ils remportent la première face à Perpignan, s'inclinent en 2004 contre les Wasps (27-20) sur un essai assassin à la 79e minute de Rob Howley puis s'imposent de nouveau en 2005 (après avoir réussi l'exploit d'aller gagner à Leicester en demies), victorieux du Stade Français au terme d'une finale acharnée encore conclue en prolongation, 18-12. Nouvelle désillusion en 2008, où Toulouse perd la finale contre le Munster sur une dernière pénalité de Ronan O'Gara, qui scelle le succès des Irlandais (16-13). L'heure de la revanche sonne en 2010 : les Toulousains dominent Biarritz (21-19) grâce à trois pénalités et deux drops de l'ouvreur David Skrela et à une pénalité et un drop du centre Florian Fritz. De quoi permettre à Thierry Dusautoir de soulever une quatrième fois la Coupe d'Europe (ci-dessus), aux côtés de Vincent Clerc, Yannick Jauzion ou William Servat. Ces joueurs vont peu à peu raccrocher, laissant pour quelque temps le club dans l'ombre. Toulouse en ressortira en 2019 avec une nouvelle génération dorée autour, entre autres, du fiston Ntamack et d'Antoine Dupont. Bien des promesses…

BRIVE ET SON SEUL TITRE

Eh oui, Brive est l'un des trois vainqueurs français de la « grande » Coupe d'Europe. Pourtant, le CAB, club historique de notre rugby, n'a jamais été champion de France, malgré dix demies et quatre finales (1966, 1972, 1975, 1996). Imaginez alors le prix de ce trophée soulevé en 1997 par le capitaine Alain Penaud ! Les Brivistes entament leur campagne à l'automne 1996 par quatre victoires en autant de matchs dans leur poule de cinq clubs, où les équipes ne se rencontrent qu'une fois. Ils battent les Gallois de Neath et les Anglais des Harlequins à domicile, et s'imposent en Écosse contre Caledonia Rugby et en Irlande contre l'Ulster. Premiers de leur groupe, ils reçoivent les Gallois de Llanelli en quarts (35-14) puis offrent une nouvelle démonstration au stade Amédée-Domenech en demies, contre Cardiff (26-13). Et, le 25 janvier 1997, au mythique Arms Park de Cardiff, c'est le jour de gloire : Brive balaie Leicester 28-9 (4 essais à 0). Un succès qui doit autant à un pack de combat et une farouche première ligne (Didier Casadeï, Laurent Travers, Richard Crespy) qu'à une charnière de haut niveau (Philippe Carbonneau et Alain Penaud), sans oublier une sacrée paire de centres (David Venditti et Christophe Lamaison). Encore en finale l'année suivante, le CAB subit une cruelle défaite, battu d'un petit point (19-18) par les Anglais de Bath.

TOULON, UN TRIPLÉ HISTORIQUE

Toulon est le seul club ayant réalisé l'exploit d'enchaîner trois sacres consécutifs, un fabuleux triplé qui place le club français au firmament de l'histoire européenne.
Tout commence en 2012-2013. Le RCT sort premier de son groupe et reçoit Leicester à Mayol, pour une victoire obtenue grâce à vingt et un points de Jonny Wilkinson (21-15). C'est encore l'Anglais qui fait la différence en demies en inscrivant les vingt-quatre points du succès à Twickenham contre les Saracens. Et, en finale, il marque onze points et permet à Toulon de s'imposer sur le fil face à Clermont, 16-15.
La saison suivante, le RCT domine le Leinster en quarts puis le Munster en demies, avant d'écraser les Saracens en finale, 23-6 à Cardiff, avec deux essais de l'Australien Matt Giteau et du Sud-Africain Juan Smith, et treize points de Jonny le magnifique, qui tire sa révérence avec un dernier trophée (ci-contre).
En 2014-2015, Toulon domine son groupe malgré la présence de trois cadors, Leicester, l'Ulster et Llanelli. En quarts, les Wasps sont battus à Mayol, 32-18 (22 points de Frédéric Michalak). Le Leinster cède à Marseille en demies, 25-20 (20 points du Gallois Leigh Halfpenny).
En finale, contre Clermont, deux essais de Mathieu Bastareaud et de l'Australien Drew Mitchell et quatorze points de Halfpenny assurent le succès toulonnais (24-18). Et un triplé historique !

L'ESPRIT LEINSTER

Jonathan Sexton, né le 11 juillet 1985 à Dublin, est le parfait symbole du rugby irlandais d'aujourd'hui, et notamment de la permanence de ses trois grandes provinces. La sienne est le Leinster, l'équipe irlandaise la plus titrée, quadruple championne d'Europe (plus une victoire dans le Challenge européen au passage), cinq fois victorieuse du Pro14, l'ex-ligue celtique. Sexton a participé à tous les triomphes européens, entre 2009 et 2018, ne ratant que les titres celtiques, obtenus lors des deux saisons qu'il a passées en France, au Racing, de 2013 à 2015. Et quand on parle de participation, il est évidemment question de beaucoup plus que cela. Avec cent trente-huit points inscrits par exemple lors de l'édition remportée par les Irlandais en 2011, il a été l'homme de base, comme chaque fois, de cette domination continentale, buteur émérite mais également inspirateur d'un système de jeu qui a révolutionné le rugby européen des années 2010.

IL A TOUT GAGNÉ

Bryan Habana, né le 12 juin 1983 à Benoni, en Afrique du Sud, a débarqué à Toulon à l'été 2013. Considéré comme l'un des meilleurs ailiers de sa génération – pour ne pas dire de l'histoire –, il a notamment été champion du monde avec les Springboks en 2007, où il a égalé le record d'essais de Jonah Lomu (8) en une édition de Coupe du monde. En 2014, Habana devient le quatrième joueur à réaliser le triplé Coupe du monde-Super Rugby-Coupe d'Europe, après le Néo-Zélandais Brad Thorn et les Sud-Africains de Toulon Bakkies Botha et Danie Rossouw. Avec eux, il devient champion de France cette même année 2014 puis ajoute un second titre européen la saison suivante, où il inscrit cinq essais pour Toulon, dont celui de la victoire arrachée au Leinster dans la prolongation de la demi-finale, à Marseille (25-20).

RED BROTHERS

Mako Vunipola (photo du haut), né le 3 janvier 1991 à Wellington, en Nouvelle-Zélande, et **Viliami « Billy » Vunipola,** né le 9 novembre 1992 à Sydney, en Australie, sont les fils de Fe'ao Vunipola, un fameux joueur de rugby, international tonguien ayant quitté sa terre d'origine pour bourlinguer dans les pays du Sud au gré de ses contrats, avant de venir finir sa carrière dans les années 1990 au pays de Galles, dans l'équipe de Pontypool. Mako et Billy ont donc grandi à Newport, au pays de Galles, mais c'est sous le maillot anglais qu'ils ont choisi d'évoluer.

En 2010, à 19 ans, Mako – pilier surpuissant de 1,80 m et 122 kilos – intègre l'équipe pro de Bristol puis, dès la saison suivante, signe aux Saracens, tandis que Billy – troisième centre aussi rapide que vaillant, 1,88 m pour 130 kilos – passe par les Wasps avant de rejoindre son grand frère en 2013. Depuis, les deux garçons font donc le bonheur des Saracens, l'équipe de Watford, dans la banlieue londonienne, avec laquelle ils sont sacrés trois fois champions d'Angleterre et, surtout, trois fois champions d'Europe en six ans. Remportant notamment une fantastique finale face au Leinster en 2019, match d'anthologie où Billy marque l'essai de la victoire anglaise dans un rush furieux sous les poteaux malgré trois joueurs irlandais accrochés à lui (photo du bas). Tout un symbole.

DES CHIFFRES ET DES HOMMES

64

C'est le nombre d'équipes différentes ayant participé à la Coupe d'Europe de 1995 à 2019, soit vingt-deux clubs français, treize anglais, onze gallois (désormais représentés par quatre franchises), neuf italiens, quatre écossais et un roumain.

22

C'est donc le nombre de clubs français ayant participé à la Coupe d'Europe depuis son origine. Le Stade Toulousain a été le plus assidu, avec vingt-trois participations en vingt-quatre éditions, devant Castres et Clermont (15 chacun), Biarritz (13), Perpignan et le Stade Français (12 chacun).

24

C'est le nombre record de participations en Coupe d'Europe (vingt-quatre en vingt-quatre éditions) codétenu par les trois grandes provinces irlandaises, le Leinster, le Munster et l'Ulster, qui n'ont donc jamais raté une épreuve. Elles précèdent Toulouse (23), les Anglais de Leicester et les Gallois de Llanelli (22 chacun), les Écossais de Glasgow et les Italiens de Trévise (20 chacun).

4

C'est le nombre record de victoires que se partagent le Leinster et le Stade Toulousain. Deux autres clubs, les Saracens et le RC Toulon, suivent avec trois victoires, devant Leicester, le Munster et les Wasps (2 chacun). Quatre clubs comptent un succès : Bath, Brive, Northampton et l'Ulster. Au total, onze clubs différents ont donc remporté la « grande » Coupe d'Europe.

20

C'est le nombre d'équipes désormais qualifiées pour la Coupe d'Europe. Les six premières du championnat d'Angleterre, les six premières du championnat de France, les sept premières du Pro14, l'ex-Ligue celtique, et le vainqueur du Challenge européen.

9

C'est le nombre de victoires anglaises en Coupe d'Europe. Une domination qui est le fait de cinq clubs différents, les Saracens, Leicester, les Wasps, Bath et Northampton. Les clubs français suivent avec huit succès pour trois clubs, Toulouse, Toulon et Brive. Viennent enfin les Irlandais, avec sept trophées pour leurs trois provinces, le Leinster, le Munster et l'Ulster.

6

C'est le nombre record de titres de champion d'Europe décrochés par un même joueur, Frédéric Michalak, triple vainqueur avec Toulouse (2003, 2005, 2010) et triple vainqueur avec Toulon (2013, 2014, 2015).

6

C'est le nombre de finales jouées par le Stade Toulousain entre 1995 et 2010, soit une de mieux que Leicester (entre 1997 et 2009) et le Leinster (entre 2009 et 2019). Suivent le Munster et les Saracens, avec quatre finales européennes chacun.

39

C'est le nombre d'essais marqués entre 2009 et 2018 par l'Anglais Chris Ashton, qui a évolué à Northampton, aux Saracens puis à Toulon. Il devance Vincent Clerc (36 essais sous les maillots toulousains puis toulonnais de 2002 à 2016) et l'Irlandais Brian O'Driscoll (33 essais pour le Leinster de 1999 à 2014).

19

C'est l'âge (19 ans et un peu plus de 6 mois) du plus jeune champion d'Europe de rugby, l'ouvreur anglais Danny Cipriani, sacré en 2007 avec les Wasps.

174

C'est le nombre de rencontres de Coupe d'Europe disputées par la province irlandaise du Munster, qui devance celle du Leinster (168 matchs) et le Stade Toulousain (165).

1365

C'est le nombre record de points marqués en Coupe d'Europe par le buteur irlandais Ronan O'Gara (8 essais, 187 transformations, 301 pénalités et 16 drops) sous le maillot du Munster. Il devance largement l'ouvreur gallois Stephen Jones (869 points entre 1996 et 2013, avec Llanelli puis Clermont). Le premier Français, Dimitri Yachvili, est quatrième (661 points avec Biarritz entre 2003 et 2013).

110

C'est le nombre record de matchs de Coupe d'Europe disputés par un joueur, lui aussi détenu par Ronan O'Gara, sous le maillot du Munster de 1997 à 2013. Il devance trois de ses compatriotes, Gordon d'Arcy (104), John Hayes et Peter Stringer (101 chacun). Le premier Français, Clément Poitrenaud, est sixième, (96 rencontres avec Toulouse entre 2000 et 2016).

LE CHALLENGE EUROPÉEN

La deuxième Coupe d'Europe a souvent fait figure de lot de consolation. Après avoir adopté différentes formules depuis sa création en 1996, elle est désormais ouverte aux clubs des six nations principales, mais également à ceux d'Espagne, du Portugal, de Roumanie et de Russie. Toutefois, dix-huit des vingt places de cette compétition sont réservées aux équipes des championnats de France, d'Angleterre et du Pro14 non qualifiées pour la « grande » Coupe d'Europe. Seules deux équipes des « petites » nations parviennent donc à s'y mêler, après une phase de qualifications. En vingt-trois éditions, ce Challenge est revenu onze fois à un club anglais et neuf fois à un club français (les Harlequins et Clermont codétenant le record, avec trois victoires), deux fois à un club gallois, Cardiff, et une fois aux Irlandais du Leinster. Côté tricolore, pas moins de sept clubs ont remporté ce titre : Clermont (1999, 2007, 2019), Bourgoin (1997), Colomiers (1998), Pau (2000), Biarritz (2012), Montpellier (2016) et le Stade Français (2017).

LE PRO14

L'ex-Ligue celtique, devenue « Pro12 » en 2010 puis « Pro14 » en 2017, est une compétition qui réunit chaque année, depuis 2001, des équipes galloises, irlandaises et écossaises, rejointes en 2010 par des clubs italiens et, depuis 2017, par deux franchises sud-africaines. Les quatre franchises galloises sont désormais les Cardiff Blues, les Scarlets de Llanelli, les Dragons de Newport et les Ospreys de Swansea. Les quatre équipes irlandaises sont les provinces du Leinster, du Munster, de l'Ulster et du Connacht. Les Écossais sont représentés par les Glasgow Warriors et Édimbourg, les Italiens par le Benetton Trévise et le Zebre de Parme, et les Sud-Africains par les Cheetahs et les Southern Kings. La compétition est d'abord divisée en deux groupes de sept, puis les meilleurs s'affrontent en phase finale. Sur les dix-sept éditions disputées, dix ont été remportées par les provinces irlandaises (dont cinq par le Leinster), six par les franchises galloises (dont quatre par les Ospreys) et une par Glasgow.

LE MONDIAL DES MOINS DE 20 ANS

L'ex-championnat du monde juniors est devenu en 2008 le Mondial des moins de 20 ans. Il réunit chaque année les meilleurs jeunes joueurs de la planète. De 1969 à 2008, il a été dominé par l'équipe de France, victorieuse à dix-neuf reprises, contre huit succès pour la Nouvelle-Zélande et sept pour l'Argentine. Cependant, le bilan est tout autre en ce qui concerne le Mondial des moins de 20 ans qui, de 2008 à 2018, s'est offert six fois aux jeunes All Blacks, trois fois aux Anglais, une fois aux Sud-Africains, mais aussi deux fois à l'équipe de France : le 17 juin 2018, à Béziers, la bande de Romain Ntamack et Demba Bamba s'est imposée face aux Anglais en finale (33-25), avant de conserver son titre l'année suivante.

Les Jeux olympiques

Après quatre apparitions furtives entre 1900 et 1924, le rugby a disparu du programme olympique pour n'y revenir que lors des Jeux de 2016 à Rio, avec deux tournois de VII très convaincants.

Pierre de Coubertin, le rénovateur des Jeux olympiques de l'ère moderne, était un grand amateur de rugby. Il a même participé activement à son implantation dans l'Hexagone, aidant notamment à organiser la toute première édition du championnat de France, dont il fut d'ailleurs, le 20 mars 1892, sur la pelouse de Bagatelle, l'arbitre du match remporté (4-3) par le Racing contre le Stade Français !

Pas étonnant donc que, dès 1900, lors de la deuxième édition des JO, le baron introduise le rugby au programme des Jeux de Paris. Trois équipes engagées – pas vraiment des sélections nationales, mais plutôt des clubs – et deux matchs seulement disputés au vélodrome de Vincennes (la future Cipale). Les Français battent les Allemands (27-17) puis les Britanniques (27-8) le 28 octobre 1900, devant 4 389 spectateurs payants (plus de 6 000 au total), soit la plus forte affluence de toutes les compétitions de cette édition. Parmi les dix-sept joueurs français médaillés d'or figurent notamment l'illustre Frantz Reichel et le docteur Constantin Henriquez, un Haïtien venu étudier en France qui sera le premier athlète noir de l'histoire à participer aux Jeux !

Absent des JO de 1904, tenus aux États-Unis, le rugby revient à Londres en 1908. Retour timide. Huit équipes sont invitées mais, après de nombreuses défections (la France ne réussit pas à constituer une formation), il ne reste à l'arrivée que la Grande-Bretagne et l'Australasie, une équipe essentiellement formée de Wallabies australiens, en tournée en Europe à l'automne 1908. Ces derniers s'imposent (32-3) le 26 octobre au White City Stadium de Shepherd's Bush, à Londres.

Troisième édition en 1920, à Anvers, au lendemain de la Grande Guerre. Deux équipes et un seul match, le 5 septembre, entre les États-Unis et des Français (dont René Crabos)

L'une des rares images du sinistre match de 1924 entre Français et Américains, dont un témoin aurait dit : « C'est ce qu'on peut faire de mieux sans couteaux ni revolvers. »

La finale de 1924 sonne le glas du rugby aux Jeux. Il faut attendre le 9 octobre 2009 pour que le Comité international olympique vote la réadmission du rugby au programme des JO 2016. Mais du rugby à VII.

convoqués à la hâte et qui ne font pas vraiment le poids (8-0). Du côté américain, on note la présence de médaillés en athlétisme, comme Morris Kirksey (deuxième du 100 mètres), mais aussi l'Australien Daniel Carroll : déjà titré en 1908, il demeure l'un des très rares champions sacrés pour deux pays différents dans l'histoire des Jeux.

Vient enfin le tournoi de 1924, à Paris, de nouveau. Trois nations engagées, les deux mêmes qu'en 1920 plus... la Roumanie. Qui perd contre la France (61-3) puis les États-Unis (37-0). Place au match pour le titre. De cette fameuse finale, disputée le 18 mai à Colombes dans un stade quasi comble, faut-il retenir la victoire américaine (17-3) ou plutôt l'ambiance détestable qui l'entoure ? Allan Henry Muhr, éminent sportif américain devenu international de rugby français, aurait en tout cas déclaré à propos de ce match (à moins qu'il ne s'agît d'une autre rencontre entre Français et Américains) : « C'est ce qu'on peut faire de mieux sans couteaux ni revolvers. » Avérée ou non, cette déclaration résume en tout cas parfaitement cette finale d'une violence inouïe, prolongée en dehors du terrain par des agressions du public contre les joueurs américains.

Ce match odieux sonne le glas de ce sport aux Jeux. Même s'il y eut une tentative de réintégration en 1936, à Berlin, il faut attendre le 9 octobre 2009 pour que le Comité international olympique (CIO) vote la réadmission du rugby au programme des JO 2016. Mais du rugby à VII...

Deux tournois de douze équipes, l'un féminin et l'autre masculin, se déroulent du 6 au 11 août 2016 à Rio de Janeiro, au Brésil, dans le stade de Deodoro. Le 8 août, l'Australie remporte la finale féminine (24-17) face à la Nouvelle-Zélande, le bronze allant aux Canadiennes, victorieuses (33-10) des Britanniques. Et le 11 août devient un jour historique pour un archipel qui décroche la toute première médaille olympique de son histoire : les Fidji balaient la Grande-Bretagne (43-7), l'Afrique du Sud s'offrant le bronze face au Japon (52-14). La superbe équipe fidjienne – dont Josua Tuisova, Leone Nakarawa, Samisoni Viriviri ou encore Osea Kolinisau sont parmi les plus brillants représentants – éblouit un tournoi très spectaculaire qui convainc le public mais également les téléspectateurs du monde entier de la valeur de ce sport – et par-delà, évidemment, le CIO, qui va pérenniser sa présence aux Jeux.

Page de droite, en haut
Vatemo Ravouvou inscrit l'un des sept essais de l'écrasante victoire des Fidji sur les Britanniques en finale des Jeux 2016.

Page de droite, en bas
Le Fidjien Masivesi Dakuwaqa avec la première médaille olympique de son pays : elle est d'or ! Une victoire doublement historique pour le retour du rugby aux JO.

TOSHIBA
TOSHIBA
SMBC
SMBC
MCCUTCHEON

Le rugby à VII

Relancé dans les années 1970, le rugby à VII est devenu en quatre décennies une discipline (masculine et féminine) à part entière, avec son circuit mondial, constitué par les plus grands tournois internationaux – comme celui de Hong Kong – et ses Coupes du monde tous les quatre ans, sans oublier l'entrée en 2016 aux Jeux olympiques.

En 1976, Hong Kong est encore une colonie britannique, et deux expatriés ont l'idée d'y créer un tournoi de rugby. Ils choisissent le VII, plus simple sur tous les plans. Disputé au Hong Kong Stadium, ce tournoi va vite devenir le plus prestigieux rendez-vous de la discipline. Une sorte de *must* que tout joueur rêve de disputer. Intégré au circuit mondial dès sa création, il est le seul à réunir vingt-quatre équipes, sur trois jours de compétition au début du mois d'avril. En quarante-quatre éditions jusqu'en 2019, il n'a été gagné que par cinq nations différentes, les Fidji (19 victoires), la Nouvelle-Zélande (11), l'Australie (5), l'Angleterre (4) et les Samoa (3), deux éditions ayant été remportées dans les premières années par des sélections non nationales.

En 1999, l'International Rugby Board décide de réunir les principaux tournois existants au sein d'un circuit mondial d'abord nommé « IRB Sevens ». De novembre à juin, les quinze meilleures sélections du monde disputent une dizaine d'épreuves. En dix-neuf éditions, l'équipe néo-zélandaise a gagné douze fois ce circuit, loin devant les Fidji (3), l'Afrique du Sud (3) et les Samoa (1). En 2012 est venue s'ajouter une compétition féminine de six étapes qui réunit onze équipes. La Nouvelle-Zélande (4) et l'Australie (2) se sont partagé toutes les victoires annuelles.

Quant à la Coupe du monde, elle a lieu tous les quatre ans depuis 1993 pour les hommes et depuis 2009 pour les femmes. Les vainqueurs remportent la Melrose Cup (hommage à la ville écossaise où est né le rugby à VII). Le Mondial réunit vingt-quatre équipes masculines et seize équipes féminines durant la même semaine, sur les mêmes stades. Chez les hommes, il a été remporté par la Nouvelle-Zélande (3 titres), les Fidji (2), l'Angleterre (1) et le pays de Galles (1) ; chez les femmes, par la Nouvelle-Zélande (2) et l'Australie (1).

Sortie de mêlée de rugby à VII entre l'Australie et le Japon lors d'un tournoi du circuit mondial au Sam Boyd Stadium de Las Vegas.

Les épreuves féminines

Avec une Coupe du monde et un Tournoi des Six Nations, le rugby féminin possède désormais un programme fourni sur le plan de ses équipes nationales, même s'il manque encore de grandes compétitions internationales au niveau des clubs.

La Coupe du monde

Dès le début des années 1990, avant même la création d'un Tournoi européen, est créée la Coupe du monde féminine, preuve que l'impulsion pour le développement du rugby féminin est alors loin de venir prioritairement de la vieille Europe. C'est toutefois au pays de Galles que se tient en avril 1991 la première édition de cette compétition dont les résultats ne seront véritablement officialisés par l'IRB que quelques années plus tard. Douze équipes sont en lice, réparties en quatre groupes de trois, dont les vainqueurs se retrouvent en demi-finales. Le 12 avril, à l'Arms Park de Cardiff, les Américaines s'y imposent (7-0) devant les All Blacks, l'Angleterre dominant (13-0) la France. Et ce sont les États-Unis qui remportent cette première édition, Françaises et Néo-Zélandaises se partageant la médaille de bronze.

Les éditions suivantes ont lieu en 1994 (victoire de l'Angleterre en Écosse), 1998, 2002, 2006, 2010 (quatre victoires consécutives de la Nouvelle-Zélande, aux Pays-Bas, en Espagne, au Canada et en Angleterre), 2014 (seconde victoire anglaise, en France) et en 2017 (cinquième titre pour les Blacks, en Irlande).

Bien que n'ayant jamais réussi à se hisser en finale, les Bleues, classées troisièmes à six reprises (1991, 1994, 2002, 2006, 2014, 2017) et une fois quatrièmes (2010), font figure de troisième nation mondiale au bilan d'une épreuve dominée par deux pays, la Nouvelle-Zélande, quintuple vainqueur, et l'Angleterre, sept fois finaliste. Les Françaises ont d'ailleurs pris part aux huit éditions de la Coupe du monde, qui a vu la participation de vingt et une équipes au total, deux Mondiaux (en 1998 et en 2002) ayant été ouverts à seize nations au lieu de douze.

La Coupe du monde féminine de la finale de 2017, remportée par les Néo-Zélandaises devant les Anglaises à Belfast.

Essai d'Amy Wilson-Hardy pour l'Angleterre contre la France lors du « Crunch » féminin du Tournoi 2017, à Twickenham.

Le Tournoi des Six Nations

Créé en 1996 sous le nom d'International Home Championship, il réunit d'abord les quatre nations britanniques qui luttent pour la Triple Couronne. En 1999, le Tournoi s'ouvre à un cinquième pays, la France, qui ne le quittera plus. Contrairement à l'Irlande, qui laisse sa place à l'équipe d'Espagne pendant deux années, en 2000 et en 2001. En 2002, l'épreuve devient le Tournoi des Six Nations – comme chez les garçons –, l'Italie prenant finalement la place de l'Espagne en 2006.

En vingt-quatre éditions, de 1996 à 2019, il a été remporté quinze fois par les Anglaises, qui ont réalisé pas moins de douze Grands Chelems (une édition sur deux!) et gagné dix-neuf fois la Triple Couronne. Une équipe anglaise qui, sur cette période, a gagné quatre-vingt-dix-huit de ses cent onze matchs dans cette compétition, incroyable ratio qui montre à quel point le XV de la Rose a dominé le rugby féminin pendant les deux premières décennies de son existence. Mais les forces tendent désormais à s'équilibrer. Engagées dans vingt et une des vingt-quatre éditions, les Bleues suivent (encore de loin) les Anglaises au palmarès de l'épreuve, avec six victoires dont cinq Grands Chelems, et tout de même soixante-dix-sept victoires en cent deux matchs. Un fort joli bilan pour l'équipe de France...

LES FINALES DE LA COUPE DU MONDE

14 avril 1991

À Cardiff (pays de Galles)
États-Unis – Angleterre : 19-6

24 avril 1994

À Édimbourg (Écosse)
Angleterre – États-Unis : 38-23

16 mai 1998

À Amsterdam (Pays-Bas)
Nouvelle-Zélande – États-Unis : 44-12

25 mai 2002

À Barcelone (Espagne)
Nouvelle-Zélande – Angleterre : 19-9

17 septembre 2006

À Edmonton (Canada)
Nouvelle-Zélande – Angleterre : 25-17

5 septembre 2010

À Twickenham (Angleterre)
Nouvelle-Zélande – Angleterre : 13-10

17 août 2014

À Paris
Angleterre-Canada : 21-9

26 août 2017

À Belfast (Irlande du Nord)
Nouvelle-Zélande – Angleterre : 41-32

PHASES FINALES DE LA COUPE DU MONDE (1991-2017)

8 participations

Angleterre, Canada, États-Unis, France

7 participations

Irlande, Galles, Nouvelle-Zélande

6 participations

Australie, Espagne, Kazakhstan

5 participations

Écosse

4 participations

Italie, Japon, Suède

3 participations

Afrique du Sud, Pays-Bas, Russie (URSS en 1991), Samoa

2 participations

Allemagne

1 participation

Étudiantes écossaises, Hong Kong

NOMBRE DE VICTOIRES DANS LE TOURNOI

ANGLETERRE (15)

1996, 1997, 1999, 2000, 2001, 2003, 2006, 2007, 2008, 2009, 2010, 2011, 2012, 2017, 2019

FRANCE (6)

2002, 2004, 2005, 2014, 2016, 2018

IRLANDE (2)

2013, 2015

ÉCOSSE (1)

1998

GRANDS CHELEMS DANS LE TOURNOI

ANGLETERRE (12)

1999, 2000, 2001, 2003, 2006, 2007, 2008, 2010, 2011, 2012, 2017, 2019

FRANCE (5)

2002, 2004, 2005, 2014, 2018

IRLANDE (1)

2013

DANS LA LÉGENDE

NATHALIE AMIEL (France)

Troisième ligne aile, 56 sélections de 1986 (à moins de 16 ans) à 2002. Comme joueuse puis comme entraîneuse des Bleues (2009-2014), elle incarne trois décennies de rugby féminin français.

GILLIAN BURNS (Angleterre)

Troisième ligne centre, 73 sélections de 1988 à 2002. Victorieuse de la Coupe du monde 1994, capitaine de 1994 à 1999, qualifiée de « véritable héroïne anglaise de vingt-quatre carats » dans le *Times*. Devient ensuite présidente de la Fédération féminine anglaise.

ANNA RICHARDS (Nouvelle-Zélande)

Demi d'ouverture ou centre, 49 sélections de 1990 à 2010 (deux défaites seulement, invaincue avec les Blacks de 1994 à 2005). Elle est quadruple championne du monde de 1998 à 2010, année où elle est rappelée et joue la finale à 45 ans !

LIZA BURGESS (pays de Galles)

Troisième ligne centre ou deuxième ligne, 87 sélections de 1991 à 2002, dont 62 comme capitaine. « Bird » (son surnom) a participé à quatre Coupes du monde en tant que joueuse puis deux comme entraîneuse.

PATTY JERVEY (États-Unis)

Ailière, 40 sélections et 178 points marqués de 1991 à 2006. Elle a participé à cinq Coupes du monde consécutives.

LOUISE RICKARD (pays de Galles)

Ailière, 108 sélections de 1993 à 2010. Elle rejoint en 2008, à 37 ans, le cercle très fermé des internationaux, hommes et femmes confondus, comptant plus de cent sélections en équipe nationale. Avant elle, seuls neuf garçons avaient dépassé cette barre symbolique. Rickard portera son record à cent huit capes, avant de se concentrer sur sa carrière de professeure de biologie.

FARAH PALMER (Nouvelle-Zélande)

Talonneuse, 35 sélections de 1996 à 2006. Capitaine à partir de 1997 (une seule défaite), elle compte trois titres de championne du monde.

SUE DAY (Angleterre)

Trois-quarts ou arrière, 59 sélections de 1997 à 2009. Elle a marqué soixante et un essais (305 points) avec l'Angleterre, dont dix-neuf dans les trois Coupes du monde qu'elle a disputées. En 2013, elle est devenue présidente des Wasps, le grand club londonien.

PHAIDRA KNIGHT (États-Unis)

Troisième ligne aile, 35 sélections de 1999 à 2017. Après avoir terminé ses études de droit, elle participe à trois Coupes du monde, de 2002 à 2010. Elle était également capable d'évoluer aux postes de pilier ou de talonneuse.

HEATHER MOYSE (Canada)

Ailière ou arrière, 22 sélections de 2004 à 2010. Heather Moyse était une athlète exceptionnelle : double championne olympique de bobsleigh lors des Jeux olympiques de 2010, elle a aussi connu de très bons résultats en cyclisme sur piste.

MARGARET ALPHONSI (Angleterre)

Troisième ligne aile, 74 sélections de 2006 à 2014. Plaqueuse phénoménale, « Maggie The Machine » a remporté sept Tournois (dont six Grands Chelems d'affilée) et marqué vingt-huit essais avec l'Angleterre.

JESSY TRÉMOULIÈRE (France)

Arrière, 44 sélections en rugby à XV et 23 sélections en rugby à VII depuis 2011. Élue meilleure joueuse du monde en 2018, la Française a notamment réalisé le Grand Chelem avec les Bleues cette année-là.

Page de droite, en haut : comme leurs homologues masculins, les All Blacks féminines exécutent leur traditionnel haka avant chaque match.
Page de droite, en bas : les Bleues savourent leur victoire contre les Anglaises dans le Tournoi des Six Nations 2018, avec un Grand Chelem à la clé.

LES MATCHS DE LÉGENDE

La défaite des All Blacks à Cardiff (3-0), le 16 décembre 1905, lors de leur première tournée en Europe, est à coup sûr la rencontre fondatrice ayant marqué la mémoire collective du rugby mondial. Mais, depuis, il en est d'autres qui – par le spectacle qu'elles ont offert, le suspense qu'elles ont entretenu, la surprise sur laquelle elles ont débouché, l'incroyable scénario selon lequel elles se sont déroulées ou l'âpreté du combat qui fut livré – ont plus encore marqué l'histoire. Une histoire où les rugbymen français ont souvent eu leur mot à dire.

1955

AFRIQUE DU SUD-LIONS : 22-23

Morgan fut magnifique

Inspirés par le génial demi d'ouverture gallois, les Lions battirent d'un point les Springboks à Johannesburg le 6 août 1955, à l'issue d'un match mémorable.

Vingt-neuf fois sélectionné en équipe nationale et cinq fois avec les Lions britanniques et irlandais de 1951 à 1958, « Cliff » Morgan (1930-2013) est devenu un mythe du jour au lendemain à l'occasion du premier des quatre test-matchs disputés par les Lions lors de leur septième tournée en Afrique du Sud, à une époque où les Springboks passaient – à juste titre – pour être la meilleure équipe du monde. Son jeu à la main et ses coups de pied de déplacement touchèrent si souvent au sublime ce samedi-là, à l'Ellis Park, que le quotidien *Cape Argus* le baptisa d'un surnom qui lui resta jusqu'à la fin de sa carrière : « Morgan le Magnifique ». D'autant que, au-delà de son immense performance individuelle – un essai de soliste, une percée phénoménale envoyant l'Anglais Jeff Butterfield à l'essai et deux coups de pied diaboliques offrant les leurs à l'Écossais Jim Greenwood et à l'Irlandais Tony O'Reilly –, son génie rejaillit sur les vingt-neuf autres joueurs qui, en se mettant à son diapason, donnèrent un spectacle à la fois grandiose et palpitant. Le score changea en effet quatre fois de camp, et les Boks ratèrent d'un cheveu… et de deux points la victoire, ceux qui leur manquèrent après que Jack van der Schyff eut échoué lors d'une tentative de transformation à l'ultime seconde.

En haut : les Lions britanniques à la mi-juin 1955, avant leur départ pour une tournée en Afrique du Sud qui durera trois mois.
En bas : « Cliff » Morgan marque le troisième essai des Lions au cours de leur premier test victorieux (23-22) à l'Ellis Park de Johannesburg.

AFRIQUE DU SUD-FRANCE : 8-8

« C'est fini, Benoît ? »

Le 19 juin 1971 à Durban, les « Coqs » de Benoît Dauga et les Springboks d'Hannes Marais se mirent une telle peignée qu'elle reste comme la plus gigantesque bagarre de l'histoire.

Dominés dans le jeu et humiliés dans le défi physique le samedi précédent (22-9), c'est avec le « couteau entre les dents » que les Français pénètrent sur la pelouse plantée d'herbe kikuyu du Kings Park. Emmenés par leur capitaine et troisième ligne Benoît Dauga, qui, à 29 ans, célèbre la 57e de ses 63 sélections (1964-1972), ils vont, avec une certaine retenue d'abord, rendre coup pour coup à des adversaires qui ne sont pas en reste. Survient la 20e minute : sur un « énième » plaquage à retardement, Jo Maso laisse une épaule sur le carreau et ses camarades sans lui. Jean-Louis Bérot tape alors très haut la pénalité qui s'ensuit, histoire que ses partenaires aient suffisamment d'élan pour s'occuper comme il le faut du Bok qui sera à la réception. Première bagarre ! Énorme ! Nouvelle pénalité et nouveau pugilat à la chute du ballon. L'arbitre ne siffle pourtant qu'une mêlée qui aussitôt formée se relève, les pieds et les poings des avants partant dans tous les sens, bientôt renforcés par ceux des troupes arrivées de l'arrière. En tout, ce moment de folie aura duré près de cinq minutes. Jusqu'à ce que Marais, le capitaine springbok, demande à Dauga : « C'est fini, Benoît ? » Lequel lui répond : « C'est comme tu veux. Si vous voulez vous battre, on se bat ; si vous voulez partir, on s'en va ; si vous voulez jouer, on joue... » « On joue », décida Marais. Alors, plus une oreille ne bougea. Et les cinquante-cinq minutes restantes furent... d'une beauté stupéfiante.

En haut : à peine en a-t-il fini avec un Tournoi très roboratif que le Montois se prépare à attaquer une tournée encore plus indigeste.
En bas : soutenu par Alain Estève et Claude Spanghero, Benoît Dauga tente de fracasser le mur de Frik du Preez et de ses équipiers lors du premier test, perdu à Bloemfontein (22-9) le 12 juin 1971.

NOUVELLE-ZÉLANDE – LIONS : 3-13

« The King » John Ier

L'ouvreur gallois fut le 31 juillet 1971 à Wellington un merveilleux soliste qui permit aux Lions de s'imposer et de remporter la série de tests lors de leur tournée en Nouvelle-Zélande.

Carwyn James, jeune et romantique coach gallois de 41 ans qui estimait que le rugby était l'expression de talents individuels et pas un amalgame de joueurs récitant une leçon, avait dit à ses hommes avant qu'ils s'envolent pour leur septième visite aux All Blacks : « Soyez vous-même ; pas comme au bureau, mais comme vous l'êtes à la maison. » Ce qui convenait parfaitement à Barry John. Débordant de confiance sans être arrogant, le demi d'ouverture de Cardiff avait une décontraction, une grâce et un instinct qui lui permettaient de bonifier chaque balle et de rendre systématiquement ses partenaires meilleurs. Plus que jamais, ce samedi-là. Si, après avoir remporté le premier test (9-3) et perdu le deuxième (22-12), ses camarades s'étaient sentis d'un coup très loin de chez eux, le petit prince de 26 ans entra, lui, sur la pelouse de l'Athletic Park comme il l'eût fait dans son jardin. Et dix minutes à peine – trois percées et un drop-goal – lui suffirent pour regonfler ses copains. La suite fut un émerveillement. Sur chaque action, John eut le… mot juste. Alternant attaques, chandelles et coups de pied de déplacement, envoyant Gerald Davies à l'essai, en marquant un lui-même et réussissant deux transformations, il fit vivre un tel martyre aux Blacks que la presse néo-zélandaise le proclama aussitôt « The King ». Mais, étouffé par cette gloire à son retour au pays, il décida du jour au lendemain d'arrêter le rugby un an plus tard, avec seulement 30 sélections au compteur (1966-1972), après qu'un fan l'eut salué d'une révérence en référence à son royal surnom.

Après avoir échappé à Sid Going, Barry John fixe Howard Joseph à Christchurch, au cours du deuxième test des Lions lors de leur tournée chez les All Blacks en 1971.

BARBARIANS – NOUVELLE-ZÉLANDE : 23-11

Trois crochets de Bennett

Un essai parti de nulle part et impulsé par le demi d'ouverture des « Baa-Baas » a donné d'entrée, le 27 janvier 1973 à Cardiff, le ton à une partie d'anthologie.

Ce match au National Stadium, dressé depuis un an sur les ruines du légendaire Arms Park, est le dernier de la septième tournée des All Blacks dans les *Home Unions*, laquelle a commencé fin octobre 1972 et s'est soldée lors des tests par trois victoires et un nul (10-10), une semaine plus tôt à Dublin. C'est dire si, au niveau de la condition physique, de la cohésion du groupe et des combinaisons de jeu, les Néo-Zélandais sont au point, ce samedi-là. Les Barbarians – coachés par Carwyn James et dirigés sur le terrain par John Dawes – n'ont été réunis que le jeudi, et tous les ballons leur sont pratiquement tombés des mains le lendemain lors des deux entraînements. Bref, quand le Français Georges Domercq – à qui on a fait l'insigne honneur d'officier – donne le coup d'envoi, personne ne donne cher de la peau des Barbarians. Leur ouvreur gallois Phil Bennett reconnaîtra d'ailleurs bien des années après que, « en entrant sur le terrain, [leurs] cœurs cognaient fort »…

L'essai du siècle

Et pourtant… Dès l'entame, un Écossais, trois Anglais, quatre Irlandais et sept Gallois vont mettre le feu. À commencer par JPR Williams qui, en moins de deux minutes, déchire deux fois la défense black. Puis c'est Bennett qui, dans le même laps de temps, profite de la première mêlée et de la première touche pour enclencher autant d'attaques classiques. Appliquant ainsi à la lettre le conseil que lui avait donné James dans la matinée devant ses partenaires : « Maintenant que nous savons tous ce que tu sais faire, il faut que tu le montres au monde entier. » Une fois, seulement, les Néo-Zélandais vont récupérer la balle, par l'ailier Bryan Williams qui, après une brève course, s'en débarrasse en envoyant un long coup de pied de recentrage lequel, après plusieurs rebonds, est récupéré par Bennett à une dizaine de mètres sous ses poteaux.

Ci-dessus : chassé par un All Black, Gareth Edwards allonge sa passe.
Ci-contre : dans ses 22 mètres, Phil Bennett donne de l'air aux Barbarians.

On joue alors depuis exactement 1'53". « À cet instant-là, racontera-t-il, j'ai surtout pensé à éliminer Scown, qui était monté très vite afin de pouvoir mieux taper en touche. » Ce contre-pied va pourtant complètement chambouler le plan imaginé par ce garçon de 24 ans (qui connaîtra 29 sélections en équipe nationale entre 1969 et 1978, mais qui a succédé à Barry John depuis moins de six mois). En trois crochets réussis sur une douzaine de mètres, il élimine trois Blacks puis en efface un quatrième en adressant une passe au cordeau à JPR qui, bien que « cravaté » par Bryan Williams, transmet à John Pullin, le talonneur venu se replacer dans… la ligne de trois-quarts, lequel décale Dawes alors qu'on est toujours dans les 22 mètres des « Baa-Baas ». Après avoir redressé sa course et percé jusqu'à la ligne médiane, le capitaine fait une offrande à son jeune troisième ligne Tom David, qui prolonge l'action et, quoique déséquilibré après avoir été plaqué, réussit d'une main à passer le ballon à Derek Quinnell, arrivé à pleine vitesse sur sa gauche. Le troisième ligne centre le récupère du bout des doigts et, trois ou quatre foulées plus loin, l'adresse sur sa gauche à John Bevan qui va… se le faire piquer par Gareth Edwards, surgissant lancé pour boucler à toutes jambes la trentaine de mètres en diagonale restants pour aller plonger en coin dans l'en-but. Une action de vingt-cinq secondes gravée pour l'éternité.

1987

FRANCE-AUSTRALIE : 30-24

Les clés du camion à Berbizier

Les Français – conduits par leur magistral demi de mêlée – et les Australiens ont offert un tel spectacle ce 13 juin 1987 à Sydney que tous les glorieux anciens estimeront avoir vu « le plus grand match de tous les temps ».

Coorganisateurs de cette première Coupe du monde, les Australiens ont vu les choses en bien... petit. Le Concord Oval – dans la banlieue éloignée de Sydney, où les bières coulent à flots cet après-midi-là – est certes rustique et propret, mais l'unique tribune et les trois talus recouverts d'herbe servant à accueillir les dix-huit mille spectateurs sont indignes d'une demi-finale. Les Bleus, toutefois, n'en ont cure. Recroquevillés sur eux-mêmes depuis leur arrivée dans la capitale de la Nouvelle-Galles du Sud, ils n'ont pas apprécié les commentaires très « coincés » de la presse de l'Hexagone après leur victoire peu convaincante face aux Fidjiens (31-16) en quarts de finale. Jouant sur cela, Pierre Berbizier, 28 ans, a passé cinq jours à les remonter. Franck Mesnel, son partenaire de la charnière, contera un jour : « On a tout de suite compris en mettant le pied sur le sol australien qu'il venait de prendre les clés du camion. Dès lors, il ne pouvait plus rien nous arriver. » La charge furieuse de Laurent Rodriguez d'entrée les conforte encore un peu plus, puis la façon dont Jean-Pierre Garuet tord son vis-à-vis dès la deuxième mêlée et l'essai – transformé – d'Alain Lorieux, le prototype du deuxième ligne de devoir, les rassurent définitivement... même s'ils sont menés 9 à 6 à la mi-temps. *

Un incessant va-et-vient

La preuve : quatre minutes après être revenus des vestiaires, ils prennent la tête après un essai de Philippe Sella entre les poteaux, auquel Didier Camberabero ajoute deux points (12-9). Ils la perdent lorsque Campese marque le sien, transformé par Lynagh (12-15), la reconquièrent à la 56e minute quand le couple Lagisquet-« Cambé » frappe de nouveau (18-15). Et les voilà qui s'échappent après une pénalité (21-15).

Ci-dessus : Blanco et Berbizier (à droite) laissent éclater leur bonheur après l'essai victorieux marqué par Serge. *Ci-contre :* bien à couvert derrière sa mêlée, Pierre Berbizier lance le jeu lors du mémorable match de Sydney.

Mais, les Australiens ne lâchant rien, Codey et Lynagh permettent à leur pays de reprendre l'avantage (24-21) à quatre minutes du coup de sifflet final ! De son pied magique, Camberabero efface tout ça (24-24), et on envisage la prolongation… Bref. Que ce soit au niveau du jeu ou du score, cela n'a été qu'un incessant va-et-vient pendant une mi-temps. Mais le meilleur est à venir. Il y a maintenant près de cent quatre-vingts secondes que les arrêts de jeu ont débuté, et la balle sort d'un maul en faveur des Français à une trentaine de mètres de leur en-but. Berbizier la transmet à Blanco, qui prolonge pour Lagisquet. Petite course du Biarrot le long de la ligne de touche et coup de pied de recentrage. À sa réception, Campese prend Lorieux sur le rabe, le ballon qui traîne est ramassé par Erbani puis il vole de mains en mains vers la droite : Champ, Ondarts, Lagisquet, Rodriguez, Charvet – qui « renverse la vapeur » –, Berbizier, Lagisquet, Rodriguez – de nouveau là tous les deux –, et la balle atterrit enfin dans les mains de Blanco. Poursuivi par une meute de Wallabies, Serge va filer sur 20, 25 mètres à la vitesse de Carl Lewis et plonger sur le piquet de coin : essai accordé ! La France est en finale !

** Un essai ne rapporte alors que quatre points.*

SERGE BLANCO

- **Né le 31 août 1958** à Caracas (Venezuela).
- **Postes :** arrière, trois-quarts aile.
- **Club :** Biarritz Olympique (1975-1992). Finaliste du championnat de France en 1992.
- **France :** 93 sélections, dont 17 comme capitaine ; 233 points inscrits. Finaliste de la Coupe du monde 1987 ; vainqueur du Tournoi des Cinq Nations en 1981 (Grand Chelem), 1983, 1986, 1987 (Grand Chelem), 1988 et 1989.
- **Barbarians britanniques :** 2 invitations (1984-1991).

38

C'est le nombre d'essais marqués par Serge Blanco en 93 sélections. C'est un record de France tous postes confondus, et un record du monde pour un arrière.

« NOUS AVONS ATTEINT NOTRE APOGÉE »

SURNOMMÉ « LE PELÉ DU RUGBY », ET TOUJOURS CONSIDÉRÉ COMME LE MEILLEUR ARRIÈRE DE L'HISTOIRE, SERGE BLANCO EUT À SYDNEY LE DERNIER MOT.

Dans quel état d'esprit étiez-vous une semaine après avoir battu les Fidjiens de manière si peu convaincante ?
C'est vrai que cette victoire en quarts à Auckland avait été entachée de, disons, « certaines maladresses ». Nous en avions parfaitement conscience, mais nous avons aussi estimé que la presse française avait été beaucoup trop sévère dans ses analyses…
Ces commentaires ont-ils eu un impact sur votre façon de préparer la demi-finale ?
Il a été énorme ! Nous nous sommes enfermés dans notre bulle et n'avons plus eu aucun contact avec l'extérieur. Parallèlement, Jacques Fouroux a très bien su en jouer. Il était très fort pour ça, comme pour beaucoup d'autres choses, d'ailleurs… Et chaque matin nous nous réveillions encore un peu plus révoltés que nous l'étions la veille au soir…
Et comment cela se manifestait-il ?
Uniquement lors des entraînements. Pas dans la vie de tous les jours, non. Au contraire ; en onze années d'équipe de France, je n'ai jamais connu un groupe qui a été aussi fraternel, complice, solidaire et soudé que durant cette semaine passée à Sydney…
Vous avez évoqué les entraînements…
Là, ça a été quelque chose. D'autant que « le petit Jacques » nous a dit dès notre arrivée en Australie, le dimanche soir, que tout était remis à plat et que chacun avait cinq jours pour gagner sa place…
Alors ?
Nous nous sommes retrouvés quatre heures par jour sur le terrain. Et là, il n'y avait plus de notion de copain qui tenait. Tout le monde s'est défoncé comme il ne l'avait jamais fait. On a atteint des états tels que sur chaque ballon, chacun cherchait à décalquer le gars avec qui il était en concurrence. L'avant-veille du match, ça a été une tuerie.
Qu'avez-vous éprouvé en découvrant le champêtre Concord Oval ?
Un peu de surprise, puis on est vite passés à autre chose. Comme il était interdit de fouler la pelouse avant le coup d'envoi, les avants sont restés dans les couloirs pour s'échauffer comme ils savaient le faire, et nous, les arrières, nous sommes allés sur le parking pour répéter deux ou trois enchaînements et faire quelques crochets entre les voitures… qui ne bougeaient pas, elles. Puis nous sommes revenus au vestiaire, où Pierre [Berbizier] a pris la parole. Il nous a notamment dit : « Puisque les journalistes nous ont volé notre Coupe du monde, nous allons leur montrer ce que nous savons faire. »
Ce n'était pas un peu outrancier ?
Outrancier, je ne sais pas… Bien sûr que l'on ne nous avait rien volé du tout, mais bon, ce sont des mots qui nous ont bien remontés…

UNE ÉMOTION EXCEPTIONNELLE

Vous deviez donc être gonflés à bloc en entrant sur le terrain…
Oui, mais pas au sens où on pourrait l'entendre… Nous avions emmagasiné une grande motivation, c'est sûr, mais pour jouer ; pas pour rentrer dans le chou des Australiens comme nous l'avions fait huit mois plus tôt face aux Blacks, où nous avions une revanche à prendre car nous avions été ridicules une semaine auparavant à Toulouse. *
N'avez-vous jamais douté pendant la rencontre ?
Pas une seule seconde. Même lorsque nous avons été menés 9-0. Quand vous voyez un Lorieux marquer un essai, lui à qui ce n'était jamais arrivé, ou un Ondarts, qui est pilier, faire une passe sur un pas lors de la dernière action du match, vous savez bien que vous allez gagner.
Pensez-vous avoir réussi le match parfait ?
Peut-être pas ; mais le collectif était arrivé à une telle symbiose qu'il me semble que, ce jour-là, nous avons vraiment joué « à la française », comme on dit, et que nous avons atteint notre apothéose.
Et après ?
J'ai en mémoire deux moments extrêmement forts. Au coup de sifflet final, d'abord : alors que nous étions tous tombés dans les bras les uns des autres, j'ai aperçu Éric Champ qui semblait perdu et qui ne savait pas vers qui aller ; vite fait, je suis allé le chercher… Puis un second, une heure, une heure et demie après le match : douchés et rhabillés, nous sommes revenus sur le terrain ; il faisait nuit, nous nous sommes mis en cercle et nos Basques, Pascal et « Dospi » **, se sont mis à chanter… Il y a eu une émotion exceptionnelle. Lorsque j'en reparle, j'en ai encore la chair de poule ! »

** Battus 19-7 à Toulouse, les Français s'imposèrent 16-3 à Nantes.*
*** Pascal Ondarts et Pierre Dospital.*

FRANCE – NOUVELLE-ZÉLANDE : 43-31

Comme à Lamaison

Menés 17-10 à la mi-temps de cette demi-finale de la Coupe du monde, le 31 octobre 1999, les Français réussirent à Twickenham un historique retournement de situation, dont Christophe Lamaison fut le grand artisan.

Si les Français ont limité la casse ce dimanche-là en première période grâce aux dix points – un essai, une transformation, une pénalité – marqués par le demi d'ouverture briviste, la suite semble toutefois inexorable, tant la force et la détermination des All Blacks paraissent implacables.
Ce qui se confirme cinq minutes après le retour des vestiaires quand, après un deuxième essai de Jonah Lomu, ils prennent, se dit-on, définitivement le large (24-10). Il va alors se produire un enchaînement d'événements comme on en voit seulement une fois tous les trente ou quarante ans à ce niveau. Et encore… En huit minutes, pas une de plus, « Titou » Lamaison commence par passer deux drops et réussir deux pénalités, comme si, malgré la situation, il était dans son salon.
Dans la foulée, il va ajouter deux points à un essai de Dominici puis deux autres après que Richard Dourthe a été le premier à toucher dans l'en-but un ballon savamment dosé du Briviste par-dessus les défenseurs blacks. Pour terminer son merveilleux solo, il porte son total de l'après-midi à vingt-huit unités après que Philippe Bernat-Salles a mis un point final au festival. De la 47e à la 75e minute, les All Blacks encaissèrent ainsi trente-trois points et n'en marquèrent pas un seul. Cela ne leur était jamais arrivé, et cela ne s'est plus reproduit.
« Titou », qui, pour sa vingt-neuvième sélection, venait de réussir le match de sa vie, ne connut plus, lui non plus, pareille félicité chez les Bleus.

Les All Blacks se souviendront pour l'éternité du pied en or de Christophe Lamaison, ce dimanche 31 octobre 1999.

ANGLETERRE-ÉCOSSE : 38-38

Les étincelles de Russell

Jamais, lors des cent trente-six précédentes confrontations, une rencontre entre Anglais et Écossais n'avait atteint un tel sommet que celle du 16 mars 2019, à Londres, où l'ouvreur « scot » fut étincelant.

On était loin de s'en douter après trente minutes de jeu, ce samedi-là à Twickenham, où l'Angleterre menait... 31-0 ! En cent quarante-huit ans, l'Écosse avait certes déjà connu trois semblables déroutes * face à sa vieille ennemie familière, mais elle avait au moins résisté une mi-temps. Cette fois, on n'en était plus là. C'était d'humiliation qu'il était question. Et l'essai de Stuart McInally, cinq minutes plus tard, ne changeait rien à l'affaire. Pourtant... Menés 31-7 à leur retour des vestiaires, les « Scots » se mirent alors, sous l'impulsion de Finn Russell, qui a l'attaque dans le sang, à jouer tous les ballons. Sitôt gagnés, tous furent envoyés à l'ouvreur du Racing 92, en charge d'en faire bon usage. S'en suivirent, de la 47e à la 60e, treize minutes extravagantes durant lesquelles les Écossais franchirent quatre fois la ligne de but anglaise, dont une dernière après que Russell lui-même eut réussi sur la ligne médiane une interception entre Farrell et Kruis, avant de filer sous les poteaux. Et c'est encore lui qui fut à l'origine du coup se concluant par l'essai de Sam Johnson à la 75e. Faites les comptes : en quarante minutes de jeu, les Anglais venaient de « prendre » à leur tour un ahurissant 31-0 et se retrouvaient menés 38-31 ! Ils n'évitèrent finalement la honte absolue qu'en égalisant à l'ultime seconde de l'*injury time*. Quant à Russell, la presse fut unanime pour dire qu'il avait à 27 ans réussi, à l'occasion de sa quarante-quatrième sélection, l'un des plus grands matchs de tous les temps disputés par un joueur à Twickenham.

* *43-3 en 2001 ; 40-9 en 2003 ; 61-21 en 2017.*

En haut et en bas : au pied ou à la main, Finn Russell réalise le match parfait. Cerise sur le gâteau, à la 60e minute, il marque le cinquième essai écossais.

LA MYTHO-LOGIE

De ces ballons du temps jadis – faits de bandes de cuir cousues et bourrés d'une vessie en caoutchouc – à ces « mêlées relevées » ou à ces stades témoins d'exploits des rugbymen français, les précieux objets, les expressions fleuries et les gazons légendaires sont légion et participent de l'allégorie. Comme ne manquent pas les histoires de pères, de fils ou de frères qui ont entretenu la flamme au sein d'une famille, ni les exemples de troisièmes mi-temps endiablées ou les gestes de classe qui ont perpétué, au fil des décennies, un sens certain des valeurs.

LE SENS DES VALEURS

On ne sait toujours pas à qui attribuer la paternité du fameux aphorisme soutenant que « le rugby est un sport de voyous pratiqué par des gentlemen ». Ni même s'il a jamais été énoncé. Ce qui est avéré, en revanche, c'est que Walter Julius Carey, un solide avant, membre des Lions lors de leur première tournée en Afrique du Sud en 1896, et qui deviendra un quart de siècle plus tard archevêque de Bloemfontein, lâcha un jour dans un sermon que « le rugby-football est un jeu pour des gentlemen de toutes les classes mais pas pour des mauvais joueurs, de quelque milieu qu'ils soient ». Ce qui, au fond, dit à peu près la même chose : pour jouer au rugby, il faut avoir le sens des valeurs. Reste à savoir de quoi on parle. Deux exemples peuvent mettre sur la voie. Le samedi 1er janvier 1947, la France reçoit l'Écosse, l'occasion pour cette dernière d'un retour à Colombes après que les Français ont été exclus du Tournoi des Cinq Nations en 1931, pour avoir justement pris un peu trop leurs aises avec les bonnes manières. À la 38e minute, un ballon rebondit dans l'en-but écossais à la suite d'un coup de pied à suivre. Jean Lassègue et Keith Geddes se précipitent. Plongent ensemble. Dans le doute, l'arbitre anglais va pour ordonner un « renvoi aux 22 » quand Geddes, qui est aussi le capitaine du XV du Chardon, s'approche et lui dit : « Le Français a touché avant moi. » Le score passe à 8-3. Ce sera le résultat final. Un autre capitaine, sud-africain celui-là, Peter Taylor, sera lui aussi un seigneur le 19 juillet 1958 à Springs, durant ces semaines où le XV de France livre son grand combat en terre australe, à une époque où les remplacements sont interdits. * Une semaine avant le premier test, lors d'un match dit « de provinces » **, Michel Vannier, voulant à la 25e minute sauver un essai sur sa ligne de but, prend un tampon si appuyé que sa jambe droite en est désarticulée. Sans même consulter l'arbitre – qui, sagement, laissera faire –, Taylor propose alors à Jean Barthe, le capitaine du jour, de faire entrer un Français. Ce sera Roger Martine qui, en tribune, était en train de fumer son « énième » cigarette de la journée...

** Un remplaçant par équipe sera autorisé à partir de 1968.*

*** Une très grosse formation de province, ce jour-là, composée de joueurs du Natal et du Transvaal.*

Les Barbarians avant le mythique match de 1973 contre les All Blacks. Debout, de gauche à droite : Pullin, McBride, Wilkinson, Quinnell, Carmichael, Duckham. Assis sur le banc, de gauche à droite : Edwards, Gibson, Dawes, Bevan, McLoughlin. Assis au sol, de gauche à droite : Slattery, David, Bennett, Williams.

BARBARIANS : LA CHEVALERIE D'OVALIE

Le 8 avril 1890, alors que la saison vient de se terminer, William Percy Carpmael, joueur du Blackheath FC, avance dans un restaurant de Bradford une idée pour occuper le temps jusqu'à l'automne suivant : monter une équipe d'amis qui disputerait jusqu'en octobre une demi-douzaine de matchs face à ceux qui voudraient bien la rencontrer. Quelques principes fondamentaux – qui n'ont pas bougé depuis – sont jetés sur le papier : pas de terrain, pas de club-house, pas de discrimination en termes de nationalités *, le recrutement se fait sur invitation. Peu importe aussi à quels clubs appartiennent les hommes, pourvu qu'ils soient droits, chaleureux, fraternels, chevaleresques, et qu'ils jouent pour le plaisir… C'est sur ces bases qu'est fondé le Barbarian Football Club **, ces « Baa-Baas » qui disputent leur premier match le 27 décembre 1890. Un millier environ suivront jusqu'à nos jours, dont une centaine depuis 1948 contre des équipes nationales. Tout en gardant les chaussettes de leur club, près de quatre mille joueurs ont porté en cent vingt-neuf ans le maillot noir et blanc, parmi lesquels une soixantaine de Français, de Michel Pomathios, le premier en 1951, à Thierry Dusautoir, le dernier invité, en 2017. À l'initiative de Jacques Fouroux et de Jean-Pierre Rives, le concept sera décliné en France à partir de 1980 : c'est le Barbarian Rugby Club. Passés sous l'autorité de la FFR en 2017 aux fins de constituer une réserve de joueurs pour les Bleus, les Barbarians français ont recouvré leur autonomie le 4 juin 2019.

* *Plus d'une trentaine au total.*

** *Le mystère du choix de ce nom n'a jamais été percé.*

LES OBJETS DU CULTE

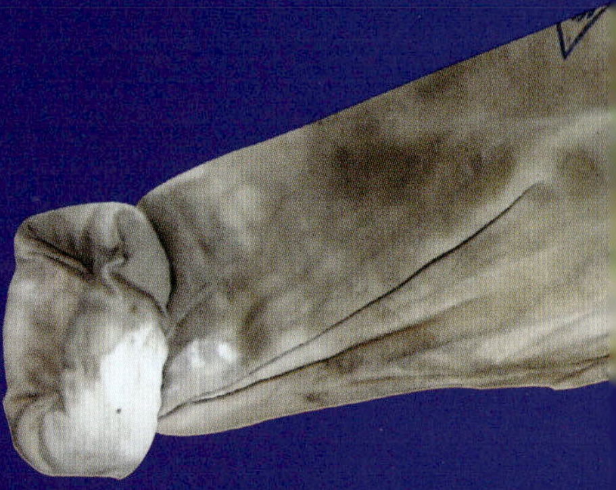

Le temps n'a pas toujours été aux ballons synthétiques interchangeables au gré des humeurs de la météo. Pas plus qu'aux maillots moulant pectoraux et abdominaux. Ni à ces chaussures aux formes adaptées selon que l'on est homme de labeur soufflant au fin fond de la mêlée ou l'un de ces arrières flamboyants qui gambadent à tours de... jambes. Oui, il fut une époque où chacun faisait avec le matériel qu'on mettait à sa disposition. Qu'il plût ou vente à Dublin, qu'il fît grand beau en Afrique du Sud ; que l'on fût bedonnant comme Marcel-Frédéric Lubin-Lebrère au sortir de la Grande Guerre ou sec tel un coup de pied de Pierre Albaladejo à l'entrée des Trente Glorieuses ; que l'on poussât avec Guy Basquet dans la boue de Swansea ou que l'on reçût une offrande d'Yves du Manoir sur la jeune pelouse du stade olympique de Colombes... Tous, partout, en ces temps reculés, furent logés à la même enseigne : « Jouez, amusez-vous et ne vous occupez pas du reste. »

Une cape, cette casquette de velours copiée sur le modèle de celle des collèges britanniques, est offerte depuis la fin du XIXe siècle aux internationaux des *Home Unions* honorant leur première sélection. En France, il faut attendre d'obtenir la deuxième.

Inventé par William Gilbert, cordonnier à Rugby, qui aurait le premier donné une forme ovoïde au ballon rond à l'origine, le modèle fait d'une vessie de porc – puis en caoutchouc – protégée par quatre bandes de cuir bouclées par un lacet a rebondi sur les terrains jusque dans les années 1950. Et, bien qu'il ait évolué ensuite, il a fallu attendre plus de trente ans pour que les premiers ballons synthétiques apparaissent.

Le maillot est sans doute ce qui a le moins changé en près de cent cinquante ans. Car si le XXIe siècle l'a ajusté beaucoup plus près du corps, il n'est au fond guère de différence entre le beau maillot blanc de l'équipe de France porté par Jean Prat contre l'Écosse en 1949 et celui enfilé par Jean-Pierre Rives en 1983 lors de la victoire face au pays de Galles.

Dotées à l'origine de longs crampons adaptés à l'état des terrains hivernaux britanniques et conçues afin de bien tenir les chevilles des joueurs – sans distinction de poste, tant le rugby était avant tout un combat fait d'incessants regroupements –, les chaussures ne sont aujourd'hui plus les mêmes, selon que l'on est un « avant » ou un « arrière ».

« SORRY, GOOD GAME! »

(Will Carling, capitaine de l'Angleterre, serrant la main des Français après les avoir battus)

ENTENDU À LA TÉLÉ

LA TERRE D'OVALIE

ALLEZ LES PETITS !

LA CABANE EST TOMBÉE SUR LE CHIEN

LES MOUCHES ONT CHANGÉ D'ÂNES

LE COCHON EST DANS LE MAÏS

PRIS PAR LA PATROUILLE

IL VA EN TERRE PROMISE

UN COUP D'PIED D'MAMMOUTH

ELLE PASSE ENTRE LES PERCHES

IL ENQUILLE

UN COUP D'ÉPONGE MAGIQUE

C'EST À LA FIN DE LA FOIRE QU'ON COMPTE LES BOUSES

« SI ÇA CONTINUE, J'ARRÊTE LE MATCH ! »

OUVRIR LA BOÎTE À GIFLES

RELEVER LA MÊLÉE

METTRE DES BOURRE-PIFS, DES COUPS DE CASQUE, DES COUPS DE TRONCHE

DISTRIBUER DES POIRES, DES MARRONS

DÉCLENCHER UNE « GÉNÉRALE »

« HEUREUSEMENT QU'Y AVAIT MON PIF, SINON J'L'AURAIS PRIS EN PLEINE TRONCHE »
(Walter Spanghero)

« VIRRRILE… MAIS CORRRÈQUE »

METTRE UNE CARTOUCHE, UN TAMPON

UN ARRÊT-BUFFET

PRENDRE EN PLANCHE

PRENDRE UN TAMPON, UNE CARTOUCHE, UN CARAMEL

ALLUMER UNE CHANDELLE

FAIRE UNE CUILLÈRE

UP AND UNDER

FIGHTING SPIRIT

RAFFÛTER

CHÂTIER

« MESSIEURS… »

RENVOI AUX 22 !

À 10 MÈTRES !

MÊLÉE À 5 !

« PÉNALITÉ ! »

- S'ESSUYER LES CRAMPONS
- ÉCROULER LA MÊLÉE
- PLAQUAGE À LA CAROTIDE
- PLAQUAGE CATHÉDRALE
- PLAQUAGE HAUT
- FAIRE UNE CRAVATE
- FAIRE UNE FOURCHETTE

RUGBY CHAMPAGNE

- ON ATTAQUE DÈS LA SORTIE DU TUNNEL
- LA BALLE À L'AILE
- AUJOURD'HUI ON VA FAIRE CHANTER LA GONFLE
- IL Y A LES DÉMÉNAGEURS DE PIANOS ET CEUX QUI EN JOUENT
- PRENDRE LE TROU
- LE FRENCH FLAIR
- UN « CADRAGE-DÉBORD »
- UN CROCHET
- UNE SAUTÉE
- UNE CROISÉE
- UNE CHISTERA
- VOLLEYER
- RELANCER

« POUSSEZ… POUSSEZ ! »

- UNE ENTRÉE EN BÉLIER
- ENFONCER LA MÊLÉE
- LES FAUTEUILS D'ORCHESTRE
- EN TRONCHE
- LE TALON
- UNE « 89 »
- SE FAIRE LA VALISE
- LE PICK AND GO
- CACHER LE BALLON
- METTRE SES MAINS LÀ OÙ D'AUTRES NE METTRAIENT PAS LEURS PIEDS
- ENCLENCHER UNE COCOTTE
- LES BOURRIQUES
- LES BESTIAUX
- LES OREILLES EN CHOU-FLEUR

« P… APPLIQUE-TOI ! »

- UNE PASSE DE MAÇON
- BALANCER UNE BRIQUE
- LANCER COMME UN PIZZAÏOLO
- DÉFENDRE COMME UNE PORTE DE SALOON
- ENLÈVE TES MOUFLES !
- VENDANGER

LA MI-TEMPS DE L'AMITIÉ

Pétillant trois-quarts aile bayonnais dans la première moitié des années 1980 et truculent compagnon des nuits enfiévrées parisiennes, l'international Laurent Pardo lâcha un jour : « S'il n'y avait pas eu la troisième mi-temps, je ne sais pas si j'aurais eu envie de jouer les deux premières… » Sans doute la confidence dépassa-t-elle un peu sa pensée, mais l'idée, en somme, était là : il n'est de bon match de rugby sans la convivialité des heures qui le suivent. Des moments permettant à des garçons de bien vivre leur jeunesse sans distinction de classe et de recouvrer entre adversaires une fraternité qui, pendant quatre-vingts minutes, a été laissée au vestiaire.
La coutume, comme le reste, vient évidemment d'Angleterre où, au XIXe siècle, les deux équipes refaisaient le match dans le club-house de celle qui recevait. Autour d'un thé, d'abord, puis en sirotant des bières accompagnées de petits sandwichs au concombre. Perpétuant ainsi une ancestrale tradition de la franc-maçonnerie – très implantée alors dans le milieu rugbystique –, où la réunion d'une loge se clôturait immanquablement par des agapes. Un rituel qui, avec le ballon, traversa vite la Manche puisque, dès la première finale du championnat de France, le 20 mars 1892, Carlos de Candamo, capitaine victorieux du Racing Club de France, et ses camarades convièrent leurs adversaires du Stade Français à partager une collation à l'issue de la rencontre.
Après un siècle nourri de tant de légendes sur le sujet, le professionnalisme a bien sûr fait évoluer les choses. La douche sitôt prise, on s'engouffre par exemple aujourd'hui sans demander son reste dans l'autocar ou l'avion qui vous ramène chez vous.
Mais, dans les villages ou les gros bourgs de province, bien souvent encore, on se retrouve en fin d'après-midi le dimanche au bistrot local faisant office de siège du club, pour y boire de conserve quelques coups. Et, à Paris, Londres, Édimbourg, Dublin ou Cardiff, il reste au moins le banquet officiel pour partager un tant soit peu les soirs de match de Tournoi. Même si, constate Jo Maso *, « nous prenions place autour des tables sans tenir compte des nationalités ». Ce qui ne se fait plus.
C'est ainsi que l'amitié qui le lie depuis cinquante ans au talonneur et médecin irlandais Ken Kennedy – le pire des diables verts sur le terrain, pourtant – vit toujours.
Même si, surtout, il n'est plus question de « tenir » une troisième mi-temps comme celle qui prolongea le premier Grand Chelem français, le 23 mars 1968.
Commencée à Cardiff le samedi soir, elle se termina à l'heure du laitier le mardi matin, dans les rues de Saint-Germain-des-Prés.

** International au tournant des années 1960-1970.*

23 mars 1968 : vainqueurs de leur premier Grand Chelem, les Bleus lancent sous les ordres de Christian Carrère (cigare entre les doigts) une troisième mi-temps interminable.

19 mars 1988 : avec Jacques Fouroux, leur coach, à la baguette, Romeu, Cécillon, Carminati, Armary, Dubroca, Lorieux, Dintrans et Lagisquet (de gauche à droite) fêtent leur succès (10-9) sur les Gallois, synonyme de victoire (partagée) dans le Tournoi.

UNE AFFAIRE DE FAMILLES

Des frères Irvine, ces Écossais dont Robert participa au premier test-match de l'histoire, le 27 mars 1871, Duncan en disputant trois sept ans après, à Émile Ntamack – 46 sélections –, qui a vu avec émotion son fiston, Romain, enfiler son premier maillot bleu en février 2019 pour affronter le pays de Galles, on s'est souvent transmis le ballon dans les familles, aux fins de faire briller les couleurs du drapeau. Par des passes directes entre pères, fils ou frères, voire en sautant plusieurs générations, sans même parler de ces oncles qui ont volleyé la balle vers leurs neveux, ou de ces cousins qui ont affolé ensemble les défenses adverses… Voici donc une liste – non exhaustive – d'internationaux en rugby à XV, des grands-pères, petits-fils, papas, rejetons et autres frangins qui, depuis un siècle et demi, ont perpétué un peu partout dans le monde l'esprit de famille.

PÈRE ET FILS

FRANCE

Bonneval Éric, 18 sélections (1984-1988), et Hugo, 14 (depuis 2014)
Camberabero Guy, 14 sélections (1964-1968), et Didier, 36 (1982-1993)
Delaigue Gilles, 2 sélections (1973), et Yann, 30 (1994-2005)
Dourthe Claude, 33 sélections (1966-1975), et Richard, 31 (1995-2001)
Élissalde Jean-Pierre, 5 sélections (1980-1981), et Jean-Baptiste, 35 (2000-2008)
Haget Henri, 2 sélections (1928-1930), et André, 14 (1953-1958)
Ntamack Émile, 46 sélections (1994-2000), et Romain, 5 (depuis 2019)
Pebeyre Élie, 5 sélections (1946-1947), et Michel, 7 (1970-1973)
Penaud Alain, 32 sélections (1992-2000), et Damian, 11 (depuis 2017)
Rougerie Jacques, 1 sélection (1973), et Aurélien, 76 (2001-2012)
Skrela Jean-Claude, 46 sélections (1971-1978), et David, 23 (2001-2011)
Yachvili Michel, 47 sélections (1968-1975), et Dimitri, 61 (2002-2012)

ANGLETERRE

Farrell Andy, 8 sélections (2007), et Owen, 70 (depuis 2012)
Greenwood Richard « Dick », 5 sélections (1966-1969), et Will, 55 (1997-2004)
Youngs Nick, 6 sélections (1983-1984), Tom, 28 (2012-2015), et Ben, 85 (depuis 2010)

PAYS DE GALLES

Davies Nigel, 29 sélections (1987-1997), et Sam, 8 (depuis 2016)
Moriarty Paul, 13 sélections (1995-2000), et Ross, 25 (depuis 2015)
Quinnell Derek, 23 sélections (1972-1980), Scott, 52 (1993-2002), et Craig, 23 (1995-2002)

ÉCOSSE

Beattie John, 25 sélections (1980-1987), et Johnnie, 38 (2006-2015)
Geddes Irvine, 6 sélections (1906-1908), et Duncan, 3 (1947)
Hastings Gavin, 61 sélections (1986-1995), et Adam, 11 (depuis 2018)

IRLANDE

Wood Gordon, 29 sélections (1954-1961), et Keith, 59 (1994-2003)

AFRIQUE DU SUD

Du Plessis Felix, 3 sélections (1949), et Morné, 22 (1971-1980)
Pienaar Gysie, 13 sélections (1980-1981), et Ruan, 88 (2006-2015)

NOUVELLE-ZÉLANDE

Leslie Andrew, 10 sélections (1974-1976), Martin, 37* (1998-2003), et John, 23* (1998-2002)

TONGA

Faletau Kuli, 20 sélections (1988-1999), et Toby, 72** (depuis 2011)
Vunipola Fe'ao, 34 sélections (1988-2001), Mako, 53*** (depuis 2012), et Billy, 41*** (depuis 2013)

** Avec l'Écosse. / ** Avec le pays de Galles. / *** Avec l'Angleterre.*

ARRIÈRE-GRAND-PÈRE ET ARRIÈRE-PETIT-FILS

AFRIQUE DU SUD

Slater Jack, 3 sélections (1924-1928), et Jan Serfontein, 35 (2013-2017)

GRAND-PÈRE ET PETIT-FILS

AFRIQUE DU SUD

Du Toit Piet, 14 sélections (1958-1961), et Pieter-Steph, 40 (depuis 2013)

Pickard Jan, 4 sélections (1953-1958), et Francois Louw, 64 (depuis 2010)

GRAND-PÈRE, PÈRE ET PETIT-FILS

IRLANDE

Murphy Noel Sr., 11 sélections (1930-1933), Noel Jr., 41 (1958-1969), et Kenny, 11 (1990-1991)

FRÈRES

FRANCE

Béhotéguy André, 19 sélections (1923-1929), et Henri, 6 (1923-1928)
Boniface André, 48 sélections (1954-1966), et Guy, 35 (1960-1966)
Camberabero Guy, 14 sélections (1961-1968), et Lilian, 14 (1964-1968)
Herrero André, 26 sélections (1963-1967), et Bernard, 2 (1983-1986)
Lacaze Claude, 33 sélections (1961-1969), et Pierre, 7 (1958-1959)
Laharrague Julien, 12 sélections (2005-2007), et Nicolas, 2 (2007)
Lièvremont Thomas, 37 sélections (1996-2006), Marc, 25 (1995-1999), et Matthieu, 2 (2008)
Ntamack Émile, 46 sélections (1994-2000), et Francis, 1 (2001)
Prat Jean, 51 sélections (1945-1955), et Maurice, 31 (1951-1958)
Spanghero Walter, 51 sélections (1964-1973), et Claude, 22 (1971-1975)

ANGLETERRE

Armitage Delon, 26 sélections (2008-2011), et Steffon, 5 (2009-2011)
Underwood Rory, 85 sélections (1983-1997), et Tony, 27 (1992-1998)
Vunipola Mako, 53 sélections (depuis 2012), et Billy, 41 (depuis 2013)
Youngs Ben, 85 sélections (depuis 2010), et Tom, 28 (2012-2015)

PAYS DE GALLES

Gould Arthur, 27 sélections (1885-1897), Robert, 11 (1882-1887), et Albert, 3 (1893)
Moriarty Richard « Dick », 22 sélections (1981-1987), et Paul, 13 (1995-2000)
Quinnell Scott, 52 sélections (1993-2002), et Craig, 23 (1995-2002)
Williams Bleddyn, 22 sélections (1947-1955), et Lloyd, 12 (1957-1962)

ÉCOSSE

Brown Gordon, 30 sélections (1969-1976), et Peter, 27 (1964-1973)
Calder Finlay, 34 sélections (1986-1991), et Jim, 27 (1881-1987)
Irvine Robert « Bulldog », 13 sélections (1871-1980), et Duncan, 3 (1878-1979)
Gray Richie, 65 sélections (depuis 2010), et Jonny, 51 (depuis 2013)
Hastings Scott, 65 sélections (1986-1997), et Gavin, 61 (1986-1995)
Lamont Sean, 105 sélections (2004-2017), et Rory, 29 (2005-2012)
Leslie Martin, 37 sélections (1998-2003), et John, 23 (1998-2002)

IRLANDE

Kearney Rob, 90 sélections (depuis 2007), et Dave, 17 (depuis 2013)

ITALIE

Bergamasco Mauro, 106 sélections (1998-2015), et Mirco, 89 (2002-2012)

ARGENTINE

Contepomi Felipe, 87 sélections (1998-2013), et Manuel, 32 (1998-2007)
Fernández Lobbe Juan Martín, 71 sélections (2004-2015), et Carlos Ignacio, 65 (1996-2008)

AFRIQUE DU SUD

Du Plessis Bismarck, 79 sélections (2007-2015), et Jannie, 70 (2007-2015)
Malan Gabriel « Abie », 18 (1958-1965), et Avril, 16 (1960-1965)

AUSTRALIE

Ella Mark, 25 sélections (1980-1984), Gary, 6 (1982-1988), et Glen, 4 (1982-1985)
Herbert Daniel, 67 sélections (1994-2002), et Anthony, 10 (1987-1993)
Thornett John, 37 sélections (1955-1967), et Richard « Dick », 11 (1967-1968)

NOUVELLE-ZÉLANDE

Bachop Graeme, 31 sélections (1987-1995), et Stephen, 5 (1992-1994)
Barrett Beauden, 73 sélections (depuis 2012), Scott, 29 (depuis 2016), et Jordie, 9 (depuis 2017)
Brooke Robin, 62 sélections (1992-1999), et Zinzan, 58 (1987-1997)
Brownlie Maurice, 8 sélections (1922-1928), et Cyril, 3 (1924-1928)
Clarke Don, 31 sélections (1956-1964), et Ian, 24 (1953-1964)
Franks Owen, 106 sélections (depuis 2009), et Benjamin, 47 (2008-2015)
Meads Colin, 55 sélections (1951-1971), et Stan, 15 (1961-1966)
Savea Julian, 54 sélections (depuis 2012), et Ardie, 35 (depuis 2016)
Whetton Alan, 65 sélections (1984-1991), et Gary, 58 (1981-1991)
Whitelock Sam, 108 sélections (depuis 2010), Luke, 7 (depuis 2013), et George, 1 (2009)

SAMOA

Tuilagi Alesana, 37 sélections (2002-2015), Manu, 31* (depuis 2011), Anitele'a, 17 (2005-2014), Freddie, 16 (1994-2002), Henry, 10 (2002-2009), et Sanele Vavae, 7 (depuis 2015)

* *Avec l'Angleterre.*

DES STADES DE RÊVE

TWICKENHAM (Angleterre)

Ville : Londres.

Ouverture : 1909.

Rénovations : 1927, 1937, 1978, 1992, 2005.

Premier match international : Angleterre-pays de Galles, 11-6, 15 janvier 1910 (Tournoi des Cinq Nations).

Record de spectateurs (pour un match international de rugby) : 82 319, Angleterre-France, 55-35, 21 mars 2015 (Tournoi des Six Nations).

Particularités : première diffusion d'un match à la télévision (Angleterre-Écosse, 1938) ; hôte de deux finales de la Coupe du monde (1991, 2015) ; siège de la RFU.

ARMS PARK (pays de Galles)

Ville : Cardiff.

Nom actuel : Millennium Stadium.

Ouverture : 1881.

Rénovations : 1912, 1934, 1956, 1970.

Reconstruction : 1997-1999.

Premier match international : pays de Galles-Irlande, 1-0, 12 avril 1884 (Home Nations Championship).

Record de spectateurs (pour un match international de rugby) : 74 645, pays de Galles-Irlande, 15-17, 21 mars 2009 (Tournoi des Six Nations).

Particularités : première défaite des All Blacks en Europe (1905) ; hôte de la finale de la Coupe du monde 1999 ; stade avec un toit ouvrable.

MURRAYFIELD (Écosse)

Ville : Édimbourg.

Nom actuel : BT Murrayfield Stadium.

Ouverture : 1925.

Rénovations : 1983, 1991, 1994.

Premier match international : Écosse-Angleterre, 14-11, 25 mars 1925 (Tournoi des Cinq Nations).

Record de spectateurs (pour un match international de rugby) : 104 000, Écosse-pays de Galles, 12-10, 1er mars 1975 (Tournoi des Cinq Nations).

Particularités : pelouse équipée d'un système de chauffage depuis les années 1960 ; record d'Europe du nombre de spectateurs pour un match de rugby.

LANSDOWNE ROAD (Irlande)

Ville : Dublin.

Nom actuel : Aviva Stadium.

Ouverture : 1876.

Rénovations : 1908, 1927, 1954, 1978, 1983.

Reconstruction : 2007-2010.

Premier match international : Irlande-Angleterre, 0-2, 11 mars 1878 (test-match).

Record de spectateurs (pour un match international de rugby) : 54 000, Australie – Nouvelle-Zélande, 16-6, 27 octobre 1991 (Coupe du monde, demi-finale).

Particularité : de 1908 jusqu'à sa démolition, la ligne d'un train de banlieue passait sous la tribune principale.

Twickenham,
années 1990

Lansdowne Road
(Aviva Stadium), 2015

PARC DES PRINCES
(France)

Ville : Paris.

Ouverture : 1897.

Rénovations : 1932, 1953.

Reconstruction : 1967-1972.

Premier match international : France – Nouvelle-Zélande, 8-38, 1er janvier 1906 (test-match).

Dernier match international : France-Afrique du Sud, 10-52, 22 novembre 1997 (test-match).

Record de spectateurs (pour un match international de rugby) : 50 370, France-pays de Galles, 18 février 1989 (Tournoi des Cinq Nations).

Particularités : hôte de l'arrivée du Tour de France (1903-1967) et de la première finale de la Coupe des clubs champions européens (1956).

STADE DE FRANCE
(France)

Ville : Saint-Denis.

Ouverture : 1998.

Premier match international : France-Angleterre, 24-17, 7 février 1998 (Tournoi des Cinq Nations).

Record de spectateurs (pour un match international de rugby) : 80 430, Afrique du Sud-Angleterre, 15-6, 20 octobre 2007 (Coupe du monde, finale).

Particularités : hôte des championnats du monde d'athlétisme en 2003 ; seul stade à avoir accueilli une finale de la Coupe du monde de football (1998) et une de rugby (2007).

COLOMBES
(France)

Ville : Colombes.

Noms successifs : stade du Matin (1907), stade Olympique (1924), stade Yves-du-Manoir (1928).

Ouverture : 1907.

Rénovation : 1923.

Premier match international : France-pays de Galles, 5-6, 17 février 1920 (Tournoi des Cinq Nations).

Dernier match international : France-Angleterre, 37-12, 26 février 1972 (Tournoi des Cinq Nations).

Record de spectateurs (pour un match international de rugby) : 62 025, France-pays de Galles, 11-16, 23 mars 1955 (Tournoi des Cinq Nations).

Particularités : hôte de la cérémonie d'ouverture et des épreuves d'athlétisme des Jeux olympiques 1924 et de la finale de la Coupe du monde de football 1938.

ANZ STADIUM
(Australie)

Ville : Sydney.

Noms successifs : Stadium Australia (1999), Olympic Stadium (2000), Telstra Stadium (2002), ANZ Stadium (2007).

Ouverture : 1999.

Premier match international : Australie-Angleterre, 22-15, 26 juin 1999 (test-match).

Record de spectateurs (pour un match international de rugby) : 109 874, Australie – Nouvelle-Zélande, 18-19, 17 juillet 2000 (Bledisloe Cup).

Particularités : détient le record du monde du nombre de spectateurs pour un match de rugby ; a été construit pour les Jeux olympiques 2000, à quelques kilomètres du Sydney Cricket Ground qui, de 1899 à 1986, fut l'enceinte où l'Australie disputait ses matchs.

Colombes, 1959

Stade de France, 2018

NEWLANDS (Afrique du Sud)

Ville : Le Cap.

Nom actuel : DHL Newlands Stadium.

Ouverture : 1888.

Rénovations : 1919, 1927, 1931, 1970, 1980, 1991.

Premier match international :
Afrique du Sud-Lions, 0-4, 5 septembre 1891 (test-match).

Record de spectateurs (pour un match international de rugby) : 51 400, Nouvelle-Zélande – Angleterre, 45-29, 16 juin 1995 (Coupe du monde, demi-finale).

Particularité : c'est à Newlands que les Français disputèrent le premier test de leur histoire (3-3 en 1958), lors de leur première tournée dans un pays de l'hémisphère Sud membre de l'IRFB.

LOFTUS VERSFELD (Afrique du Sud)

Ville : Pretoria.

Ouverture : 1906.

Rénovations : 1923, 1977, 1984, 2008.

Premier match international :
Afrique du Sud-Lions, 9-6, 3 septembre 1955 (test-match).

Record de spectateurs (pour un match international de rugby) : 74 000, Afrique du Sud-Lions, 25-20, 8 juin 1968 (test-match).

Particularité : hôte du match de classement pour la troisième place de la Coupe du monde 1995, lors duquel le XV de France, qui avait toujours été battu par l'Angleterre depuis huit ans, prit enfin sa revanche (19-9).

ELLIS PARK (Afrique du Sud)

Ville : Johannesburg.

Nom actuel : Emirates Airline Park.

Ouverture : 1928.

Rénovations : 1951, 1973.

Reconstruction : 1979-1982.

Premier match international :
Afrique du Sud – Nouvelle-Zélande, 6-7, 21 juillet 1928 (test-match).

Record de spectateurs (pour un match international de rugby) : 91 000, Afrique du Sud-Lions, 6 août 1955 (test-match).

Particularités : hôte de la finale de la Coupe du monde 1995 ; en y battant les Springboks en 1958 (9-5), les Français y furent les premiers à remporter une série de tests en Afrique du Sud.

KINGS PARK (Afrique du Sud)

Ville : Durban.

Nom actuel : Jonsson Kings Park Stadium.

Ouverture : 1891.

Rénovations : 1976, 1984, 1995.

Premier match international :
Afrique du Sud-Lions, 3-0, 21 juillet 1962 (test-match).

Record de spectateurs (pour un match international de rugby) : 52 955, Afrique du Sud – Nouvelle-Zélande, 15-57, 8 octobre 2016 (Rugby Championship).

Particularités : hôte de la demi-finale de la Coupe du monde 1995 entre l'Afrique du Sud et la France, 19-15 ; c'est aussi dans ce stade que les Springboks ont subi la plus énorme défaite sur leur sol, 57-15 contre les All Blacks en 2016.

Ellis Park, 1995

LANCASTER PARK (Nouvelle-Zélande)

Ville : Christchurch.

Noms successifs : Lancaster Park (1881), Jade Stadium (1998), AMI Stadium (2007).

Ouverture : 1881.

Rénovations : 1907, 1957, 1965, 1995, 2008.

Démolition : 2018.

Premier match international : Nouvelle-Zélande – Australie, 5-16, 20 septembre 1913 (test-match).

Dernier match international : Nouvelle-Zélande – Australie, 20-10, 7 août 2010 (Bledisloe Cup).

Record de spectateurs (pour un match international de rugby) : 57 500, Nouvelle-Zélande – Lions, 22-12, 10 juillet 1971 (test-match).

Particularités : avant d'être démoli, il n'avait plus été utilisé après le tremblement de terre ayant frappé Christchurch le 21 février 2011 ; depuis juin 2012, les All Blacks jouent à l'AMI Stadium Addington (25 000 places), construit à quelques centaines de mètres du Lancaster Park.

CARISBROOK (Nouvelle-Zélande)

Ville : Dunedin.

Ouverture : 1883.

Rénovations : 1910, 1927, 1964, 1985, 1995.

Démolition : 2013.

Premier match international : Nouvelle-Zélande – Lions, 32-5, 6 juin 1908 (test-match).

Dernier match international : Nouvelle-Zélande – Fidji, 60-14, 22 juillet 2011 (ce match n'a pas valeur de test pour les Blacks).

Record de spectateurs (pour un match international de rugby) : 42 000, Nouvelle-Zélande – Australie, 17 juillet 1993 (Bledisloe Cup).

Particularités : bien que leur tournée ne fût pas reconnue par la RFU, c'est ici que les ancêtres des Lions disputèrent leur premier match dans l'hémisphère Sud, le 28 avril 1888, contre la province d'Otago (8-3) ; depuis sa démolition, les All Blacks jouent au Forsyth Barr Stadium.

ATHLETIC PARK (Nouvelle-Zélande)

Ville : Wellington.

Ouverture : 1896.

Rénovations : 1902, 1928, 1950.

Démolition : 1999.

Premier match international : Nouvelle-Zélande – Lions, 9-3, 13 août 1904 (test-match).

Dernier match international : Nouvelle-Zélande – France, 54-7, 26 juin 1999 (test-match).

Record de spectateurs (pour un match international de rugby) : 53 000, Nouvelle-Zélande – Lions, 11-8, 15 août 1959 (test-match).

Particularités : depuis sa démolition, les All Blacks jouent leurs matchs au Westpac Stadium ; l'Athletic Park et le Westpac Stadium sont les deux seuls stades néo-zélandais où le XV de France n'a jamais remporté un test.

EDEN PARK (Nouvelle-Zélande)

Ville : Auckland.

Ouverture : 1900.

Rénovations : 1913, 1950, 1955, 1982, 2005, 2009.

Premier match international : Nouvelle-Zélande – Afrique du Sud, 5-9, 27 août 1921 (test-match).

Record de spectateurs (pour un match international de rugby) : 61 240, Nouvelle-Zélande – Afrique du Sud, 11-5, 1er septembre 1956 (test-match).

Particularités : c'est, avec Twickenham, l'un des deux seuls stades à avoir accueilli deux finales de la Coupe du monde de rugby (1987, 2011) ; avant que les Français ne s'y imposent (23-20) en 1994, les All Blacks y étaient invaincus depuis quarante et un matchs.

Eden Park, 2003

REMERCIEMENTS

Les auteurs tiennent à remercier tous ceux, notamment les anciens joueurs, qui les ont grandement aidés à concevoir et à réaliser ce livre : Jean-Michel Aguirre, Pierre Berbizier, Serge Blanco, Pierre-Michel Bonnot, Laurent Cabannes, Philippe Dintrans, Pierre Dospital, Dominique Issartel, Christian Labit, Patrice Lagisquet, Jo Maso, Franck Mesnel, Jean-Charles Orso, Michel Tachdjian.

NOTE DE L'ÉDITEUR

Les données, chiffres et statistiques de cet ouvrage sont arrêtés au 1er juillet 2019.

58, rue Jean-Bleuzen – 92178 Vanves Cedex

Pour l'éditeur, le principe est d'utiliser des papiers composés de fibres naturelles, renouvelables, recyclables et fabriqués à partir de bois issus de forêts qui adoptent un système d'aménagement durable. En outre, l'éditeur attend de ses fournisseurs de papier qu'ils s'inscrivent dans une démarche de certification environnementale reconnue.

Direction : Catherine Saunier-Talec
Direction éditoriale : Céline Le Lamer
Conception graphique de la couverture : Nicolas Gallois
Conception graphique des pages intérieures : ZS studio
Édition, mise en pages et relecture-correction : ZS studio
Photogravure : Chromostyle
Fabrication : Amélie Latsch
Responsable partenariats : Sophie Morier (smorier@hachette-livre.fr)

Dépôt légal : septembre 2019
6035975/01
ISBN : 9782017092377
Imprimé en Italie par Rotolito en août 2019

PAPIER À BASE DE FIBRES CERTIFIÉES

hachette PRATIQUE s'engage pour l'environnement en réduisant l'empreinte carbone de ses livres. Celle de cet exemplaire est de :
3,8 kg éq. CO_2
Rendez-vous sur www.hachette-durable.fr

CRÉDITS PHOTOGRAPHIQUES

© Presse Sports

© Presse Sports/R. Martin : p. 2-3 et 358-359, 44-45, 124-125, 279, 342-343 ; © Presse Sports/Caron : p. 10 ; © Presse Sports/Legros : p. 12, 79 (petite photo), 83 (petite photo), 88, 147, 173 (bas), 206 (bas), 263 (haut), 330-331, 332, 345 (bas) ; © Presse Sports/Pauce : p. 16, 18 (x 2) ; © Presse Sports/Calais : p. 19 ; © Archives Presse Sports/*L'Équipe* : p. 28, 30, 34 (x 2), 36, 38-39, 40, 48, 50, 56, 71 (petite photo), 73 (petite photo), 85 (petite photo), 87 (petite photo), 95, 104-105, 106-107, 112 (x 2), 113 (haut), 115 (bas), 119 (x 2), 120, 126, 127, 128, 130-131, 135, 139 (x 2), 140 (x 2), 141 (x 2), 142-143, 144 (x 2), 145 (x 2), 160-161, 166 (x 2), 167 (haut), 180 (haut), 182, 186, 192, 194, 198 (haut), 199 (haut), 223, 245 (haut), 248-249, 262 (haut), 290, 325 (x 2), 336, 345 (haut) ; © Presse Sports/Réau : p. 29, 301, 305 (x 2) ; © Presse Sports/INPHO/Treacy : p. 43, 304 (haut) ; © Presse Sports/A. Martin : p. 46, 321 (bas) ; © Presse Sports/Faugère : p. 54, 61 (bas), 85 (photo principale), 101, 108-109, 199 (bas), 266 ; © Presse Sports/Offside/Leech : p. 58, 123, 176 (haut), 245 (bas), 253, 349 (haut) ; © Presse Sports/Papon : p. 59, 60 (haut), 71 (photo principale), 77 (photo principale), 179, 191 (bas), 273, 285 (haut) ; © Presse Sports/Seguin : p. 60 (bas), 90, 116-117, 150, 151, 170, 355 ; © Presse Sports/Prévost : p. 61 (haut) ; © Presse Sports/INPHO/Stickland : p. 64-65, 181 (bas), 242, 246-247, 275, 321 (haut), 331 (petite photo), 335 (haut), 349 (bas), 351 (haut) ; © Presse Sports/Fèvre : p. 67 (haut), 96, 110 (haut), 191 (haut), 262 (bas), 263 (bas), 353 ; © Presse Sports/de Martignac : p. 67 (bas), 269 (haut) ; © Presse Sports/Garnier : p. 69 (photo principale) ; © Presse Sports/Mounic : p. 73 (photo principale), 81 (photo principale), 99, 149 (bas), 195, 233, 265, 270-271, 285 (bas), 303 (bas) ; © Presse Sports/Clément : p. 75 (petite photo), 79 (photo principale), 115 (haut), 136, 137, 234, 251, 281, 292 (bas), 303 (haut) ; © Presse Sports/INPHO/Dickson : p. 75 (photo principale), 212, 213 ; © Presse Sports/Luttiau : p. 77 (petite photo), 87 (photo principale), 148 (haut), 176 (bas), 207 (bas) ; © Presse Sports/Boutroux : p. 81 (petite photo) ; © Presse Sports/Mantey : p. 83 (photo principale), 102, 187, 304 (bas) ; © Presse Sports/Mons : p. 89, 283, 302, 309 ; © Presse Sports/Francotte : p. 92, 111 (haut) ; © Presse Sports/Baudet : p. 103 ; © Presse Sports/Golesi : p. 110 (bas) ; © Presse Sports/Forestier : p. 111 (bas) ; © Presse Sports/Deschamps : p. 113 (bas) ; © Presse Sports/Perrocheau : p. 118 (haut), 341 (haut) ; © Presse Sports/Offside/Bush : p. 132-133, 328-329 ; © Presse Sports/Fablet : p. 148 (bas) ; © Presse Sports/Fel : p. 149 (haut), 217 (haut) ; © Presse Sports/INPHO/Carr : p. 156-157 ; © Presse Sports/Gall/du Toit : p. 158, 162 ; © Presse Sports/Lahalle : p. 167 (bas), 255, 259, 269 (bas), 308 (haut) ; © Presse Sports/Offside/Stacpoole : p. 169 ; © Presse Sports/INPHO/Sheridan : p. 174 (photo principale), 181 (haut), 184 (bas), 306-307, 313 (x 2), 316 ; © Presse Sports/INPHO/Fosker : p. 174 (petite photo) ; © Presse Sports/Offside/Wilkinson : p. 189 ; © Presse Sports/Mirrorpix/Western Mail Archive : p. 190 (haut), 329 (petite photo), 339 ; © Presse Sports/Besnier : p. 190 (bas) ; © Presse Sports/Sport the Library : p. 202, 203, 289 (bas) ; © Presse Sports/Landrain : p. 207 (haut) ; © Presse Sports/INPHO/Crombie : p. 208, 210, 217 (bas), 224, 240, 308 (bas), 335 (bas), 351 (bas) ; © Presse Sports/INPHO : p. 221 ; © Presse Sports/Porcu : p. 226 ; © Presse Sports/Rondeau : p. 231 ; © Presse Sports/Action Images : p. 277 ; © Presse Sports/Pichon : p. 284 (haut) ; © Presse Sports/SNPA/Setford: p. 284 (bas) ; © Presse Sports/INPHO/Keane : p. 298 ; © Presse Sports/INPHO/Noonan : p. 300 ; © Presse Sports/Hahn : p. 314 ; © Presse Sports/INPHO/Western : p. 318 ; © Presse Sports/Pochat : p. 322, 334 ; © Presse Sports/Lancelot : p. 346-347.

© Getty Images

© Getty Images/Popperfoto : p. 21 (haut), 33, 180 (bas), 205, 292 (haut), 324 (haut) ; © Getty Images/Popperfoto/Thomas : p. 25, 69 (petite photo), 198 (bas), 200 ; © Getty Images/Corbis/Blondeau : p. 129 ; © Getty Images/Keystone : p. 152 ; © Getty Images/Fairfax Media : p. 162 ; © Getty Images/Corbis/Sportsfile : p. 163, 216 (bas), 289 (haut) ; © Getty Images/Hulton Archive/Topical Press Agency : p. 173 (haut) ; © Getty Images/Popperfoto/Professional Sport/Hindley : p. 175 ; © Getty Images/Hulton Archive/Central Press : p. 197, 326-327 ; © Getty Images/Hulton Archive/Central Press/Oulds : p. 206 (haut) ; © Getty Images/Hulton Archive : p. 215 ; © Getty Images/Mirrorpix/Staff : p. 216 (haut) ; © Getty Images/Gamma-Rapho/Keystone : p. 218 ; © Getty Images/South China Morning Post/Yu : p. 221 ; © Getty Images/World Rugby/Lewis : p. 228 ; © Getty Images/The Life Images Collection/Ovoworks/Biliotti : p. 230 ; © Getty Images/Icon Sport/Noël : p. 235, 236 ; © Getty Images/World Rugby/Heathcote : p. 237 ; © Getty Images/Corbis/Icon SMI/Snook : p. 238 ; © Getty Images/World Rugby/Bardens : p. 239 ; © Getty Images/Timelapse Library Ltd./Evans : p. 257 ; © Getty Images/Allsport/Rogers : p. 261 ; © Getty Images/Rossi : p. 286 ; © Getty Images/Allsport/Rogers : p. 295 (haut) ; © Getty Images/Sportsfile/McCarthy : p. 295 (bas) ; © Getty Images/Independent News And Media : p. 297 ; © Getty Images/Ullstein Bild : p. 310 ; © Getty Images/Hrdlicka : p. 340 et 341 (bas).

© iStock

© iStock/duncan1890 : p. 22 ; © iStock/DoggieMonkey : p. 52 (haut) ; © iStock/PhonlamaiPhoto : p. 53.

D.R.

p. 14, 21 (bas), 52 (bas), 98, 184 (haut), 324 (bas), 340 (haut).